भूमंडलीकरण की चुनौतियाँ

भूमंडलीकरण की चुनौतियाँ

सच्चिदानन्द सिन्हा

वाणी प्रकाशन

वाणी प्रकाशन
4695, 21-ए, दरियागंज, नयी दिल्ली 110 002

शाखा

अशोक राजपथ, पटना 800 004

फ़ोन: +91 11 23273167 फ़ैक्स: +91 11 23275710

www.vaniprakashan.in
vaniprakashan@gmail.com
sales@vaniprakashan.in

BHOOMANDALIKARAN KI CHUNAUTIYAN
by Sachchidanand Sinha

ISBN : 978-93-5072-359-3

संस्करण 2003
आवृत्ति 2016

मूल्य : ₹ 150

रजोरिया प्रिंटर्स, दिल्ली-110 093 में मुद्रित

वाणी प्रकाशन का लोगो मक़बूल फ़िदा हुसेन की कूची से

अनुक्रम

भूमिका

विज्ञापन के इस युग में शब्द प्रायः अर्थों को विस्थापित करने का काम करते हैं। आज सर्वाधिक चर्चित शब्द 'भूमंडलीकरण' यह भूमिका सफलतापूर्वक निभा रहा है। इस शब्द से यह भ्रम पैदा होता है कि यह ऐसी व्यवस्था है जिसमें अपने छोटे स्वार्थों से ऊपर उठ लोग सारे संसार के मंगल के लिए जुड़ जाएँगे। लेकिन भूमंडलीकरण के निहितार्थ इसके ठीक उलटा है। इससे निकलने वाली 'सब जन हिताय सब जन सुखाय' की ध्वनि के विपरीत यह व्यवस्था सारे संसार को कुछ सशक्त पूँजीवादी प्रतिष्ठानों यानी बहुराष्ट्रीय कंपनियों और उनके संकेंद्रण के सबसे सबल केंद्र अमेरिका के हितों की रक्षा का माध्यम बनी हुई है। संसार को एक करने की इसकी दृष्टि पूरी तरह एक आयामी है। यह सिर्फ व्यापार के लिए दुनिया को एक करना चाहती है—बाकी सारी बातें आनुषंगिक हैं। पूँजीवाद की मृत्यु कामना करते हुए कार्ल मार्क्स ने 1848 में ही कम्युनिस्ट घोषणापत्र में इसके गुणों का बखान यों किया था : "अपने उत्पादों के बाजार की तलाश बुर्जुआ को पूरे भूमंडल में दौड़ाती है। इसे अपना नीड़ सर्वत्र बनाना है, इसे हर जगह बसना है, इसे अपना संबंध सर्वत्र फैलाना है।" डेढ़ सौ साल के युगान्तरकारी उतार-चढ़ाव के बावजूद इसका यह मूल चरित्र यथावत है। आज जब स्वतंत्र व्यापार की बात होती है तो उसका एकमात्र अर्थ होता है सबसे सशक्त व्यापारिक प्रतिष्ठानों के लिए उन सारे क्षेत्रों को खोल देना जो अब तक इनकी पहुँच के बाहर रहे हैं। पूँजीवाद के विकास के काल में स्वतंत्र व्यापार का सिद्धांत छोटे दायरों के लिए सीमित था—पश्चिम के नवोदित पूँजीवादी देशों के भीतर या उन्हीं देशों के बीच यह एक ऐतिहासिक प्रक्रिया के तहत ही वैश्विक बना है। इसके विकास के इतिहास पर नजर डालने से हम इसकी शक्ति के स्रोत को समझ पाएँगे और इस भ्रम से भी मुक्त हो जाएँगे कि 'उदारीकरण' शब्द के पीछे कोई उदार मंतव्य है।

स्वतंत्र व्यापार के सिद्धांत का प्रतिपादन अठारहवीं शताब्दी से होने लगा जब औद्योगिक क्रांति से ब्रिटेन और बाद में यूरोप के कुछ दूसरे देशों में नए तरह के उद्योगों पर आधारित पूँजीवाद का उदय हुआ। उस समय यूरोप के अधिकांश देशों

में सामंती व्यवस्था कायम थी जिसके तहत व्यापारियों को तरह-तरह के आंतरिक और बाहरी चुंगी और दूसरी बाधाओं का सामना करना पड़ता था। औद्योगिक क्रांति से जब उत्पादन की मात्रा का तेजी से विस्तार हुआ तो अपने देश की सीमा से बाहर जा बड़े पैमाने पर व्यापार फैलाने की जरूरत महसूस की जाने लगी। इसके लिए व्यापार के सामने उपस्थित बाधाओं के विरुद्ध ही स्वतंत्र व्यापार (लेसे फेयर) का आर्थिक सिद्धांत अर्थशास्त्रियों द्वारा प्रतिपादित होने लगा। उदारीकरण के नाम से आज इसी सिद्धांत का गुणगान किया जा रहा है। एडम स्मिथ जो इस सिद्धांत का आदि प्रणेता था स्वयं ब्रिटेन का निवासी था और चूँकि ब्रिटेन औद्योगिक क्षेत्र में अग्रणी था इसके लिए यह सिद्धांत लाभकारी था। इस सिद्धांत के पक्ष में यह तर्क उपस्थित किया गया कि हर क्षेत्र को विशेष तरह के उत्पादन के लिए कुछ स्वाभाविक सुविधाएँ (नैचुरल एडवांटेज) होती हैं और खुले व्यापार और विनिमय से सभी क्षेत्रों को अपने विशेष तरह के उत्पादन को विकसित करने का मौका मिलता है। लेकिन दूसरे देशों को यह साफ दिखाई देता था कि उस समय स्वाभाविक सुविधा सिर्फ ब्रिटेन को ही थी क्योंकि नए तरह के उद्योग धंधों के विकास में वह आगे निकल चुका था।[1] इसलिए उस समय तक इस दौड़ में पिछड़े जर्मनी जैसे देश 'उदारीकरण' के तर्क से कायल नहीं थे और उन्होंने अपने उद्योगों के विकास के लिए संरक्षण की नीति अपनायी। अमेरिका तो लगातार संरक्षण की नीति को लेकर चलता रहा। उसकी इस नीति में 1929 की विश्वव्यायी आर्थिक मंदी के काल के बाद बदलाव आया, पर वह भी पूरी तरह नहीं। लेकिन आज 'उदारीकरण' का अगुआ होने के बावजूद अमेरिका सदा अपने उद्योगों के हित में उन्मुक्त व्यापार की नीति का परित्याग करता रहा है। आज तक कोटा की व्यवस्था और 'मोस्ट फेवर्ड नेशन' के दर्जे में रख कर खास-खास देशों से विशेष व्यापारिक संबंध कायम रखने की इसकी नीति चालू है। जहाँ एक तरफ यह संसार में व्यापार की दृष्टि से 'समतल खेल के मैदान' की वकालत करता है वहीं अपने देश में कृषि उत्पादकों को विशाल पैमाने पर अनुदान (सबसिडी) देता रहा है। मार्च 2002 में इसने इस्पात आयात पर 30 प्रतिशत चुंगी लगा समान प्रतियोगिता के सिद्धांत की धज्जियाँ उड़ा दीं।[2] इससे यूरोप और जापान के साथ इसका गहरा मतभेद हो गया। यूरोपीय संघ ने अमेरिकी वस्तुओं पर इसी तरह की चुंगी लगाने की योजना बनाई। इससे पुराने तरह का व्यापारिक युद्ध फिर सामने आ गया जिसे समाप्त करना विश्व व्यापार संगठन का उद्देश्य बतलाया जाता रहा है।[3]

दरअसल उन्मुक्त व्यापार का सिद्धांत सदा एक मिथक रहा है और अपने व्यापारिक हितों को सामने रख हर तरह के छल बल का सहारा सक्षम औद्योगिक देश लेते रहे हैं। उन्मुक्त व्यापार का आदि ध्वजाधारक ब्रिटेन स्वयं शुरू से इस सिद्धांत का अतिक्रमण करता रहा है। प्रारंभिक दिनों में इसको अपने साम्राज्य के रूप में

बँधुआ बाजार प्राप्त था जिसमें वह अपनी सुविधा के अनुसार व्यापार का नियम बनाता रहता था। प्रथम विश्वयुद्ध के बाद इसने इस संबंध को 'इंपीरियल प्रेफरेंस इन ट्रेड रिलेशंस' के नाम से सूत्रबद्ध किया। बाद में 1931 में इसने कॉमनवेल्थ ऑफ नेशन्स के नाम पर कनाडा एवं आस्ट्रेलिया के साथ विशेष तरह का व्यापारिक संबंध स्थापित किया। एक तरह से इस सिद्धांत को मान्यता दे दी गई कि व्यापार के लिए सब कुछ करना जायज है। जब उन्नीसवीं शताब्दी में चीन की सरकार ने युवकों के स्वास्थ्य पर विपरीत प्रभाव को देख अफीम के व्यापार को प्रतिबंधित किया तो ब्रिटेन ने उससे युद्ध छेड़ दिया जो 1839 से 1841 तक चला और इसने चीन को न सिर्फ अफीम के व्यापार के लिए अपने देश को खुला छोड़ने को बाध्य किया बल्कि इसके कई महत्त्वपूर्ण व्यापारिक नगरों को अपने नियंत्रण में ले लिया। लेकिन मादक द्रव्यों के व्यापार को पश्चिमी देशों में खुला करने का यह तर्क स्वयं ब्रिटेन या अमेरिका अब कतई स्वीकार करने के लिए तैयार नहीं हैं। भारत के कपड़ा उद्योग को नष्ट करने के लिए तो अंग्रेजों ने जुलाहों के अँगूठे तक कटवा लिए थे।

भूमंडलीकरण नाम तो अब प्रचलित हुआ है लेकिन पूँजीवाद के उदय से ही सभी पूँजीवादी प्रतिष्ठानों की महत्वाकांक्षा सारे संसार में अपना वर्चस्व फैलाने की रही है। लेकिन चूँकि कई देशों की सरकारें अपने यहाँ के पूँजीवादी प्रतिष्ठानों के हित साधन में लगी थीं राष्ट्रों के बीच संघर्ष पैदा होते थे। पहले ब्रिटेन का साम्राज्य दुनिया भर में फैला था इससे वहाँ एक तुष्टि का भाव था। जापान ने अपने पड़ोसी कोरिया पर और बाद में चीन के मंचूरिया पर अपना आधिपत्य कायम किया। 1940 में अपनी सेना को विजय अभियान में हिंद चीन भेज जापान ने ब्रिटेन के कॉमनवेल्थ की तर्ज पर 'को-प्रोस्पेरिटी स्फेयर' (सह संपन्नता का क्षेत्र) कायम करने की घोषणा कर दी। जर्मनी जो बीसवीं सदी में एक शक्तिशाली औद्योगिक देश बन चुका था, अन्य औद्योगिक देशों के साम्राज्य से घिरा महसूस करता था और इसी घेरे को तोड़ने के उसके प्रयास से दो विश्वयुद्ध हुए। दूसरे विश्वयुद्ध के पहले तो हिटलर ने यह घोषित भी कर दिया था कि जर्मनी 'रहने के ठांव' (लेबेन्सराऊम) की तलाश में है। इस तरह पूँजीवाद के प्रारंभ में राष्ट्रीय दायरों की प्रभुता के कारण वैश्विक बनने की तमन्ना पड़ोसी शक्तियों के प्रतिरोध से बाधित होती रही थी। वैश्वीकरण का अभियान पूँजीवाद को राष्ट्रीय दायरों से परे ले जाने की अभिलाषा की अभिव्यक्ति है।

द्वितीय विश्वयुद्ध ने दुनिया की स्थिति को बिल्कुल बदल दिया। जापान और यूरोप के सभी औद्योगिक देश इस युद्ध में बुरी तरह ध्वस्त हो गए। लेकिन दो प्रतिरोधी राजनीतिक शक्तियों का उदय हो चुका था। एक तरफ अमेरिका न सिर्फ सैनिक दृष्टि से एक शक्तिशाली राष्ट्र के रूप में उभरा बल्कि औद्योगिक दृष्टि से भी एक मात्र अक्षत शक्ति बच गया था क्योंकि जापान और यूरोप के सभी औद्योगिक देश

इस युद्ध में बुरी तरह ध्वस्त हो गए थे। रूस भी युद्ध से तहस नहस हो चुका था लेकिन एक सैनिक शक्ति के रूप में पश्चिमी यूरोप के देशों से ज्यादा शक्तिशाली होकर उभरा था। उधर 1948 से चीन में कम्युनिस्ट शासन स्थापित हुआ। ये समाजवादी होने के दावे और अपने साम्राज्यवाद विरोधी नारों के कारण दुनिया भर में पूँजीवादी साम्राज्यवादी देशों के लिए चुनौती बन गए थे। अतः अब दुनिया मूलतः दो खेमों में बँट गई, जिसमें एक तरफ अमेरिका, पश्चिमी यूरोप और जापान थे और दूसरी तरफ रूस एवं चीन। बीच का एक तटस्थ पक्ष था जिस पर अपना प्रभाव जमाने के लिए दोनों खेमे लगे रहते थे। बीसवीं सदी का आखिरी दशक आते-आते सोवियत यूनियन के विघटन और चीन का पूँजीवादी बाजार व्यवस्था को मूल रूप से कबूल कर लेने के बाद अब एक ही खेमे का वर्चस्व दिखाई देता था जिसका नेतृत्व अमेरिका के हाथ में था। यह पूँजीवाद के लिए एक विश्व की स्थापना का सुनहरा अवसर था। 'भूमंडलीकरण' दरअसल पूँजीवाद की तात्कालिक एकछत्रता का उद्घोष है। लेकिन भूमंडलीकरण शब्द से जैसी एकता का भ्रम पैदा होता है हकीकत वैसा है नहीं। इसके भीतर अनेक तरह के अंतर्विरोध हैं और कुछ तो आज भी मर्णांतक बने हुए हैं। पूँजीवाद की वर्तमान भूमंडलीकरण के स्तर तक पहुँचने की लंबी प्रक्रिया रही है जिसमें भय और प्रलोभन दोनों की भूमिका थी। इस प्रक्रिया का संक्षिप्त विवरण प्रासंगिक है।

जब द्वितीय विश्वयुद्ध का अंत करीब आया और धुरी राष्ट्रों (जर्मनी, इटली और जापान) की पराजय निश्चित लगने लगी तब युद्ध के बाद की अर्थव्यवस्था कैसी बने जिसमें पूँजीवाद सुरक्षित रह सके यह चिंता अमेरिका पर सवार हुई। इसी चिंता के मद्देनजर 1944 में अमेरिका के ब्रेटनवूड्स में एक सम्मेलन बुलाया गया जिसमें दुनिया की भावी अर्थव्यवस्था की रूपरेखा तय की गई। हालाँकि इसमें ब्रिटेन के सुप्रसिद्ध अर्थशास्त्री मेनार्ड कीन्स की भी भागीदारी थी, मूलतः यह अमेरिकी आयोजन था और उस समय की दुनिया की आर्थिक स्थिति को देखते हुए इस पर अमेरिकी प्रभाव होना स्वाभाविक था। ब्रिटेन, फ्रांस, जर्मनी एवं जापान के नगर, कल कारखाने और कृषि व्यवस्थाएँ सब कुछ नष्ट हो चुकी थीं। करोड़ों की संख्या में लोग मारे जा चुके थे जिनमें बड़ी संख्या में जवान थे जो निर्माण कार्य के लिए जरूरी थे। सिर्फ अमेरिका बिल्कुल निरापद था और युद्ध काल में औद्योगिक गतिविधियों के तेज होने से पहली बार पूर्ण रोजगार का अनुभव कर रहा था और संपन्नता के शिखर पर पहुँच गया था। लेकिन पूँजीवादी व्यापारिक व्यवस्था की एक मजबूरी यह होती है कि यह अपने आप में पूर्ण नहीं हो सकता। इसके लिए यह अनिवार्य होता है कि इसे विनिमय के लिए दूसरी आर्थिक इकाइयाँ उपलब्ध हों। अतः अमेरिका के लिए जरूरी था कि यूरोप और जापान की अर्थव्यवस्थाएँ फिर से खड़ी हो सकें। मूलतः इन्हें सहायता दे खड़ा करने के लिए ही अंतर्राष्ट्रीय मुद्रा कोष की कल्पना

की गई थी। जो दो संस्थाएँ ब्रेटनवूड्स में खड़ी की गईं वे थीं विश्व बैंक (इंटरनेशनल बैंक फॉर रिकन्स्ट्रक्शन ऐंड डेवलपमेंट) और अंतर्राष्ट्रीय मुद्रा कोष। दोनों ही के मुख्य कार्यालय वाशिंगटन डी.सी. में थे। यह एक तरह से अमेरिकी वर्चस्व का पूर्वाभास था। इन संस्थाओं का घोषित उद्देश्य था दुनिया की ध्वस्त अर्थव्यवस्थाओं को फिर से खड़ा करना। इसी के साथ एक ऐसे अंतर्राष्ट्रीय व्यापार संगठन को खड़ा करने का लक्ष्य रखा गया जो स्वतंत्र व्यापार के नियमों के पालन को दुनिया के व्यापारिक संबंधों में सुनिश्चित कर सके। लेकिन कुछ अड़चनों के कारण उस समय अंतर्राष्ट्रीय व्यापार संगठन नहीं बनाया जा सका। इसकी जगह पर गैट (जेनरल एग्रीमेंट ऑन ट्रेड एंड टारिफ) कायम किया गया जिसका लक्ष्य व्यापार में संलग्न देशों की सहमति के आधार पर दुनिया के व्यापार को स्थिति के अनुसार नियमित करना था। लेकिन विश्व व्यापार संगठन बनाने का उद्देश्य सदा इसके सामने रहा। इस क्रम में आगे चल समझौते के 'उरुग्वे चक्र' के पूरा होने पर दुनिया के अधिकांश देशों का गैट समझौते पर हस्ताक्षर हुआ जिससे विश्व व्यापार संगठन अस्तित्व में आया। इसकी पृष्ठभूमि में कुछ महत्त्वपूर्ण घटना क्रम था जिसकी छाया इस संगठन पर मँडराती रही।

अंतर्राष्ट्रीय व्यापार में विनिमय का मौद्रिक आधार क्या हो इसको लेकर जो समस्या थी उसने द्वितीय विश्वयुद्ध के बाद एक ऐसा रूप लिया जिससे अमेरिका का आर्थिक वर्चस्व स्वतः संसार पर कायम हो गया। यों तो सोना इसका पारंपरिक माध्यम था लेकिन बाद में किसी सर्वाधिक विश्वस्त मुद्रा में इसकी कीमत को आँक कर यह विनिमय होता था। शुरू में यह मुद्रा पाउंड स्टर्लिंग था। ब्रिटिश पाउंड की मान्यता ब्रिटिश साम्राज्य के पराभव के साथ ही खत्म हो चुकी थी। द्वितीय विश्व युद्ध के बाद अकेली अमेरिका की अर्थव्यवस्था थी जो अपनी मुद्रा डालर के एवज में सोना और उत्पाद दोनों प्रस्तुत कर सकती थी। इसलिए दुनिया के ज्यादातर देश अपने विनिमय के लिए डालर का इस्तेमाल करने लगे। मेनार्ड कीन्स जैसे अर्थशास्त्री सदा यह चेतावनी देते रहे कि अंतर्राष्ट्रीय विनिमय के लिए किसी एक देश की मुद्रा पर निर्भरता सदा आर्थिक असंतुलन को जन्म देगी। फिर भी सभी देश चाहते थे कि उनके यहाँ डालर का पर्याप्त भंडार बना रहे। यह स्थिति तब भी बनी रही जब जर्मनी और जापान की युद्ध के ध्वंस से निकली अर्थव्यवस्थाएँ अति सक्षम होकर उभरीं। इधर शीत युद्ध के कारण अमेरिका दुनिया की राजनीति में बुरी तरह उलझ गया। इससे उस पर संसार भर में सैनिक और असैनिक दोनों तरह के खर्च का बोझ बढ़ने लगा। 1965 के बाद, खासकर वियतनाम युद्ध में फँसने के बाद से यह बोझ इसकी आर्थिक क्षमता के हिसाब से असह्य होने लगा। अब अमेरिका विदेशी मुद्रा की आय से विदेशों में बढ़ते अपने खर्च का भार नहीं उठा सकता था। इसलिए इसने डालर की जमी धाक का नाजायज फायदा उठाना शुरू किया और विदेशों में

अपने खर्च का भुगतान डालर छाप कर करने लगा। लेकिन 1971 आते-आते विदेशी हाथों में डालर इतना अधिक हो गया कि अमेरिका उसके मूल्य के बराबर सोना एवज में नहीं दे सकता था। इस स्थिति से बचने के लिए 1971 में अमेरिका ने यह घोषणा कर दी कि अब वह डालर के बदले सोना नहीं देगा। लेकिन इसके बावजूद डालर के माध्यम से अंतर्राष्ट्रीय व्यापार चलता रहा और पश्चिमी यूरोप के केन्द्रीय बैंकों में डालर के विशाल भंडार जमा हो गए जिन्हें 'यूरो-डालर' कहा जाने लगा। इन डालरों के एवज में अमेरिका के पास देने के लिए न पर्याप्त सोना था और न दूसरा उत्पाद। यह सब अमेरिका पर विदेशी कर्ज था जिससे वह अपनी व्यवस्था चला रहा था। 1972 में स्थिति इतनी खराब हो गई कि अंतर्राष्ट्रीय मुद्रा कोष की कार्यकारिणी से यह सुझाव आने लगा कि डालर की जगह धीरे-धीरे रिजर्व मुद्रा के रूप में एस.डी.आर. (स्पेशल ड्रॉइंग राइट), जो एक वैश्विक विनिमय का माध्यम था, ले ले। इस सुझाव के मुताबिक सभी विदेशी बैंक अपने यहाँ जमा डालर की राशि को अंतर्राष्ट्रीय मुद्रा कोष में जमा कर देते और उसके एवज में एस.डी.आर. ले लेते। लेकिन यह प्रस्ताव कई कारणों से लागू नहीं हो सका। मुख्य कारण तो अमेरिकी दबाव था। अमेरिका को यह नापसंद था क्योंकि एस.डी.आर. के प्रचलित हो जाने से इसकी यह सुविधा खत्म हो जाती कि अपना नोट छाप कर यह दुनिया में कुछ भी खरीद लेता था। जर्मनी आदि इस परिवर्तन के लिए इसलिए उत्साहित नहीं थे क्योंकि उन्हें डर था कि इससे डालर का भारी अवमूल्यन होगा और अमेरिकी माल सस्ता होने से अंतर्राष्ट्रीय व्यापार में जर्मनी को घोर प्रतिस्पर्धा का सामना करना पड़ेगा। यह सुझाव अमली नहीं हो सका। विभिन्न देशों के केंद्रीय बैंकों ने जमा यूरो डालर से मुनाफा कमाने की नई तरकीब निकाली। इन अनुपयोगी साबित हो रहे डालरों को बैंकों के माध्यम से उन्होंने तीसरी दुनिया को कर्ज के रूप में देना शुरू किया। सूद की दर काफी कम रखी गई जो बड़ा आकर्षण था। क्योंकि जहाँ मुद्रा स्फीति 4-5 प्रतिशत सालाना हो अगर सूद की दर 3 प्रतिशत हो तो कर्ज लगभग बिना सूद का साबित होगा और अगर मुद्रा स्फीति की दर काफी ऊँची हो तो कर्ज ऋणात्मक सूद पर उपलब्ध लगेगा। अगर तीसरी दुनिया में दिए गए कर्ज को 'सहायता' कहा जाता रहा है तो शायद इसके पीछे यही भावना काम करती रही हो। इस तरह तीसरी दुनिया और पूर्वी यूरोप के देशों पर भी यूरोप के लिए बेजरूरत डालरों से कर्ज का बोझ बढ़ने लगा। और इन देशों में कर्ज लेकर फिजूलखर्ची का मर्ज बढ़ने लगा। लेकिन 1979 में अमेरिका ने सूद की दर को बढ़ा कर 19 प्रतिशत कर दिया। अब तो तीसरी दुनिया के लिए कर्ज वापस करना असंभव हो गया। अब नए कर्ज पुराने कर्ज की अदायगी के लिए ही लिए जाने लगे।

कर्ज लेने के पीछे बड़ा आकर्षण पश्चिमी ढंग का विकास करना था जिसके लिए पश्चिम से उद्योग और तकनीक का आयात और आधुनिक जीवन प्रदान करने

वाली उपभोग की वस्तुओं का आयात होना जरूरी था। लेकिन आधुनिक उद्योगों का स्वरूप ऐसा है कि संसार के ज्यादा से ज्यादा संसाधन का उपयोग कर एक छोटी आबादी को ऊँचा जीवन स्तर दिया जा सकता है। इसलिए ऐसा विकास तीसरी दुनिया की बड़ी आबादी के लिए मरीचिका ही बना रहा। उलटा इन देशों के भीतर ही उन सुविधाओं के लिए जो सीमित थीं लोगों में आपसी संघर्ष होने लगे। वैश्वीकरण का एक आयाम यह भी है कि सामाजिक संघर्ष भी वैश्विक हो गए हैं। जो गरीब मुल्क हैं वहाँ तो ये संघर्ष खुले और हिंसक हैं ही, संपन्न देशों में भी नस्ल, मूल आदि के आधार पर प्रच्छन्न रूप से मौजूद हैं।

ऊपर की बातों से यह सहज ही देखा जा सकता है कि दो संगठनों, विश्व बैंक और अंतर्राष्ट्रीय मुद्रा कोष की स्थापना की स्थितियाँ ऐसी थीं कि इन पर अमेरिकी वर्चस्व को टाला नहीं जा सकता था। लेकिन शुरू में कम्युनिस्ट प्रभाव वाले देश इस व्यवस्था से बाहर थे और तीसरी दुनिया का अस्तित्व भविष्य में था। लेकिन एक नई व्यवस्था के लिए आधार तैयार हो गया था। भूमंडलीकरण उसी नींव पर खड़ी इमारत का नया विस्तार है। रूस और चीन में समाजवादी कही जाने वाली व्यवस्थाओं के ध्वस्त हो जाने के बाद दुनिया में आर्थिक एवं राजनीतिक प्रभुता का एक ही केंद्र अमेरिका रह गया। नाटो के माध्यम से संसार में एकमात्र शक्तिशाली सैनिक शक्ति भी यही बच गया। इस तरह व्यावहारिक रूप में तो एक वैश्विक व्यवस्था कायम हो ही गई थी जिस पर अमेरिका का प्रभाव पैक्स अमेरिकाना कायम हुआ। संयुक्त राष्ट्र संघ में रूस और चीन अब भी अपने 'वीटो' के साथ उपस्थित थे लेकिन अब वे अमेरिका की मर्जी के खिलाफ वीटो का इस्तेमाल किसी महत्त्वपूर्ण मुद्दे पर नहीं कर सकते थे। अकेले अमेरिका ही अपनी सुविधा के अनुसार वीटो का इस्तेमाल करता रहा। इस तरह संयुक्त राष्ट्र संघ भी मूलतः अमेरिका के हित साधन का ही औजार बन गया है। इराक के मामले में हो, अरब-इज़रायल संघर्ष के मामले में हो, युगोस्लाविया के मामले में या अफगानिस्तान के मामले में सभी जगह इसने या तो सीधा अमेरिकी नीति के अनुसार हस्तक्षेप किया है या अमेरिकी दबाव में मौन साध लिया है।

भूमंडलीकरण के नाम पर अब औद्योगिक पूँजीवादी व्यवस्था और इसकी उपभोक्तावादी संस्कृति को संसार के उन भागों पर लादने का प्रयास हो रहा है जहाँ अभी तक पारंपरिक या गैर-पूँजीवादी व्यवस्थाएँ थीं। अपनी हित रक्षा में अपने चरित्र के कारण पूँजीवाद कहीं भी अनियोजित विकास ही करता है। इससे क्षेत्रीय विषमताएँ उभरती हैं और जहाँ भी इसका पैर पड़ता है वहाँ संपन्नता और विपन्नता के ध्रुवों में अंचलों और समूहों का विभाजन होता है। इससे हर जगह आंचलिक या समूहों के बीच संघर्ष उभरते हैं। छोटी खेती और किसानों का अस्तित्व समाप्त होने लगता

है और विशाल पैमाने पर बेरोजगारी फैलती है। यह प्रभाव चीन में विशेष तौर से देखा जा सकता है जहाँ पहले बेरोजगारी नहीं थी पर अब दसों करोड़ लोग बरोजगार हो भटक रहे हैं। विशाल पूँजीवादी फार्मों का विकास होता है जिसमें नई जैविक तकनीकों का बड़े पैमाने पर प्रयोग होता है और इससे संबद्ध बीज और रसायन उत्पादन करने वाली बहुराष्ट्रीय कंपनियों का विस्तार होता है। व्यापार के अंतर्राष्ट्रीय पैमाने के साथ-साथ विनिमय की गति को तेज करना जरूरी होता है। इससे नए संचार माध्यमों का बड़े पैमाने पर विकास होता है। तत्काल इंटरनेट से ई-कॉमर्स की ओर संक्रमण इसी प्रक्रिया का परिणाम है। हालाँकि इससे यह भ्रम पैदा होता है कि संसार के लोग जुड़ रहे हैं और संसार एक 'वैश्विक गाँव'(ग्लोबलविलेज) बन गया है, दरअसल इससे सिर्फ संसार का एक संपन्न वर्ग ही अपने व्यापारिक या व्यावसायिक हितों के लिए एक-दूसरे से जुड़ता है। प्रत्येक क्षेत्र और देश में नए संचार माध्यमों से संसार से जुड़े समूह अपने ही आस-पास के बहुसंख्य वंचित समूहों से पूरी तरह कट जाते हैं। संसार का एक नया विभाजन सूचना समृद्ध और सूचना से वंचितों के बीच होता है।

इन सब कारणों से दुनिया भर में स्थानीय संघर्षों की बाढ़ आती है। चूँकि वर्तमान केंद्रित राज्यों की शक्ति और हथियारों की क्षमता बहुत बढ़ गई है इनके खिलाफ संघर्ष प्रायः आतंकवादी रूप ग्रहण करते हैं। इससे अराजक स्थितियाँ तो पैदा होती हैं लेकिन कोई समाधान नहीं निकलता। हिंसक संघर्षों का सिलसिला अटूट बनता जाता है जिससे समाधान की बजाय सर्वनाश की संभावना बढ़ती है। दुनिया के गैर-औद्योगिक देशों को आधुनिक औद्योगिक व्यवस्था में तब्दील करने की प्रक्रिया में संसार के संसाधनों का तेजी से दोहन होता है तथा औद्योगिक उत्सर्जन से पर्यावरण का संकट पैदा होता है। अमेरिका के रुख से स्पष्ट है कि अपनी समृद्धि को कायम रखने के लिए यह दुनिया के नष्ट होने का जोखिम उठाने को तैयार है। इस विनाश से बचने के लिए वैकल्पिक औद्योगिक ढाँचा और वैकल्पिक ऊर्जा स्रोतों की जरूरत भी महसूस की जाने लगी है।

पुस्तक में प्रकाशित अधिकांश लेख भूमंडलीकरण की इस प्रक्रिया के दौर में पैदा विभिन्न सामयिक समस्याओं पर केंद्रित हैं। नई सदी पर पड़ने वाली इसकी छाया का भी एक लेख में विवेचन है। कुल मिलाकर एक चिंताजनक छवि उभरती है। अगर भूमंडलीकरण इसके प्रचलित अर्थ में अमंगलकारी है तो विकल्प क्या हो सकता है? इसका विकल्प निश्चित ही स्थानीयता और विकेंद्रीकरण पर आधारित होगा। किसी न किसी तरह की समुदायवादी और समाजवादी मूल्यों की ओर वापसी जरूरी होगी। समाजवादी कही जाने वाली व्यवस्थाओं के जो भयावह अधिनायकवादी रूप उभरे और जैसी आदर्शहीनता से वे ध्वस्त हुए उसको देखते हुए अब वैसी व्यवस्था

की तरफ तो लौटा नहीं जा सकता। क्या समाजवादियों द्वारा कभी युटोपिया कहकर खारिज की गई व्यवस्थाओं में हम अपने भविष्य के लिए कुछ तत्त्वों की तलाश कर सकते हैं? या फिर नए समाज के मूल्य क्या होंगे? आदि प्रश्नों से जुड़े कुछ लेख भी विचार के लिए प्रस्तुत किए गए हैं।

संदर्भ

1. आज तो 'नैचुरल एडवांटेज' सिर्फ उन देशों की है जिन्होंने अधुनातन तकनीकी दक्षता हासिल कर ली है और सारे संसार के संसाधन औद्योगिक उत्पादों में तब्दील होने के लिए वहीं पहुँचते हैं; या उन स्थानों पर पहुँचते हैं जहाँ वहाँ की विशाल कंपनियाँ उत्पादन करना चाहती हैं।
2. प्रायः अमेरिका की अपनी आंतरिक राजनीति इसकी अंतर्राष्ट्रीय नीतियों पर हावी रहती है। कुछ लोगों का मानना है कि राष्ट्रपति बुश के लिए ओहियो और पेंसिल्वानियाँ के मतदाता विशेष तरह से महत्त्वपूर्ण हैं और इस्पात उद्योग के बंद होने से 1,90,000 मजदूर और 6,00,000 दूसरे सेवानिवृत्त पेंशनधारी लोग बुरी तरह प्रभावित होते। इस दबाव ने इस नीति को प्रभावित किया होगा।
3. दरअसल यूरोपीय संघ मामले को विश्व व्यापार संगठन के सामने लाया और अमेरिका दोषी पाया गया और उस पर हर्जाना ठोका गया।

आभार

पुस्तक में प्रकाशित अधिकांश लेख 'सामचिक वार्ता', 'जनसत्ता', 'हिन्दुस्तान', 'संवेद', एवं 'वागर्थ' से लिए गये हैं। लेखक इन पत्रिकाओं का आभारी है।

(क) भूमंडलीकरण : मूल्यबोध और तकनीक

पूँजीवाद और सोशलिज्म अब एक-दूसरे के विकल्प नहीं रह गए हैं। उनका रूप भले ही कुछ भी क्यों न हो, दोनों ही समाज को उन्हीं दबावों, निषेधों और मानदंडों के मुताबिक गढ़ना चाहते हैं, जो औद्योगिक व्यवस्था ने पिछली तीन शताब्दियों में अपने विकास के दौरान हमारी दुनिया पर थोपे हैं। इसके चलते पूँजीवाद और सोशलिज्म दोनों ही उत्पादन और वितरण की कमोबेश एक जैसी पद्धति अपनाने को बाध्य होते हैं। रिफारमेशन या प्रोटेस्टेंट आंदोलन के बाद यूरोपीय समाज पर जो मूल्य हावी रहे उन्हें इस औद्योगिक व्यवस्था ने आत्मसात् कर लिया है। शुरुआती दौर में यूरोपीय समाज पर कालविनिस्ट नीतिशास्त्र हावी रहा। हम सब यह जानते हैं कि कालविनिस्ट नीतिशास्त्र ने सांसारिक सफलता (इसमें व्यापार और उद्योग में सफलता को अत्यधिक महत्त्व दिया गया), को दैवी-कृपा का प्रमाण बताकर उसे औदात्य प्रदान किया। कालविनिज्म ने किफायत, उद्यम, संयम और दायित्वबोध का गुणगान करते हुए पृथ्वी पर ईश्वर का राज्य कायम करने के लिए उन्हें आवश्यक बताया। इस नीतिशास्त्र के तहत सांसारिक सफलता दैवी आशीर्वाद और अनुकम्पा है और उसे प्राप्त करने के लिए प्रतियोगिता व प्रतिस्पर्धा जायज हैं। 19वीं सदी के उत्तरार्ध में इस कालविनिस्ट मूल्य व्यवस्था पर चार्ल्स डारविन के विकासवादी विचारों से उद्भूत इहलौकिक (सेक्यूलर) मूल्यों की एक नई व्यवस्था का आरोपण हुआ। अपने चरम रूप में डारविन के विचार सामाजिक डारविनवाद के रूप में अभिव्यक्त हुए और यह माना गया कि योग्यतम ही जीवित रहता है या रह सकता है (सरवाइवल आफ द फिटेस्ट)। डारविनवाद ने भी प्रतियोगिता और प्रतिस्पर्धा का ही गुणगान किया और यह माना गया कि जो प्रतियोगिता में सफल होते हैं वे ही मानव जाति के श्रेष्ठ व बेहतर लोग हैं। यह नीतिशास्त्र, 19वीं शताब्दी से पश्चिमी समाज पर जिस भौतिकवादी लोकाचार (एथोस) का अत्यधिक प्रभाव पड़ा था, उसके बहुत अनुकूल था। इसके आर्थिक और नृजातीय (नस्ली) निहितार्थ भी थे।

इस दृष्टिकोण के अनुसार सिर्फ समाज में ही निम्न वर्ग नहीं होते, प्रकृति में भी निम्न मनुष्य होते हैं। जिस तरह निम्न वर्ग का शोषण उचित है उसी तरह

उच्च या श्रेष्ठ जातियों या नस्लों द्वारा निम्न जातियों या नस्लों को गुलाम बनाना और उन पर आधिपत्य कायम करना उचित और प्राकृतिक है। यही सृष्टि का नियम है। इस दृष्टिकोण का नतीजा यह हुआ कि समाज में यह विचार गहरा पैठा दिया गया कि वनस्पति और प्राणि जगत के उच्चावच क्रम (हायरारकी) के समानांतर मानव जगत में भी उच्चावच क्रम होता है (और होना चाहिए)। इसका यह मतलब बना कि असमानता केवल एक अनिवार्य और अवश्यम्भावी वस्तु नहीं है वरन् सामाजिक विकास की एक आवश्यक प्रेरक शक्ति है। इससे श्वेत लोगों द्वारा अश्वेत लोगों का विनाश व उन्मूलन करने और उन्हें गुलाम बनाने को जायज ठहराया जा सका। यहाँ यह याद रखना चाहिए कि कोलम्बस के अमेरिका की खोज करने के बाद से ही अश्वेतों को गुलाम बनाने और उन्हें विनष्ट करने का सिलसिला चल पड़ा और इसी के चलते यूरोप और अमेरिका में औद्योगिक क्रांति का आधार खड़ा हो पाया। हिटलर पश्चिमी समाज की इसी मूल्य व्यवस्था का स्वाभाविक वारिस था। उसने तो यहाँ तक कह डाला कि सभ्यता के विकास और निर्माण के लिए मनुष्य ने पहले चरण में पशुओं का इस्तेमाल करना सीखने के पूर्व हीन मनुष्यों को गुलामों के रूप में इस्तेमाल करना सीखा था। अभी यूरोप और अमेरिका में, काम करने के लिए आए हुए गैर-यूरोपीय लोगों के खिलाफ जो हिंसा बढ़ रही है वह इसी मनोवृत्ति और नस्लवादी मूल्यों की एक और अभिव्यक्ति है।

आधुनिक औद्योगिक व्यवस्था और उसके इर्द-गिर्द सभ्यता के जो आदर्श विकसित हुए हैं, वे इन मूल्यों की परम्परा से अलग और असम्पृक्त नहीं हैं। ये मूल्य पश्चिमी टेकनोलॉजी और औद्योगिक प्रबन्धन (मैनेजमेंट) की संरचना में घुले-मिले हुए हैं। यह औद्योगिक व्यवस्था भी यह मानती है कि जो सफलता की नृशंस होड़ में पीछे रह जाते हैं उनकी ओर ध्यान देने की कोई जरूरत नहीं; वे त्याज्य माल हैं।

1880 के दशक में फ्रेडरिक विनस्लो टेलर के अध्ययन और सिद्धांतों के चलते औद्योगिक प्रबन्धन और उद्योगों के संगठन में एक भारी बदलाव आया।

अमेरिका के गृहयुद्ध के बाद प्रतियोगिता और प्रतिस्पर्धा का बढ़ना इस बदलाव का एक बड़ा कारण था। विनस्लो टेलर ने अधिकाधिक उत्पादन करने के उद्देश्य से काम के दौरान मजदूरों के बीच-बीच में काम छोड़कर सुस्ताने और इधर-उधर टहलने की स्वाभाविक प्रवृत्तियों को समाप्त करने के लिए समय और गतिशक्ति (मोशन) का अध्ययन किया और इस अध्ययन के निष्कर्षों के मुताबिक कारखाने में काम करने की एक नई पद्धति इस्तेमाल की जाने लगी। इससे मजदूरों को उत्पादन का पुरजा मात्र बना दिया गया। नई पद्धति यह थी कि मजदूरों के काम को इस तरह बाँटा या विभाजित कर दिया गया कि उसकी जटिलता समाप्त हो गई और वह टुकड़ों-टुकड़ों में एक अत्यंत सरल काम बना दिया गया। इस तरह मजदूर

अलग-अलग औजारों से एक सरल काम को बार-बार करने वाले पुरजे बन गए। निर्माण प्रक्रिया के अलग-अलग हिस्सों में बँट जाने के बाद उनके मेल (एसेंबली) से वस्तु का निर्माण किया जाने लगा। प्रक्रिया के सरल और आसान किए जाने का नतीजा यह हुआ कि जो काम मनुष्य करते आए थे वही काम मशीनों से लिया जाने लायक हो. गया और इस तरह बड़ी तादाद में मजदूरों को हटाकर उनकी जगह मशीनें काम में लाई जाने लगीं। मजदूरों को हटाने की यह प्रक्रिया अब रोबोटों और कंप्यूटरों के आविष्कार से अपनी परिणति पर पहुँच गई है।

सोवियत यूनियन में भी स्टालिन ने जब पंचवर्षीय योजनाओं के तहत बड़े पैमाने पर औद्योगीकरण शुरू किया तो उत्पादन में तेजी लाने के लिए इसी तरह की प्रक्रिया चलाई; यह प्रक्रिया स्टैखानोविज्म के नाम से जानी जाती है। पूँजीवादी व्यवस्था में आधुनिक औद्योगिक प्रबंधन के माध्यम से बड़ी सूक्ष्मता से मशीनों को मजदूरों को हटाकर नियुक्त किया जाता है। लेकिन स्टालिन ने सीधे-सीधे बल-प्रयोग और जबरदस्ती का इस्तेमाल किया। इस तरह पूँजीवादी और सोशलिस्ट दोनों ही व्यवस्थाओं में औद्योगिक विकास की टेकनोलॉजी और ऊर्जा (डायनेमिक्स) एक जैसी रही।

इस तरह उत्पादन बढ़ाने और कार्य की चुस्ती को अधिक करने के लिए इस्तेमाल की जाने वाली टेकनोलॉजी की प्रक्रियाएँ क्रमशः अधिक जटिल होती गईं और जो काम पहले मनुष्य करते थे उन्हें विभिन्न मशीनों के तालमेल वाली पेचीदा व्यवस्था द्वारा किया जाने लगा। इसके परिणामस्वरूप विभिन्न स्तरों की दक्षता और तकनीकी ज्ञान वाले मजदूरों और टेकनीशियनों की नियुक्ति करना आवश्यक होता गया। इन मजदूरों और टेकनीशियनों का मुख्य काम मशीनों की देख-रेख और संचालन करना भर था। इस तरह उद्योगों के एक अत्यंत उच्चावच (हायरारकिक) संगठन का जन्म हुआ जिसमें उच्च श्रेणी और पद में प्रोन्नति और वेतन-स्तर में वृद्धि दीर्घकालीन तकनीकी शिक्षा और दूसरों से बेहतर काम कर दिखाने पर निर्भर होती गई। इससे मजदूरों में प्रतियोगिता का जो भाव बढ़ा, वह उस प्रतियोगितात्मक वातावरण का ही प्रतिबिम्ब था जिसके तहत उद्योगों को चलना पड़ता था। प्रत्येक उद्योग अपनी टेकनोलॉजी को लगातार आधुनिक व ज्यादा उच्चस्तरीय बनाने में लग गया ताकि वह प्रतियोगिता में कामयाबी हासिल कर सके। किसी भी उद्योग की क्षमता या प्रतियोगिता करने की कूवत का अंततः यही मतलब होता गया कि उसका ज्यादा से ज्यादा मशीनीकरण हो जिससे मशीनें ज्यादा से ज्यादा आदमियों का स्थान ले सकें। इस तरह टेकनोलॉजी के लगातार उच्चतर होने का अर्थ ही यह होता गया कि उससे ज्यादा से ज्यादा आदमियों को काम से हटाया (वंचित किया) जा सके। सेवा और संचार क्षेत्र के प्रसार से भी यह प्रक्रिया रुकती नहीं क्योंकि इन क्षेत्रों में

भी नई टेकनोलॉजी का अर्थ होता है ज्यादा से ज्यादा स्वचालन (ऑटोमेशन) और कम से कम मनुष्य-श्रम का इस्तेमाल यानी कम से कम मनुष्यों को काम।

इस प्रकार की टेकनोलॉजी में मजदूरों का उपभोग स्तर बढ़ाकर ऑटोमेशन और मशीनीकरण से फालतू और बेरोजगार हुए मजदूरों को नए उद्योग खोलकर काम पर लगाए रखने की जो बात यूरोपीय सोशलिस्टों ने पहले सोची थी, वह कारगर नहीं हो सकती। इसका बहुत ही सीधा-सादा कारण यह है कि बेरोजगार हुए मजदूरों को वह अतिरिक्त क्रय शक्ति प्रदान नहीं की जा सकती कि वे नए उद्योगों द्वारा निर्मित वस्तुओं को खरीद सकें—नए उद्योगों की वस्तुओं को खरीदना तो दूर रहा, पहले से चले आ रहे उद्योगों द्वारा निर्मित वस्तुओं तक को खरीदना उनके लिए संभव नहीं हो सकता। इसलिए फालतू या बेरोजगार हुए मजदूरों को रोजगार या काम उपलब्ध करवाने के लिए नए उद्योग विकसित करने की यह एक आवश्यक शर्त है कि बंद अर्थव्यवस्था के बाहर बाजार प्राप्त करने की होड़ मचे। लेकिन जब अन्य औद्योगिक अर्थव्यवस्थाएँ भी इसी दिशा में (बेरोजगार मजदूरों को काम उपलब्ध करवाना) सचेष्ट हों तो गतिरोध का पैदा होना अवश्यम्भावी है। आज दुनिया में यही स्थिति है और अमरीकी, यूरोपीय और जापानी अर्थव्यवस्थाएँ नए बाजार प्राप्त करने की होड़ कर रही हैं। जब कोई अर्थव्यवस्था जितना आयात करती है उससे ज्यादा निर्यात करने लगे तो वह अन्य अर्थव्यवस्थाओं को बेरोजगारी का भी निर्यात करती होती है। अभी हम ऐसी ही स्थिति का सामना कर रहे हैं जिसमें सारे औद्योगिक जगत् में मंदी आई हुई है और प्रमुख अर्थव्यवस्थाओं में से कोई भी जब इस मंदी की गिरफ्त से बाहर निकलने की कोशिश करती है तो वह अन्य अर्थव्यवस्थाओं के लिए संकट पैदा कर देती है।

मंदी दूर करने लिए एक अस्थायी और तात्कालिक हल के रूप में ऐसे नए इलाकों की तलाश की जाती है, जहाँ मशीनों और औद्योगिक माल दोनों का ही निर्यात किया जा सके। इसमें परिवहन और संचार के क्षेत्रों में नई टेकनोलॉजी का इस्तेमाल करने वाली आधुनिक सेवाओं का निर्यात भी शामिल है। ये नए इलाके तथाकथित विकासशील अर्थव्यवस्थाओं वाले इलाके होते हैं। औद्योगिक अर्थव्यवस्थाएँ जिन-जिन वस्तुओं और मशीनों के लिए नए इलाकों में बाजार तलाशती हैं, वे उन इलाकों में तभी खप सकती हैं जबकि उनमें (इलाकों) उच्च आय वाला एक आधुनिक क्षेत्र विकसित किया जाय जिससे नई औद्योगिक वस्तुओं, मशीनों और आधुनिक सेवाओं की माँग बढ़ाई जा सके। लेकिन परंपरागत अर्थव्यवस्थाओं में एक आधुनिक क्षेत्र का विकास वहाँ के परंपरागत उद्योगों और जीवन पद्धति को नष्ट कर ही किया जा सकता है। परंपरागत अर्थव्यवस्थाओं पर नई टेकनोलॉजी का प्रभाव भयंकर होता है। नई टेकनोलॉजी जिन इलाकों से आती है उनमें उसका प्रभाव इतना भयंकर नहीं होता क्योंकि उनसे वह किसी रूप में जुड़ी होती है। लेकिन परंपरागत अर्थव्यवस्थाओं

को तो वह छीज ही डालती है। इस प्रक्रिया में परंपरागत अर्थव्यवस्थाओं में बहुसंख्यक जनता का जीवन-क्रम और जीवन धारण करने की सारी व्यवस्था, जो बहुत सारी परंपरागत चीजों तथा प्रकृति व वनस्पति से जुड़ी रहती है, नष्ट होने लगती है और आधुनिक उत्पादन व्यवस्था के छोटे-छोटे द्वीप बनने लगते हैं। इस प्रकार आधुनिक टेकनोलॉजी का प्रसार, औद्योगिक उत्पादन-व्यवस्थाओं को मंदी से उबरने का सिर्फ एक तात्कालिक और अस्थायी साधन ही प्रदान करता है; परंपरागत अर्थव्यवस्थाओं को तो भयंकर नुकसान पहुँचाता है, उनमें बेरोजगारी, तबाही और कंगाली बढ़ाता है। इसके अलावा इस प्रकार का विकास परंपरागत अर्थव्यवस्थाओं और तथाकथित विकासशील अर्थव्यवस्थाओं को पूँजी और माल के मामले में औद्योगिक अर्थव्यवस्थाओं पर पूरी तरह निर्भर बना डालता है।

सोशलिस्ट व्यवस्था का चरमरा कर ढह पड़ना उस द्वंद्व और संघर्ष में अंतर्निहित था जो औद्योगिक आचार-व्यवहार और सोशलिस्ट परंपरा की समतावादी और मानवीय आकांक्षाओं के बीच है। औद्योगिक आचार-व्यवहार और प्रकृति का सोशलिस्ट परंपरा की समतावादी और मानवीय आकांक्षाओं से मेल नहीं बैठाया जा सका। इस मेल के अभाव में सोशलिस्ट व्यवस्था कायम नहीं रह सकती थी। सोवियत यूनियन ने सोशलिस्ट परंपरा की समतावादी और मानवीय आकांक्षाओं को धता बता कर एक प्रतियोगितात्मक औद्योगिक संस्कृति को अपने यहाँ पनपाने की चेष्टा जरूर की पर वह औद्योगिक कार्य-कुशलता और क्षमता की माँगों के अनुरूप नहीं हो सकी; इन माँगों को पूरा करने के लिए जिस स्तर तक पहुँचना आवश्यक था, वह सोवियत यूनियन में संभव नहीं हो पाया।

यह दलील दी जा सकती है कि अगर विकासशील दुनिया को औद्योगिक विकास के लिए पर्याप्त समय मिले तो वह भी औद्योगिक अर्थव्यवस्थाओं के समकक्ष हो सकती है; उनके जैसा स्तर प्राप्त कर सकती है। लेकिन यह संभव नहीं, क्योंकि आधुनिकीकरण की प्रक्रिया की प्रवृत्ति और प्रकृति ही ऐसी है कि वह यह नहीं होने देगी। विकासशील दुनिया को औद्योगिक व्यवस्थाओं के समकक्ष होने के लिए बाजार और कच्चे माल के लिए और भी बड़े इलाकों में अपना जाल बिछाना होगा। लेकिन बाजार और माल कहाँ से आएँगे? हमारी इस पृथ्वी पर वे उपलब्ध ही नहीं हैं इसके अलावा एक और भयंकर बाधा है जिससे पार पाया ही नहीं जा सकता। वह बाधा यह है कि इस तरह का विकास होने पर जो भारी उत्पादक-शक्ति उत्पन्न होगी उसकी माँग को पूरा करने के लिए उतने प्राकृतिक साधन होंगे ही नहीं। आज हमारी दुनिया की 30 प्रतिशत से भी कम आबादी विकसित औद्योगिक अर्थव्यवस्थाओं में रहती है और दुनिया के प्रायः सारे प्राकृतिक साधनों पर उसका आधिपत्य है। इससे अभी ही हमारी दुनिया के पेट्रोलियम संसाधन प्रायः चुक रहे हैं—वे इस शताब्दी में 25 वर्षों से आगे नहीं खिंच सकते—समाप्त हो जाएँगे। कोयले का भंडार शायद कुछ

देर और बना रहे लेकिन पेट्रोलियम के चुक जाने पर उसके भी समाप्त होने की रफ्तार बढ़ जाएगी। अन्य विरल संसाधन जिनमें जल भी शामिल है, बड़ी तेजी से चुक रहे हैं। इसके साथ औद्योगिक गैस और औद्योगिक कचरे ने पर्यावरण को इतना प्रदूषित कर डाला है कि जीव मंडल (बायोस्फेयर) का ही अस्तित्व विपन्न हो गया है। अब हम इस बात की सहज ही कल्पना कर सकते हैं कि अगर इस प्रक्रिया की रफ्तार चौगुनी हो गई तो प्राकृतिक साधनों और पर्यावरण की क्या दशा होगी। अगर तीसरी दुनिया की आबादी मौजूदा विकास की पद्धति को अपनाने और उसके मार्ग पर चलने लगे तो क्या नतीजा होगा? इन कारणों को यदि ध्यान में रखें तो भारत का विकसित औद्योगिक अर्थव्यवस्थाओं के अनुरूप विकास होने की कोई संभावना ही नजर नहीं आती। हम आज यह देख पा रहे हैं कि विकसित औद्योगिक अर्थव्यवस्थाओं के अनुरूप विकास करने के प्रयत्नों से समृद्धि के छोटे-छोटे टापू तो भले ही पैदा हो जाएँगे पर बहुसंख्यक जनता के जीवन-धारण की व्यवस्था तहस-नहस हो जाएगी, उसका अस्तित्व ही संकट में पड़ जाएगा। यह सब हम वनों, खदान के इलाकों और बड़े-बड़े बाँधों के निर्माण स्थलों में पश्चिमी मॉडल पर विकास परियोजनाओं के चलाने के परिणामस्वरूप आदिवासियों और अन्य लोगों के विस्थापन और कंगालीकरण के रूप में होता देख रहे हैं। इसके अलावा हम देहातों में सर्वत्र कंगालीकरण की प्रक्रिया को तेज होते देख रहे हैं क्योंकि उद्योगों को बढ़ाने के लिए किसानों के साथ अन्यायपूर्ण व्यवहार हो रहा है—उन्हें एक ऐसे व्यापार में जबरदस्ती भागीदार बनाया जा रहा है जिसमें उन्हें घाटा ही घाटा सहना पड़ता है। विकास चाहे सरकारी क्षेत्र के तहत हो या निजी क्षेत्र के तहत, स्थिति में कोई फर्क नहीं पड़ता। सरकारी क्षेत्र की विकास परियोजनाओं के क्या परिणाम होते हैं उसके गंधमार्दन की बाक्साइट खनन परियोजना और सरदार सरोवर परियोजना उदाहरण हैं। सोवियत यूनियन में बलात् सामूहिकीकरण (कलेक्टिवाइजेशन) और राज्य द्वारा उत्प्रेरित औद्योगिक विकास की तेज रफ्तार के चलते 1930 के दशक में क्या हुआ था, यह हम जानते हैं। 1930 के दशक में सोवियत यूनियन में अकालों में प्रायः डेढ़ करोड़ लोग अकाल मृत्यु के शिकार हुए।

इस आधुनिक औद्योगिक विकास का एक अन्य पहलू अनदेखा कर दिया जाता है, पर वह ध्यान देने योग्य है। समृद्धि के आधार को संकुचित करने और व्यापक रूप से असमानताएँ और विषमता पैदा करने के कारण यह विकास अंचलों, जातियों और समुदाओं के बीच वैमनस्य और विरोध को बढ़ाता है। विकास के लाभ कुछ अंचल और मुट्ठी भर लोग हथिया लेते हैं। इससे उन अंचलों और जातियों और समुदायों के लोगों में, जिन्हें समान अनुपात में विकास का लाभ नहीं मिलता असंतोष और द्वेष पैदा होता है। ऐसे में व्यवस्था में अंतर्निहित असमान और अन्यायपूर्ण वितरण की पद्धति को दोषी ठहराने की बजाय अंचलों, जातियों और समुदायों को

अपराधी करार दिया जाने लगता है। वंचित अंचलों, जातियों और समुदायों का विशिष्ट वर्ग, जो लाभ के सुअवसर जुटाने की आकांक्षा पालता रहता है, अपने अंचल, जातियों और समुदायों को लाभ में ज्यादा हिस्सेदारी प्राप्त करने की माँग से प्रेरित कर एकजुट करता है। इस तरह एक विडंबनापूर्ण स्थिति पैदा हो गई है जिसमें उद्योगों के अत्यधिक आधुनिक क्षेत्रों तक में जातीय और सामुदायिक आधार पर ध्रुवीकरण हो रहा है, जबकि एक समय यह उम्मीद की जाती थी कि आधुनिकीकरण संकीर्णता भरी और भावनात्मक जातीय और सामुदायिक वफादारी को समाप्त कर वर्ग-चेतना और एकता लाएगा।

ऊपर हमने जो लिखा उसका उद्देश्य हमारी व्यवस्था के बुनियादी दोष और मूल रोग की ओर ध्यान दिलाना है। एक नए राजनीतिक आंदोलन या पार्टी का निर्माण करने की इच्छा के पीछे जो सबसे महत्त्वपूर्ण बात है, वह यह है कि आज की सभी मुख्य पार्टियाँ एक प्रकार की ही टेकनोलॉजी पर आधारित एक ही प्रकार के आर्थिक विकास की पक्षधर हैं। आज सबसे ज्यादा जरूरत इस बात की है कि विकास का एकदम नया मॉडल तलाशा जाए जो पूर्ण रूप से अलग किस्म के मूल्यों से पुष्ट हो और जिसे सुचारु रूप से अमल में लाया जा सके और कायम भी रखा जा सके। ये मूल्य एक नई सभ्यता का उन्मेष करें। विकास के ये नए मूल्य प्रतियोगिता के स्थान पर सहयोग को, उच्चावच क्रम (हायरारिकल) के स्थान पर समानता को स्थान दें, प्रकृति पर आधिपत्य कायम करने के बजाय उसके प्रति मैत्री और उसे सुरक्षा प्रदान करने के भाव को प्रधानता दें; अपने से अलग मत और अलग धर्म वाले लोगों और संस्थानों के प्रति सहिष्णुता विकसित करें ताकि सौहार्द, समझदारी और भाईचारे की आवश्यकता को देखते हुए लोगों के बीच आदान-प्रदान और संप्रेषण हो सके। इसके साथ ही हमें अति मानव शक्तियों की फॉस्टियन तलाश (जो आधुनिक सभ्यता का सबसे बड़ा आकर्षण है) को, जो तेज से तेज रफ्तार, ऊँची से ऊँची उड़ान और प्राकृतिक तत्त्वों को हमारी इच्छा के वशीभूत करने की ज्यादा से ज्यादा शक्ति अर्जित करने की इच्छाओं और तलाश के रूप में अभिव्यक्त होती है; त्यागना होगा। अंत में ये इच्छाएँ और तलाश निरर्थक ही तो मालूम पड़ती हैं। ये मनुष्य की मानवीयता और श्रेष्ठता की अभिव्यक्ति तथा उसके दैहिक व आध्यात्मिक कल्याण के लिए सहायक नहीं हैं। चीता तेज से तेज धावक से ज्यादा रफ्तार से दौड़ सकता है, हाथी में मनुष्य से कहीं ज्यादा बल होता है और गिद्ध आकाश में बहुत ऊँचा उड़ सकता है। लेकिन उनके ये गुण उन्हें मनुष्य से श्रेष्ठ नहीं बनाते। मनुष्य को प्रकृति की जो सबसे बड़ी देन मिली है वह है उसकी चिंतन-मनन की क्षमता जिससे वह दर्शन, विज्ञान और कलाओं के लोकोत्तर मूल्यों की तलाश में जीवन व्यतीत कर सके। आधुनिक सभ्यता ने रफ्तार की तलाश और दिक् और काल पर विजय प्राप्त करने की कोशिश में मनुष्य के जीवन को हड़बड़ी और जल्दबाजी का शिकार बना

दिया है। उसे तेज दौड़ना और दूर भागना पड़ता है ताकि वह अपनी जीविका चला सके और कारखाने या दफ्तर में जो काम का उच्चावच क्रम बना हुआ है उसमें अपने स्थान से च्युत न हो जाए। उसके पास चिंतन-मनन करने के लिए अवकाश ही नहीं है। हड़बड़ी और जल्दबाजी की जिंदगी में जो थोड़ा-बहुत समय यदि मिल भी जाता है तो वह चिंता और असुरक्षा की भावना से आक्रांत समय होता है। शराब, नशीले पदार्थ और तंबाकू यातनामय और कष्टप्रद जीवन में राहत हासिल करने के लिए आवश्यक हो गए हैं। ये पलटकर मनुष्य को तरह-तरह के रोगों के शिकंजे में कसते जाते हैं तो फिर रोग-मुक्ति की छटपटाहट शुरू हो जाती है। आधुनिक सभ्य मानव का यही तो जीवन है। यही तो उसके जीवन का चक्कर और क्रम है।

जीवन के इस चक्कर और क्रम की गुलामी से मुक्त होने के लिए हमें विकास का एक एकदम अलग मकसद मानना होगा—विकास की आज जो मान्यता है उससे बिलकुल भिन्न। लेकिन यह विकास कैसा होगा? वह सिर्फ एक आदर्श ही नहीं होगा बल्कि व्यवहार-योग्य भी होगा यानी जिसे हासिल करना हमारे बूते की बात हो, जिसे हम अपने साधनों के दायरे में ही हासिल कर पाएँ। वैकल्पिक राजनीति को अगर सार्थक होना है तो उसे इस मकसद की दिशा में उन्मुख होना होगा; अन्य चीजों की इस मकसद को पूरा करने के लिए सिर्फ सहायक भूमिका ही हो सकती है। ठोस और व्यावहारिक रूप में हम यह कह सकते हैं कि यह राजनीति विकास के एक वैकल्पिक मॉडल के लिए किया जाने वाला आंदोलन होगा जिसमें उपयुक्त टेक्नोलॉजी की तलाश होगी। एक ऐसे विकास का मॉडल जिसका सिर्फ प्रकृति के साथ ही मेल नहीं होगा, वरन् जो ऊर्जा और कच्चे माल के ऐसे संसाधनों के इस्तेमाल से, जो नष्ट या समाप्त नहीं होते, प्रगति करते रहने की एक सहज रफ्तार भी कायम रख सकेगा—यानी जिसमें प्रदूषण, संसाधनों के क्षय का संकट पैदा न हो और सधे ढंग से विकास होता रहे।

लेकिन असाधारण परिस्थितियों को छोड़ कर लोग किसी नए आदर्श और उसे हासिल करने के लिए सचेष्ट संगठनों से इस तरह आकृष्ट नहीं होते कि उनको अपनाने को एकदम आतुर हो जाएँ। हालाँकि हम जिन परिस्थितियों और समय से गुजर रहे हैं वे सिर्फ हमारे अस्तित्व के लिए ही नहीं सारी सभ्यता के लिए असाधारण और भीषण हैं, पर लोगों को इसका बहुत हल्का ही आभास है। और किसी भी संगठन के लिए अंततः सबसे अहम प्रश्न तो लोगों की चेतना का है क्योंकि किसी भी संगठन के प्रसार और प्रचार के लिए अंततः लोगों की चेतना ही सबसे ज्यादा महत्त्व रखती है। अभी जो लोग जनमत तैयार करते हैं या जिनके कारण जनमत बनता है वे आधुनिकता की नकली सुनहली चमक-दमक से इतने ज्यादा मोहित हैं कि वे उससे बिना किसी ठोस आधार के भी चिपके रहना चाहते हैं। इसका एक कारण निश्चय

ही यह है कि ऐसे लोग भयावह गरीबी के महासमुद्र में मौजूदा सभ्यता के फायदे उठाते हैं और वास्तविकता को न देखने में ही उनका हित है। ऐसी स्थिति में एक वैकल्पिक व्यवस्था के लिए संगठन खड़ा करने के वास्ते बहुत धीरज रखना होगा–दीर्घकाल तक लोगों को समझा-बुझा कर ही स्थापित सत्ता के अभेद्य गढ़ में दरार डाली जा सकती है।

(ख) बाजारवाद और सांस्कृतिक संकट

आधुनिक काल में संस्कृति, धर्म और राष्ट्र की अवधारणाएँ जिस तरह एक दूसरे से उलझकर जटिल और त्रासद स्थितियाँ पैदा करती रही हैं उन्हें देखते हुए उनके पारस्परिक संबंधों पर विचार करना काफी प्रासंगिक बन गया है। धर्म और राष्ट्र की अवधारणाओं के उलझ जाने से उत्पन्न स्थितियों के उदाहरण अनेक हैं–दो ऐसे उदाहरण उत्तरी आयरलैंड और बोस्निया-हर्जेगोविना के हैं। स्वयं भारत का विभाजन धर्म और राष्ट्र की अवधारणाओं के उलझ जाने का परिणाम था। संस्कृति की अवधारणा को भी राष्ट्रीय उन्माद का आधार बनाया जा सकता है, जैसा जर्मनी में हिटलर के समय में हुआ। वहाँ संस्कृति को नस्ल के साथ जोड़ कर एक ऐसा उन्माद पैदा किया गया कि पचास लाख से अधिक यहूदियों को गैस चैंबरों में बंद कर या अन्य तरह से मार डाला गया। इस उन्माद के पीछे नस्ल और इतिहास के मिथकों का महत्त्वपूर्ण हाथ था। ऐसी स्थितियों से उबरने का एकमात्र उपाय मिथकों के विरुद्ध यथार्थ और भावावेश की जगह तर्कबुद्धि को खड़ा कर भ्रमों को दूर करने का प्रयास ही हो सकता है।

मनुष्य के सभी मानवीय क्रिया-कलापों और अवधारणाओं के पीछे उसकी संस्कृति होती है। धर्मबोध या राष्ट्रबोध दोनों ही अंततः उसकी संस्कृति के ही आयाम हैं। इसलिए मानव समाज में संस्कृति की भूमिका क्या है इसे समझना सर्वाधिक महत्त्व का है। मनुष्य को छोड़कर बाकी सभी जीवों के व्यवहार जन्मजात अंतरभूत दबावों (इंस्टिंक्ट) से निर्धारित होते हैं। चींटियों या मधुमक्खियों के अति जटिल समाजों के श्रम विभाजन भी ऐसे ही अंतरभूत दबावों द्वारा निर्धारित होते हैं। अक्सर एक मधुमक्खी दूसरे को मधु-संचय संबंधी काफी जटिल संवाद प्रस्तुत करती है। फिर भी यह सब बिना सोचे-समझे आंतरिक दबाव में होता है। मनुष्य से निकटतम जीव चिम्पांजी में भी विवेक का प्रयोग अत्यंत ही प्राथमिक दर्जे का होता है। इसके विपरीत मनुष्य के व्यवहार एक अति प्राथमिक स्तर के बाद या तो सामाजिक प्रशिक्षण पर आधारित होते हैं या उसके विवेक पर। मनुष्य का सबसे प्रधान अंतरभूत या जन्मजात गुण समाज में ऐसे प्रशिक्षण का ताना-बाना बुनना और वातावरण तैयार करना होता

है। इसी से विभिन्न क्रिया-कलापों के पीछे इंस्टिंक्ट के अभाव की पूर्ति होती है। अपनी सर्वांगता में यही मानव समुदायों की संस्कृति होती है। चूँकि मनुष्य के व्यावहारिक गुण जन्मजात नहीं होते, हर व्यक्ति और हर पीढ़ी को अपने प्राकृतिक या सामाजिक परिवेश द्वारा प्रस्तुत स्थितियों का मुकाबला करने के लिए नए सिरे से प्रशिक्षण लेने की जरूरत होती है। ऐसा प्रशिक्षण इसलिए संभव होता है क्योंकि मनुष्य को उसकी संस्कृति से पूर्व में सीखे गए ज्ञान का संचित भंडार उपलब्ध होता है; जो समाज, परिवार या अन्य इकाइयों द्वारा संप्रेषित होता है। यह ज्ञान पीढ़ी दर पीढ़ी लगातार हस्तान्तरित इसलिए हो पाता है क्योंकि मनुष्य में अवधारणा ग्रहण की क्षमता होती है जिसे वह प्रतीकों के जरिए संप्रेषित कर सकता है। इसलिए संस्कृति प्रतीकधर्मी होती है।

अवधारणाओं और ठोस वस्तुओं को इनसे भिन्न और अमूर्त्त प्रतीकों द्वारा अभिव्यक्त करने की क्षमता मनुष्यों में अलौकिक शक्ति प्रदान करने का भ्रम पैदा करती है। लगभग पंद्रह हजार वर्ष पूर्व के यूरोप के अल्तामीरा और लास्को की गुफाओं के भित्तिचित्र संभवतः शिकार को सफल बनाने के निमित्त बनाए गए थे। इसके अलावा आदिम जनजातियों से लेकर आधुनिक समाजों तक में नृत्य, मंत्र और विभिन्न अनुष्ठानों द्वारा प्रकृति और मानव समूहों पर नियंत्रण प्राप्त करने की अभिलाषा प्रतीकों की सामर्थ्य पर विश्वास ही व्यक्त करते हैं। लेकिन यह कोरा विश्वास ही नहीं है। एक दूसरे अर्थ में आधुनिक समाज में भी प्रतीक विशाल शक्ति के स्रोत बन गए हैं।

भाषा जो प्रतीकों का समुच्चय होती है संस्कृतियों के संकलन और संप्रेषण का सबसे सबल माध्यम होती है। चूँकि संप्रेषण आम बोलचाल की भाषा के अलावा नृत्य, संगीत, ललित कला और काव्य की भाषाओं के माध्यम से भी होता है—बल्कि अधिक सशक्त रूप से—इसलिए अक्सर संस्कृति का अर्थ लोग साहित्य, ललित कला, नृत्य, संगीत आदि मान लेते हैं। दूसरी ओर जीवन की रक्षा के लिए उत्पादन के साधनों का सर्वाधिक महत्त्व होता है जिनका भी हस्तांतरण पीढ़ी दर पीढ़ी होता रहता है। इससे एक दूसरी अतिवादी दृष्टि इतिहासकारों द्वारा अपना ली जाती है जिसके अनुसार प्राचीन संस्कृतियों को उत्खनन से प्राप्त औजारों और बर्तनों के आधार पर वर्गीकृत किया जाता है—जैसे प्रस्तर युगीन संस्कृति, कांस्य संस्कृति, लौह संस्कृति आदि। इस दृष्टि को मार्क्सवादी इतिहास दृष्टि से भी बल मिला है जिसके मतानुसार उत्पादन के साधन संस्कृति के आधार और संस्कृति के बाकी आयाम महज ऊपरी आवरण (सुपर स्ट्रक्चर) होते हैं। लेकिन हकीकत में संस्कृति मनुष्य की उत्पादन प्रणाली, आचार, विचार, जीवन दृष्टि एवं मूल्यों को ग्रहण कर पीढ़ी दर पीढ़ी मानव समाज को अनुप्राणित करती रहती है। इसमें किसी एक तत्त्व की प्राथमिकता स्थापित करने का प्रयास मुर्गी एवं अण्डे के बीच की प्राथमिकता तय करने जैसी पहेली में डालने वाला सिद्ध होगा।

संस्कृति में धर्म का खास स्थान होता है क्योंकि यह मनुष्य के प्रकृति के साथ के संबंधों एवं आपसी संबंधों को नियमित करने में सर्वाधिक महत्त्वपूर्ण होता है। एक सामाजिक जीव के लिए जो समाज के अन्य व्यक्तियों और प्रकृति के साथ असंख्य तंतुओं से जुड़ा हुआ है, यह महत्त्व सहज ही समझा जा सकता है। अन्य पशुओं की तरह मनुष्य के स्वभाव में भी आक्रामकता उसका वंशानुगत गुण है। लेकिन अन्य पशुओं में, खासकर उनमें जिनके दाँत, नख, सींग आदि आपसी युद्ध में जानलेवा हो सकते हैं, इन्हें नियंत्रित करने का भी अंतर्निहित दबाव होता है। लेकिन मनुष्य में, संभवतः इसलिए क्योंकि वह घातक प्राकृतिक हथियारों से लैस नहीं है, ऐसा कोई स्वतःस्फूर्त आंतरिक दबाव नहीं है। दूसरी तरफ उसकी संस्कृति ने उसे भीषण नरसंहार के हथियारों से युक्त कर रखा है। इसलिए इस पर नियंत्रण भी संस्कृति से ही हो सकता है ताकि वह अपनी पूरी प्रजाति का संहार न कर दे। इस दिशा में जो कुछ भी हो सका है वह उन मूल्यों की देन है जो मनुष्य को विभिन्न धर्मों से प्राप्त हुए हैं। अन्य मनुष्यों पर आक्रमण और परपीड़न से परहेज, करुणा, क्षमा एवं परहित जैसे मूल्य हमें धर्मों से ही प्राप्त हुए हैं। लेकिन स्थान और काल की भिन्नता से इनके ठोस रूप क्या होंगे यह सदा स्पष्ट नहीं हो पाता। इसके अलावा मनुष्य अनेक समुदायों में बँटा होता है। इन समुदायों के संबंध भी अक्सर मधुर नहीं होते। ऐसी स्थिति में मनुष्य की वफादारियों में भी टकराहट पैदा होती है। धर्म जो अच्छे और बुरे एवं ईश्वर और शैतान के बीच का विभाजन लोगों को सही राह पर चलाने के लिए करता है, अक्सर मानव समुदायों के विभाजन में कटुता लाने का काम भी करता है। सहज ही अपने पक्ष को भला और दूसरे पक्ष को बुरा मान लिया जाता है। इससे भी बढ़कर अपने पक्ष को ईश्वर का पक्ष और दूसरे के पक्ष को शैतान का मान इसे निर्मूल कर देने का नैतिक अधिकार भी प्राप्त हो जाता है।

चूँकि वर्तमान समय में राष्ट्रीयता मानव समूहों के बीच संघर्ष का मुख्य मुद्दा बन गई है यहाँ इसके संबंध में भी कुछ शब्द कहना जरूरी लगता है। राष्ट्रीयता की भावना असल में कबाइली अस्मिता बोध से ही विकसित होती है। इसमें कबीले की भाषा, आचार संहिता, नृत्य-संगीत आदि सबका समावेश होता है जो कबीले को अन्य कबीलों से अलग एक विशिष्टता प्रदान करते हैं। आगे चलकर यह बोध अनेक स्थानों पर विशेष क्षेत्रों से जुड़ जाता है जिससे इस बोध से नदी, पर्वत और परिवेश की अन्य विशिष्टताएँ लगाव पैदा करती हैं। कहीं-कहीं जब एक क्षेत्र में एक से अधिक मानव समूहों के लोग आकर साथ-साथ रहने लगते हैं और किसी मिली-जुली संस्कृति का निर्माण करते हैं तो राष्ट्रीय बोध कबीलाई बोध से आगे बढ़कर पूरे क्षेत्र में व्याप्त सांस्कृतिक बोध बन जाता है। लेकिन यूरोप की विशेष स्थिति में पंद्रहवीं से अठारहवीं शताब्दी के बीच राष्ट्रबोध विशेष कबीलाई क्षेत्रों के राज्यों के साथ

एकाकार हो गया और इससे राष्ट्र-राज्य के अर्थ में इधर हाल में राष्ट्रभाव को मूल से जोड़ने की प्रवृत्ति व्यापक हुई है और कहीं-कहीं धर्म को ही मूल का आधार बनाने की कोशिश हुई है। इससे राष्ट्रीयता का प्रश्न अधिक उलझनपूर्ण हो गया है। चूँकि राष्ट्र-राज्य का बोध सांस्कृतिक बोध से बढ़कर सीमा, फौज, कानून-व्यवस्था आदि पर आधारित है, अतः पड़ोस के ऐसे दूसरे राष्ट्र-राज्यों से टकराहट की स्थिति बनी रहती है। इस टकराहट में सांस्कृतिक संप्रेषणीयता के विविध तत्त्वों का विकृत रूप में इस्तेमाल होता है। इससे दो राष्ट्रों के बीच संवाद की संभावना क्षीण होती है। इसका विनाशकारी प्रभाव हम चारों तरफ देख रहे हैं।

इस संदर्भ में यह भी विचारणीय है कि संप्रेषण कैसे विकृत होता है। भाषा जो सांस्कृतिक संप्रेषण का मुख्य स्रोत है प्रकाश भी फैलाती है और भटकाती भी है। यह संभावना भाषा की संरचना में ही निहित है। एडवर्ड सैपीर और वी. ह्वोर्फ जैसे भाषाशास्त्रियों का तो यहाँ तक मानना है कि हम क्या देख पाते हैं वह काफी हद तक उस भाषाई समुदाय पर निर्भर करता है जिसमें हम रहते हैं, क्योंकि प्रत्येक भाषा विशेष भौगोलिक-वैचारिक परिवेश में उस भाषाई समूह के लोगों की आवश्यकता के अनुसार ही विकसित होती है। इससे जहाँ समूह के भीतर संप्रेषण सहज होता है वहाँ समूहों के बीच संप्रेषण में कठिनाई पैदा होती है। विभिन्न समूह अपने भाषाई खोलों से घिरे होते हैं। दूसरे समूह के लोग जो देखते हैं उन्हें दिखाई नहीं देता और इससे संवादहीनता की स्थिति पैदा होती है। संवादहीनता से दूसरों के प्रति संवेदनहीनता पैदा होती है। इससे तनाव और संघर्ष की भूमिका तैयार होती है।

एक अन्य भाषाशास्त्री अल्फ्रेड कौरजिन्स्की ने भाषा के कारण पैदा होने वाली संवादहीनता और संघर्ष की संभावना से प्रथम विश्वयुद्ध के बाद के काल में ही आगाह किया था। उसने वस्तुओं और उनके लिए व्यवहार में लाए जाने वाले शब्दों में भेद करने की लोगों की असमर्थता की ओर ध्यान दिलाया, जिस असमर्थता के चलते लोगों की प्रतिक्रियाएँ लेबुल के प्रति होती हैं, वास्तविक व्यक्तियों के प्रति नहीं। ऐसे लेबुल होते हैं, हिंदू, मुसलमान, हिंदुस्तानी, पाकिस्तानी आदि। इससे लेबुल द्वारा इंगित पूरे समूह के संबंध में एक सामान्यीकृत पूर्वाग्रहग्रस्त धारणा बना ली जाती है और हमारे व्यवहार इसी धारणा से निर्धारित होते हैं, न कि व्यक्तियों में संपर्क के निजी अनुभवों से। सरलीकरण की यह प्रवृत्ति इतनी व्यापक होती है कि इतिहासकार भी इससे ऊपर नहीं उठ पाते। इसका एक उदाहरण है "भारत पर मुस्लिम आक्रमण का जुमला।" अक्सर इतिहास की पुस्तकों में मुस्लिम आक्रमण का जिक्र रहता है। लेकिन असलियत यह है कि भारत पर कभी मुस्लिम आक्रमण नहीं हुआ। इस देश पर आक्रमण हुए हैं अरबों के, तुर्कों के, अफगानों और मुगलों के; जैसे इसके पहले यूना।नयों, शकों, हूणों आदि के आक्रमण हुए थे और अगर कुछ इतिहासकारों की बात मान लें तो जैसे सुदूर प्रागैतिहासिक काल में द्रविड़ों और आर्यों के आक्रमण

हुए थे। यह जरूर हुआ कि तुर्क, अरब या मुगल अपने आक्रमण के काल में इस्लाम कबूल कर चुके थे। इनके हमले अक्सर भारत के अन्य मुस्लिम शासकों के विरुद्ध हुए लिहाजा बाबर का हमला इब्राहिम लोदी के खिलाफ हुआ था। यह सब हमले साम्राज्य विस्तार की लालसा से विभिन्न देशों के शासकों द्वारा हुए थे या भौगोलिक कारणों से मानव समूहों के एक स्थान से विस्थापित हो अन्य स्थानों पर बसने की मजबूरी से। लेकिन जब इन हमलों को मुस्लिम हमलों के रूप में देखा जाता है तो न सिर्फ इतिहास की ओर देखने का नजरिया बदल जाता है, बल्कि अपने पड़ोसी वैसे मुसलमानों को ओर देखने का भी, जिनके साथ रोज उठने-बैठने का संबंध होता है।

सुप्रसिद्ध दार्शनिक बर्ट्रेण्ड रसेल ने भ्रमित करने वाले एक अन्य भाषाई गुण की ओर ध्यान दिलाया था। उसने बतलाया कि भाषा में व्याकरणीय संभावनाएँ भौतिक संभावनाओं से कहीं अधिक होती हैं। उदाहरण में उसने यह वाक्य ''चाँद हरे पनीर का बना है'' पेश किया। (इन्क्वायरी इंटू मीनिंग ऐंड ट्रुथ)। भाषा की दृष्टि से यह एक जायज वाक्य माना जाएगा। पर यह भौतिक संभावना से परे है। रसेल उस दार्शनिक समुदाय का था जिसे लॉजिकल पोजिटिविस्ट कहा जाता है और जिसने भाषाओं के विश्लेषण से यह सिद्ध किया था कि हमें भावनात्मक रूप से प्रभावित करने वाली बातें यथार्थ की दृष्टि से अक्सर अर्थहीन होती हैं।

भाषाओं की भटकाने वाली यह क्षमता हमें मानव मस्तिष्क के उन विशेष गुणों—यानी अवधारणाओं और प्रतीकों के विषय—पर ले जाती है जो संस्कृतियों के निर्माण में कोशिकाओं का काम करते हैं। भाषा स्वयं प्रतीकों का समुच्चय है जिसमें भाषा के शब्द और वाक्य वस्तुओं और अवधारणाओं के प्रतीक होते हैं। लेकिन रंग, रूप, आकार, स्वर, पशु-पक्षी या कोई भी अन्य वस्तु ऐसे प्रतीक बन सकते हैं जो ठोस वस्तुओं, स्थितियों या भावनाओं का प्रतिनिधि बन जाते हैं। एक गायिका कोकिल बन जाती है और नेता शेर बन जाता है। शेयर बाजार में तेजी बुल (साँड़) बन जाती है और अपमानित व्यक्ति का 'मुँह काला' हो जाता है।

रसेल के ऊपर के उद्धरण में यह बतलाया गया था कि व्याकरणीय संभावना भौतिक संभावना का अतिक्रमण कर सकती है। लेकिन प्रतीकों के प्रयोग से भाषा की भावनात्मक संभावना सीमाहीन बन जाती है। यहाँ कोई ऐसा ठोस भौतिक मापदंड नहीं होता जिससे कहा जा सके कि व्याकरण द्वारा मान्य कोई वाक्य भावनात्मक रूप से असंभव है। जब एक चाटुकार कवि एक राजनेता को हिमालय से अधिक महान बतलाता है या किसी प्रधानमंत्री को भारत माता कहता है तो किसी भौतिक मापदंड से उसे झुठलाया नहीं जा सकता, क्योंकि व्यक्ति की महानता की अनुभूति एक भावना है जिसे पहाड़ से मापा नहीं जा सकता और भारत माता की अवधारणा स्वयं एक भावना है जिसका देश की धरती या जनगण से कोई वस्तुनिष्ठ संबंध

नहीं स्थापित किया जा सकता। इस तरह भाषा की भ्रमित करने की शक्ति अपार बन जाती है। व्यावसायिक या राजनीतिक प्रचारक इस तथ्य का पूरा फायदा उठाते हैं चूँकि अवधारणा ठोस वस्तुओं का प्रतिनिधित्व तो कर सकती है लेकिन उससे बँधी नहीं होती—(जैसे 'वृक्ष' शब्द से वृक्ष का बोध तो होता है लेकिन यह किसी विशेष वृक्ष से बँधा नहीं होता—इससे किसी भी वृक्ष का चाहे वह छोटा, बड़ा, टूटा, साबुत कैसा भी हो बोध हो सकता है) इसलिए अवधारणाओं को मनमाने ढंग से तोड़ा जा सकता है, स्थानान्तरित किया जा सकता है। चूँकि ये सब प्रक्रियाएँ मानव मस्तिष्क में चलती हैं इसलिए ये मन की तरह ही निर्बाध रूप से गतिशील होती हैं। इस मानसिक प्रक्रिया से विद्या के देवता गणपति मानव शरीर और हाथी का सिरवाले गजानन बन जाते हैं, विष्णु चतुर्भुज बन जाते हैं और जन्म, जीवन एवं मृत्यु इन तीनों स्थितियों के प्रतीक तीन मुखों वाले देवता त्रिमूर्ति बन जाते हैं। अवधारणाएँ क्या रूप लेंगी यह मूलतः सामाजिक परिवेश से निर्धारित होता है।

प्रतीकों को आमतौर से दो भागों में बाँटा जाता है। एक तरह के प्रतीक अत्यधिक व्यापक होते हैं जो तर्कशास्त्रियों और गणितज्ञों के क्षेत्र में व्यवहार में आने वाले चिन्हों, अंकों और अक्षरों से लेकर आम बोलचाल की भाषा में शब्दों के रूप में व्यवहार में आते हैं। इसी का एक रूप इहलौकिक दृश्य कला में दिखाई देता है जहाँ चित्र और मूर्तियों का अर्थ, दर्शक जो सामने दिखाई देता है उसी आधार पर निकालते हैं। लेकिन इनमें कुछ प्रतीक ऐसे होते हैं जिनके विशेष अर्थ धार्मिक समूहों द्वारा लगाए जाते हैं—जैसे ईसाई धर्म में मेमना प्रतीक बन जाता है ईसा मसीह का, या हाथी और गाय बौद्ध धर्म में विशेष रूप से पवित्र हैं क्योंकि इनका संबंध माया देवी के स्वप्न से है।

ऐसे ही प्रतीक राष्ट्र या किसी अन्य मानव समूह से जुड़े हो सकते हैं जिनकी भावनात्मक अपील समूह विशेष के लिए हो—जैसे राष्ट्रध्वज, राष्ट्रगान की धुन, लाल झंडा जो मजदूरों का प्रतीक रहा है आदि। जैसे भाषा की संप्रेषणीयता भाषाई समूह के भीतर होती है, वैसे ही इन प्रतीकों की भावनात्मक अपील उन विशेष समूहों में होती है जिनमें इनका विकास हुआ होता है। इस स्थिति से समूहों के बीच संवादहीनता पैदा होती है और इसमें संघर्ष के बीज होते हैं। इस तरह मानव समूहों के संघर्ष में उनकी संस्कृतियों के भेद से भी बल मिल सकता है।

आज के सांस्कृतिक परिदृश्य में दो बातें महत्त्व की हैं। एक तो यह कि विभिन्न संस्कृतियों के विकास में भिन्नता के कारण विभिन्न वस्तुओं के प्रति उनकी भावना में भिन्नता है। इनमें प्रतीकों के माध्यम से अभिव्यक्ति की संभावना के सीमाहीन होने के कारण, जिसका विवरण ऊपर दिया गया है, यह संभावना बनती है कि विवादों को अतिरंजित करके दिखलाया जाए और जिसमें दूसरे समूह या आराध्यदेव को अत्यधिक निकृष्ट बताया जाए और अपने समूह या राष्ट्र को सर्वश्रेष्ठ बताया जाए।

दूसरी यह कि अभी हाल के वर्षों में संपन्न पश्चिमी देशों की संस्कृति को, विशेषकर उपभोक्तावादी संस्कृति को, सर्वश्रेष्ठ मानकर बाकी दुनिया पर इसे आरोपित किया जा रहा है। इसमें सार्वजनीन संस्कृति के अभ्युदय का भ्रम पैदा होता है। लेकिन इस प्रक्रिया में दुनिया के तमाम देशों की राष्ट्रीय या इनके भीतर की आंचलिक संस्कृतियाँ या तो लुप्त होती जा रही हैं, या इस संपर्क में बाहरी तत्त्वों के घालमेल से भ्रष्ट हो रही हैं।

वैसे तो संस्कृतियों के बीच आदान-प्रदान पूरे इतिहास काल में होता रहा है और अन्य संस्कृतियों का तत्त्व ले संस्कृतियाँ समृद्ध हुई हैं। उदाहरण के लिए भारत का रंगमंच यूनानी संपर्क से विकसित हुआ और मूर्तिकला की एक उत्कृष्ट विधा गांधार कला का विकास हुआ। लेकिन नाटकों की विषय वस्तु एवं मूल्य और मूर्तिकला का आध्यात्मिक रुझान भारतीय परंपरा के अनुसार बना रहा। इसी तरह भारत का स्थापत्य और लघु चित्र कला तुर्क, अफगान और फारस की कलाओं के तत्त्व ले परिष्कृत हुई। फारसी प्रभाव की पृष्ठभूमि ले अमीर खुसरो ने न सिर्फ भाषा के विकास में अमूल्य योगदान दिया बल्कि संगीत के क्षेत्र में सितार और तबले का विकास और कई रागों का विकास किया जिससे पारंपरिक भारतीय संगीतशास्त्र तेजी से विकसित हुआ। इसके विपरीत पश्चिम की मौजूदा संस्कृति में साम्राज्यवादी तत्त्व है जो कला, साहित्य, संगीत और जीवन के अन्य क्षेत्रों से भारतीय परंपराओं को निष्कासित कर उन पर हावी हो रही है। यह संस्कृति बाजार की जरूरतों के अनुसार विकसित हुई है और विज्ञापन और प्रतिस्पर्धा इसका मूलतत्त्व है। टी.वी., सिनेमा आदि विधाओं के माध्यम से, जिनका प्रारंभिक परिवेश औद्योगिक राष्ट्र रहे हैं, वे दुनिया के सभी राष्ट्रों पर छा रहे हैं। यह सांस्कृतिक आक्रमण इतना महत्त्वपूर्ण हो गया है कि पिछले दिनों गैट समझौते की शर्तों में सिनेमा और टी.वी. के निर्बंध प्रवेश के खिलाफ स्वयं यूरोपीय समुदाय, विशेषकर फ्रांस का स्वर अत्यधिक मुखर था क्योंकि उसे अमरीकी कला व्यापार की स्पर्धा से अपनी सांस्कृतिक अस्मिता के नष्ट होने का खतरा दिखाई देता था।

जीवन और कला के मूल्यबोध अलग-अलग परिवेश में पैदा होने के कारण अपनी उत्कृष्टता के आकलन का मानक स्वयं निर्माण करते हैं। इससे इन्हें विस्थापित कर कोई बाहरी वस्तु इनके अभाव की पूर्ति नहीं कर सकती, न तो इन्हें बाहरी मानकों से परीक्षित किया जा सकता है। लेकिन वैसी संस्कृतियाँ जो बाजार के मानक से परीक्षित हो सकती हैं, तुरंत अन्य संस्कृतियों के आमने-सामने बाजार की प्रतिस्पर्धा में खड़ी हो जाती हैं। इनका केंद्रीय मूल्यबोध बाजारू लोकप्रियता होता है। वही कला, साहित्य या संगीत प्रशंसित होता है। जिसके ग्राहकों की संख्या और आमदनी अधिक हो। चूंकि ऐसी कला का बाजार अत्यधिक विस्तृत होता है यह विभिन्न मानव समूहों की अंतरंग भावनाओं, आकांक्षाओं और त्रासदियों की संवेदना से असंपृक्त रहती

है। इसके विक्रेता अपने प्रयासों और विज्ञापनों से ऐसा माहौल पैदा करते हैं जिसमें यह प्रशंसा अर्जित कर सके। ऐसी प्रशंसा का आधार सतही वासनाओं की पूर्ति या चटखारा प्रदान करना ही हो सकता है। इस तरह दुनिया भर की संस्कृतियों का रुझान बाजारूपन और अंततः अपसंस्कृति की तरफ होता है।

कुल मिलाकर वर्तमान समय में हम दुविधा की स्थिति में हैं। चूँकि अब संचार और यातायात के विकास से संसार की सभी संस्कृतियाँ एक-दूसरे के संपर्क में हैं, उनकी पारंपरिक आत्मनिष्ठ विविधताएँ उन्हें एक-दूसरे के आमने-सामने, खासकर उनके आमने-सामने जो उनके पड़ोसी हैं, खड़ा कर देती हैं। चूँकि संस्कृतियाँ राष्ट्रीय संस्कृतियों के रूप में विकसित हुई हैं और राष्ट्र-राज्य की हथियारी शक्ति का वाहक बन गई हैं, गंभीर टकराहट की स्थिति पैदा होती रहती है। भाषा एवं कला विधाओं के माध्यम से उनके मतभेदों को हवा दे आक्रामक विद्वेष में बदला जा सकता है। इसके अलावा बाजारू संस्कृति के एकछत्र प्रसार से दुनिया के अधिकांश देशों में सार्थक सांस्कृतिक जीवन के लोप होने का भय है।

प्रश्न है कि इस दुविधा से मुक्ति कैसे मिले। स्पष्ट है कि बाजारू संस्कृति का निर्बंध फैलाव समस्या का समाधान नहीं हो सकता। तो समस्या का समाधान इसी में हो सकता है कि मूल्यों की विविधता के बीच कुछ ऐसे मूल्यों की तलाश हो जो विविधता के बावजूद विभिन्न मानव समूहों और उनकी संस्कृतियों के शांतिपूर्ण सह-अस्तित्व को संभव बना सकें। क्या ऐसा कोई मूल्य हो सकता है जो निर्विवाद और सर्वमान्य हो? साहित्य-कला, सिनेमा आदि के माध्यम से, अवधारणाओं में अंतर्निहित उन गुणों के कारण जिनका वर्णन ऊपर हो चुका है, बहुत कुछ जो स्वयं सिद्ध या सत्य दिखाई देता है, संदिग्ध या झूठा बतलाया जा सकता है। प्रथम विश्व युद्ध के बाद के काल में कला के क्षेत्र में सुर्रियलिस्ट कला ने बड़ी सफलता से यह काम किया था। राजनीति में यह कितनी सफलता से कितने भयानक परिणामों को जन्म दे सकती है उसकी एक झाँकी तीस और चालीस के यूरोपीय यथार्थ पर आधारित जॉर्ज आरवेल के उपन्यास 'उन्नीस सौ चौरासी' में देखी जा सकती है। संचार माध्यमों के विकास और प्रसार से यथार्थ को धुँधलाने या झुठलाने की यह शक्ति समाज में आज कहीं अधिक है।

संशय और संदेह के इस वातावरण में हम फ्रांसीसी दार्शनिक देकार्त की तर्ज पर ही ऐसे सत्य पर पहुँच सकते हैं। सभी बातों पर संदेह करते-करते वह इस नतीजे पर पहुँचा कि "वह संदेह करता है इसलिए निःसंदेह है।" इसी तरह हम कह सकते हैं कि चूँकि दुनिया के सभी सामाजिक संबंध कला-साहित्य और संस्कृतियाँ मनुष्य के इर्द-गिर्द मनुष्य द्वारा सर्जित हैं, इनमें सब कुछ नकारने के बाद भी मनुष्य का अस्तित्व बचा रह जाता है। इसलिए कोई भी बात चाहे वह कितनी ही सुहानी या तार्किक लगे, अगर वह मनुष्य के अस्तित्व को खतरे में डालती है, उसे पीड़ा पहुँचाती

है तो वह नकारने योग्य है। अपनी समझ के लिए और अनेक आपसी संबंधों के निर्धारण के लिए हम मानव समूहों और संस्थाओं (राष्ट्र भी इनमें एक है) के व्यक्तित्व को कबूल करते हैं लेकिन अंततोगत्वा मृत्यु यातनाएँ और विभिन्न त्रासदियों की पीड़ा झेलने वाला मानव व्यक्ति ही होता है। पीड़ा की अनुभूति व्यक्तिगत ही होती है, भले ही इसकी चेतना सामूहिक बन जाए। इसलिए संख्या से इसकी गहराई नहीं मापी जा सकती। कसेंट्रेशन कैंपों में पहुँचाई गई हजारों लोगों की पीड़ा भी अंततः उसके एक-एक व्यक्ति की ही पीड़ा होती है। आतंकवादी गिरोहों द्वारा पहुँचाई गई अपहृत व्यक्तियों की पीड़ा और सुरक्षा सैनिकों द्वारा बन्दीगृहों में पहुँचाई गई पीड़ा में मानवीय स्तर पर कोई फर्क नहीं किया जा सकता। इस सबके पीछे समान त्रासदी यही है कि सभी पीड़ा पहुँचाने वाले और हत्या करने वाले समूहों के लिए हत्या और उत्पीड़न उदात्त आदर्शों की पूर्ति के लिए साधन होते हैं। किसी की निगाह में यह समाज की बेहतरी या स्वाधीनता का मार्ग है और किसी के लिए राष्ट्र-राज्य और अमन-चैन की सुरक्षा के लिए जरूरी। अंतिम रूप से ऐसे सभी क्रियाकलापों में पीड़ा भोगने वाला मनुष्य ही रह जाता है जो अपनी पीड़ा में नितांत अकेला होता है। आदर्शों के आवरण में सामाजिक जीवन का यह कटु सत्य आँखों से ओझल हो जाता है और हम हत्या और उत्पीड़न को कबूल करने लगते हैं। विडंबना यह है कि क्षणिक आवेश में की गई हत्याओं के लिए—जो स्वाभाविक पशु प्रवृत्ति की स्वतःस्फूर्त अभिव्यक्ति होती है—तो सजा दी जाती है, पर तर्क या सिद्धांत द्वारा की गई सामूहिक या व्यक्तिगत हत्याओं पर कोई न्यायिक फैसला नहीं हो सकता।

जिन आदर्शों के लिए हत्याएँ होती हैं वे भविष्य की अनिश्चितता में डूबे होते हैं। तात्कालिक सत्य तो हिंसा और यातनाओं का होता है। रूस की 1917 की क्रांति और उससे उत्पन्न स्थितियों से जो असंख्य लोगों को मृत्यु और यातनाएँ मिलीं आज इतिहास उन पर क्या निर्णय देगा? जिन राष्ट्रों की स्थापना और अखंडता के लिए युद्ध और क्रांतियाँ हुईं उनमें अनेक आज टूट रहे हैं और नए राष्ट्र बन रहे हैं। स्पष्ट है कि राष्ट्र कोई सार्वभौम सत्य नहीं जिसके लिए ठोस सत्य मानव जीवन की बलि चढ़ाई जाए। आदर्शों के लिए प्रतिबद्धता की एकमात्र कसौटी, इतिहास के अनुभवों के आधार पर, इसके लिए यातना देने की नहीं यातना झेलने की तैयारी ही हो सकती है, जान लेने की नहीं जान देने की ही तैयारी हो सकती है।

हालाँकि युद्धों और बंदीगृहों की यातनाएँ साफ-साफ दिखाई देने वाली होती हैं, समाज में यातनाओं के दूसरे आयाम भी हैं। भूखे-नंगे, सर्दी, धूप और बरसात में बेपनाह लोगों की यातनाएँ या चिकित्सा सुविधाओं से वंचित बीमार गरीब लोगों की यातनाएँ कम दुःखदायी नहीं होतीं। आज दुनिया के गरीब मुल्कों में ऐसी यातनाओं का दायरा बढ़ता जा रहा है। यह हमारी मौजूदा समाज व्यवस्था का नतीजा है। संस्कृति चूँकि समाज के सभी आयामों को छूती है, समाज व्यवस्था के इस पाप की जवाबदेही

से अपने को मुक्त नहीं कर सकती। निश्चित रूप से आज की स्थिति के पीछे बाजार व्यवस्था की संस्कृति का हाथ है जिसमें सफलता की होड़ लगी है। आज हमें कबूल करना होगा कि बाजार की सफलता चरम सत्य नहीं है। आदमी इसका साधन नहीं हो सकता। हर आदमी की अपने जीवन की सार्थकता की अनुभूति ही किसी आदर्श समाज का चरम लक्ष्य हो सकती है। अगर बाजार व्यवस्था इस सच्चाई से टकराती है तो सर्वथा त्याज्य है। उसके विकल्प की तलाश करनी है। आदमी की तलाश की क्षमता अपार है। इसी से वह आज तक जिंदा रहा है। इसलिए यह तलाश जारी रखनी है। संस्कृति का यह सबसे प्रमुख आयाम होना चाहिए।

(ग) सूचना और संचार

भारतीय विकास और तीसरी तरंग

आदमी की तरह ही समाजों की भी आत्मसम्मोहन की क्षमता विलक्षण होती है। इससे अक्सर हम जैसा बनना चाहते हैं, अपनी निगाह में वैसा ही दिखाई पड़ने लगते हैं। देश का नेतृ वर्ग चूँकि इक्कीसवीं सदी में अपने को वैसा ही देखना चाहता है जैसी संपन्न औद्योगिक दुनिया बनेगी, इसलिए इस वर्ग को विकास की प्राथमिकताएँ भी वही दिखाई देती हैं जो संपन्न औद्योगिक देशों की हैं। इसी का नतीजा है कि जब देश की लगभग आधी आबादी को यथेष्ट भोजन, कपड़ा और आवास उपलब्ध नहीं है गाँव-गाँव में दूरभाष की व्यवस्था पर अरबों रुपए खर्च किए जा रहे हैं। अभी टेलीकम्युनिकेशन विभाग की ओर से 'वायरलेस इन लोकल लूप' पर, जिसमें बेतार के दूरभाष घर के भीतर और एक्सचेंज से घर तक उपलब्ध कराए जाएँगे, चार अरब रुपए का ठेका कुछ देशी और विदेशी कंपनियों को देने की योजना है। लेकिन यह तो मात्र शुरुआत है। आशा की जाती है कि ये कंपनियाँ दूरभाष संयंत्रों की बिक्री से हजारों अरब डालर की कमाई कर सकेंगी। स्वयं दूरसंचार विभाग अगले दस वर्ष में इस सेवा से बाइस हजार करोड़ रुपए कमाने की आशा रखता है। यह सारा आर्थिक बोझ जो प्रायः अनुत्पादक होगा, देश को उठाना होगा।

संचार व्यवस्था की क्रांति

ये सब योजनाएँ उस नई औद्योगिक क्रांति के अंग के रूप में देखी जा रही हैं जिसे भविष्य की संभावनाओं का अध्येता आल्विन टॉफलर तीसरी तरंग (थर्ड वेव) कहता है। उसने औद्योगिक देशों के विकास की अब तक की प्रक्रिया को तीन कालखंडों में विभाजित किया है जिसमें पहले से वह औद्योगिक क्रांति शामिल है जो अठारहवीं और उन्नीसवीं शताब्दी में हुई। दूसरी तरंग बीसवीं शताब्दी के विशाल औद्योगिक प्रगति को कहा गया है और तीसरी तरंग में बीसवीं सदी का उत्तरार्द्ध और इक्कीसवीं

सदी शामिल है। अन्य बातों के अलावा इस तरंग की विशिष्टता संचार व्यवस्था की क्रांति मानी जाती है जिससे सारे व्यावसायिक और व्यक्तिगत संबंध एवं मूल्य बदलने की संभावना है। यह आशा की जाती है कि द्वितीय तरंग के विशाल उत्पादन से जो समस्याएँ पैदा हुई हैं, उन सबका समाधान इसमें होगा और मनुष्य बाजार की शक्तियों के दबाव से आजाद और स्वायत्ततायुक्त होगा।

विशाल उत्पादन और विनिमय की समस्याओं से आक्रांत औद्योगिक दुनिया के मनुष्यों के लिए यह तस्वीर काफी आशावादी दिखाई देती है। लेकिन क्या भारत जैसे औद्योगिक दृष्टि से पिछड़े देशों के लिए भी भविष्य की इस कल्पना की कोई प्रासंगिकता है। हमारे परिवेश में विचार करने से तीसरी तरंग की कल्पना परी लोक की कथा जैसी ही लगेगी। हकीकत यह है कि औद्योगिक देशों में संचार क्रांति लोगों की मर्जी से अचानक पैदा नहीं हुई बल्कि टॉफलर ने जिसे दूसरी तरंग कहा है, उससे पैदा समस्याओं के दबाव में पैदा हुई। पिछली औद्योगिक क्रांतियों ने पैदावार इतना विशाल और विशिष्ट बना दिया था कि उत्पादन और बिक्री दोनों के लिए सारे संसार के स्तर पर विनिमय जरूरी बन गया। इस अंतर्राष्ट्रीय विनिमय के लिए परिवहन व्यवस्था को अत्यधिक व्यापक और द्रुत दोनों बनाना अपरिहार्य हो गया। इस विनिमय की बढ़ती रफ्तार से कदम मिलाकर चलने की जरूरत ने सूचनाओं के आदान-प्रदान को भी अत्यधिक तेज बनाना लाजिमी कर दिया। इस तरह शुरू होकर संचार व्यवस्था स्वयं एक स्वतंत्र और विशाल उद्योग बन गई। अन्य उद्योगों की तरह व्यावसायिक प्रतिस्पर्धा में इसे भी अधिक सक्षम, सस्ता और आकर्षक बनाने के प्रयास लगातार होते रहे हैं। इस प्रक्रिया से विकसित दूरसंचार से एक जगह टेलीफोन से बँधा होने की बजाय अब लोग घरों के भीतर चलते-फिरते या फिर तेज वाहनों से यात्रा करते हुए सारे संसार में अपने ग्राहकों और आपूर्तिकर्ताओं से संपर्क रख सकते हैं। हर क्षण बाजार की स्थिति पर इन संचार माध्यमों से नजर रख सकते हैं। यह सब विश्व भर में फैली बाजार-व्यवस्था की विवशताएँ हैं। क्या हमारी भी ऐसी विवशता है जिससे हमें इतनी खर्चीली संचार व्यवस्था को विकसित करना पड़ रहा है? यह कहा जाता है कि आज जब दुनिया सिमटकर एक हो गई है, हम अपने को अलग-थलग नहीं रख सकते। सिद्धांत रूप में बात ठीक है, लेकिन विश्व व्यापार में भारत की नगण्य साझीदारी को देखते हुए यह बात महज सिद्धांत तक ही ठीक है। अमली तौर से हमारे लिए अपने गाँव-घर को दूरसंचार से जोड़ना बिलकुल गैरजरूरी है। जब इस पर आने वाला खर्च हम देश की बड़ी आबादी को रोटी से वंचित करके ही उठा सकते हैं। हमें यह तय करना होगा कि हमारी प्राथमिकताएँ क्या हैं। आम लोगों को रोटी, कपड़ा और आवास देना या घर-घर में कार्डलेस टेलीफोन और फैक्स मशीन देना।

विकास-प्रक्रिया में समग्रता जरूरी

विकास की प्रक्रिया में समग्रता का होना जरूरी है जिसके अभाव में नवीनतम की तलाश हास्यास्पद स्थिति पैदा करती है। एक उदाहरण रेल यातायात में तेज वाहनों का विकास है। पिछले कुछ वर्षों के भीतर हमारे रेल यातायात में भाप से चलने वाले इंजनों की जगह अत्यधिक तेज डीजल के आयातित इंजन लगा दिए गए हैं, लेकिन सारे परिदृश्य पर नजर डालें तो गति से अधिक अव्यवस्था ही दिखाई देती है। सौ से डेढ़ सौ किलोमीटर की रफ्तार से चलने वाले इंजनों को लगाने के बाद रेलगाड़ियाँ प्रायः दो-चार घंटे और कभी-कभी तो बारह-बारह घंटे देर से चलती हैं। पहले विशेषकर मुख्य लाइनों पर गाड़ियों का पाँच-दस मिनट भी समय से पीछे चलना असामान्य बात मानी जाती थी, जबकि गाड़ियों की रफ्तार आज की गाड़ियों के मुकाबले आधी या और भी कम थी। इसके विपरीत आजकल अगर कोई गाड़ी ठीक समय पर आ जाती है तो यात्री इसे एक सुखद आश्चर्य मानता है। अति तेज वाहनों से अत्यधिक देर से पहुँचना हमारी उधार आधुनिकता की नियति बनती जा रही है।

कोई भी व्यवस्था लोगों की आदतों और जीवन के लय को नजरअंदाज कर पूरी क्षमता से काम नहीं कर सकती। आज भी हमारे जीवन में जेट-युग की गति समाज की ऊपरी सतह पर ही है। इसके नीचे हमारा समाज अपनी पारंपरिक मंथर गति से ही प्रवाहित हो रहा है। हमारे विनिमय का विशाल हिस्सा आज भी अपने चरित्र में स्थानीय है, जिसमें बैलगाड़ियाँ, खच्चर, ऊँट, नौकाएँ या अपने माथों और कंधों या ठेलों पर बोरिया ढोते आदमी ही ढुलाई का काम करते हैं। गाँवों और शहरों में रहने वाले साधारण लोगों के लिए आज भी संप्रेषण का एक मात्र साधन साधारण डाक सेवा ही है। आज भी आम लोग रुपए-पैसे भी अपने स्वजनों या महाजनों को मनीआर्डर या डाक के बीमा के माध्यम से ही भेजते हैं। कंप्यूटर सेवा एवं इंटरनेट आदि तो देश की अधिसंख्य आबादी के लिए महज तिलस्म है जिसका संबंध उसकी निगाह में बड़े लोगों की अजनबी दुनिया से है। आम आदमी की परेशानी यह है कि इन विलक्षण सेवाओं की प्राथमिकता के चलते उसे उपलब्ध पारंपरिक डाक-सेवाओं का ह्रास हो रहा है।

तीसरी तरंग वरदान या अभिशाप

हकीकत यह है कि पहली और दूसरी तरंग की तरह पश्चिमी दुनिया से आई यह तीसरी तरंग भी भारत के लिए वरदान की बजाय एक अभिशाप बनकर ही रह सकती है। पश्चिमी दुनिया के औद्योगिक विकास की उपलब्धियों से प्रभावित लोग यह भूल जाते हैं कि भारत के लिए यह विकास कितना घातक सिद्ध हुआ था। दादा भाई

नौरोजी सरीखे विद्वान देशभक्त ने उन्नीसवीं शताब्दी में ही इस बात की ओर इशारा किया था कि अंग्रेजों ने जो यातायात या व्यापार व्यवस्था इस देश में कायम की थी, उसने एक परनाले की भूमिका अदा की थी जिसके माध्यम से साल-दर-साल इस देश की संपदा अंग्रेजों की तिजोरी भरती रही। यही विश्वास बाद में महात्मा गाँधी के स्वदेशी आंदोलन का आधार बना। भारत के संदर्भ में नोबल पुरस्कार से सम्मानित अर्थशास्त्री गुन्नार मिर्डल ने भी, जो सिद्धांत रूप से महात्मा गाँधी का विचार मानने वाले नहीं थे, भारत के संदर्भ में पश्चिमी ढंग के विकास की नकारात्मक भूमिका को कबूल करते हैं। वे अपनी चर्चित पुस्तक 'एशियन ड्रामा' में लिखते हैं कि प्रारंभिक काल में स्थानीय उद्योगों को दो चरणों में पश्चिमी होड़ की चुनौती का सामना करना पड़ा। पहले चरण में औद्योगिक देशों से मशीनों से निर्मित वस्तुओं को भारत में आयात की चुनौती का। इस चरण में श्रमशक्ति की माँग के फैलाव का फायदा सिर्फ निर्यात करने वाले औद्योगिक देशों को हुआ। उपनिवेशों में इसका सिर्फ विनाशकारी प्रभाव पड़ा जिससे स्थानीय उद्योग बंद हुए। बाद में स्थानीय उद्योगों को प्रतिस्पर्धा के खतरे का मुकाबला तब करना पड़ा जब पश्चिमी ढंग के कुछ उद्योग इस देश में ही लगाए गए। कुल मिलाकर इस औद्योगीकरण का परिणाम यह हुआ कि देश के तमाम पारंपरिक उद्योग धंधे नष्ट हो गए। देश के ग्रामीण क्षेत्रों में फैली व्यापक बेरोजगारी की शुरुआत पारंपरिक उद्योगों के नष्ट होने की इसी प्रक्रिया से हुई।

सामने है नकारात्मक प्रभाव

पश्चिम के औद्योगीकरण के प्रथम और दूसरे चरण का भारत के आर्थिक विकास पर जो नकारात्मक प्रभाव पड़ा, उस पर विचार करने से यह निष्कर्ष निकलता है कि तीसरी तरंग में संचार माध्यमों के विकास से जिन संभावनाओं की कल्पना की जाती है वह आत्म प्रवंचना से अधिक कुछ नहीं है। समुद्र की लहर लेने वालों के सिर पर जैसे तरंग बिना प्रभाव छोड़े गुजर जाती है वैसे ही यह तरंग भी हमारे जनजीवन को बिना छुए ही सिर पर से निकल जाएगी। न तो देश में आबादी के हिसाब से उत्पादन का विकास हो पाया है और न भारत ने अंतर्राष्ट्रीय बाजार में अपने आकार के हिसाब से कोई स्थान बनाया है जिनसे तीसरी तरंग को आधार मिलता। उल्टा हो यह रहा है कि नई संचार सेवाओं और कंप्यूटरीकरण से देश की सीमित पूँजी का ह्रास हो रहा है। यह दो तरह से हो रहा है। पहला, नई तकनीकी और संयंत्रों के आयात और दूसरा, देश के पूँजी के सबसे बड़े स्रोत श्रम की उपेक्षा से। करोड़ों हाथ जो सरल औजारों के बल, पूँजी पैदा कर सकते थे, बेकार हो रहे हैं लेकिन सबसे महत्त्व की बात यह है कि समाज को ऊर्जा प्रदान करने वाली जनशक्ति का इस विकास पद्धति से कोई भावनात्मक लगाव होना संभव नहीं है। कारण राष्ट्र की जीवन धारा दो असंबद्ध धरातलों पर एक दूसरे को नजरअंदाज करती चल रही है।

एक धारा की कल्पना में भू-उपग्रह, कंप्यूटर सेवाएँ, बहु-सितारे होटल, पिज्जा हट, हवाई यातायात और इनसे जुड़ी आकांक्षाएँ हैं। दूसरी धारा के सामने दो जून रोटी की समस्या, आजीविका के लिए किसी भी शर्त पर कोई भी काम, चाहे वह बँधुआ मजदूर का ही क्यों न हो, पाने और रैन बसेरा की तलाश है। एक धारा संपन्न देशों की ऊँचाई पाने की ललक में त्रिशंकु की तरह अधर में लटकी है, दूसरी धारा अकिंचन धरती से कीड़े की तरह रेंगते लोगों के लिए जीवन का न्यूनतम साधन माँग रही है। यह वह हकीकत है जिसकी चट्टान पर विकास की कोई भी तरंग चूर-चूर हो बिखर जाती है।

विषम समाज में इंटरनेट

अभी बीस अक्टूबर को इंटरनेट की तीसवीं सालगिरह के दिन सूचना जगत से जुड़े लोगों ने धूमधाम से एक नए युग की शुरुआत का जश्न मनाया। इंटरनेट का ही चमत्कार था कि दुनिया के दूरदराज हिस्सों में बैठे हुए इन लोगों ने एक-दूसरे को बधाइयाँ दीं और अगली संभावनाओं की अटकलों का आदान-प्रदान किया। इंटरनेट के आने से नए युग की शुरुआत की बात तो इधर हाल के वर्षों में आम रही है। यह कहा जाने लगा है कि दुनिया एक गाँव (ग्लोबल विलेज) बन गई है। ग्लोबल विलेज की बात तुरंत आर्थिक जगत में 'ग्लोबलाइजेशन' (वैश्वीकरण) के पूरक के रूप में दिखाई देने लगती है। इस चर्चा में यह तथ्य भी सामने लाया गया कि दुनिया में अब लगभग तेरह करोड़ लोग इंटरनेट से जुड़ गए हैं और 2002 तक इससे जुड़े लोगों की संख्या पैंतीस करोड़ तक पहुँच जाएगी। इस तरह की चर्चा का एक उद्देश्य तो यह बतलाना रहता है कि अब छोटे दायरे जैसे—देश और गाँव और बैलगाड़ी और लघु उद्योगों की पुरानी तकनीक अप्रासंगिक हो चुकी है। ये सब एक 'ब्रेव न्यू वर्ल्ड' के आगमन के सूचक लगते हैं। लेकिन एक बात ध्यान में रखने लायक है। इस जश्न के समय दूरदराज से बधाइयाँ तो जरूर बँटीं पर मिठाइयाँ नहीं। यह एक कमी रह गई जिसके कुछ महत्त्वपूर्ण निहितार्थ हैं।

यह विचारणीय है कि इस संचार क्रांति से क्या सचमुच दुनिया की मूल समस्याओं का निराकरण उसी गति से होने जा रहा है जिस गति से सूचना स्रोतों का विस्तार हो रहा है? जब भी ई-मेल की चर्चा होती है तो इसके साथ ई-कॉमर्स की भी चर्चा होती है। इसका मतलब यह है कि नए इलेक्ट्रॉनिक संचार माध्यमों के विस्तार से और सारी दुनिया के औद्योगिक और व्यापारिक प्रतिष्ठानों के इंटरनेट और 'वेव' से जुड़ जाने से खरीद-फरोख्त में सौदेबाजी आसान हो जाएगी। अब अपने कार्यालयों में बैठे हुए ही इन प्रतिष्ठानों के व्यवस्थापक कंप्यूटरों से 'सिमुलेशन' के जरिए वस्तुओं का पूर्ण आकलन कर सकेंगे और मोल-तोल कर सौदा पटाएँगे। संपन्न उपभोक्ता भी घर बैठे ही इंटरनेट पर सामान का आर्डर देने और बैंकों के माध्यम से अदायगी का काम कर लेंगे। लेकिन इन वस्तुओं को इनके उपभोक्ताओं तक पहुँचाने का

काम तो फिर भी यातायात के उपलब्ध साधनों पर ही निर्भर करेगा। और यह काम मिली-सेकेंड या सेकेंड में नहीं घंटों, दिनों और महीनों में ही पूरा होगा। इसी सीमा के कारण इंटरनेट की वर्षगाँठ पर बधाइयाँ तो बँट सकती थीं, मिठाइयाँ नहीं।

दरअसल नई संचार क्रांति से 'ग्लोबल विलेज' बनने की बजाय संसार एक ऐसा 'ग्लोबल सुपर मार्केट' बन रहा है जिसमें लोग हर तरह का सौदा तो पटा लेंगे, पर पहुँचाने के लिए पारंपरिक स्रोतों पर ही निर्भर करेंगे। अगर दूरदराज जगहों से चीजों को लाना पड़ा तो सौदा चंद मिनट में पटाकर उपभोक्ता इसके पहुँचने के लिए हफ्तों इंतजार करते रहेंगे। असल में इस संचार क्रांति का फायदा उन्हीं वस्तुओं को उपलब्ध कराने में होगा जो सूचना से संबद्ध हैं—मसलन अखबार, किताब, समाचार, संगीत आदि। ये जरूर चंद सेकंड में दुनिया के किसी कोने से किसी दूसरे कोने तक उपलब्ध हो सकेंगे। इसकी उपयोगिता से इनकार नहीं किया जा सकता। लेकिन भविष्य के समाज को बनाने में इसकी सीमा को भी समझना जरूरी है। ऐसा लगता है कि इस संचार क्रांति की विकेंद्रित और आर्थिक दृष्टि से आत्मनिर्भर समाजों के साथ भी संगति बैठ सकती है, ऐसे समाजों के साथ जिनके लिए पारंपरिक तकनीक और जीवन पद्धति को छोड़ने की कोई बाध्यता न हो। यह दिलचस्प है कि भविष्य चेता एलविन टॉफलर ने अपनी बहुचर्चित पुस्तक 'द थर्ड वेव' के एक अध्याय का शीर्षक रखा है : 'सैटेलाइट एंड गाँधी'। इसका मूल स्वर आधुनिकतम संचार व्यवस्था से विकेंद्रित अर्थव्यवस्था की सहज संगति की संभावनाओं को चिह्नित करना ही है। नई संचार व्यवस्था विकेंद्रित ग्रामीण व्यवस्था के संसार भर से अलग-थलग पड़ने की अनिवार्यता को समाप्त कर सकती है। अब यह संभव है कि किसी गाँव में अपनी कुटिया में लंगोट धारण कर बैठा मनीषी संसार भर के ज्ञानियों और उनके विचारों से न सिर्फ अवगत हो सके, बल्कि उनसे संवाद भी स्थापित कर सके। महात्मा गाँधी ने असंख्य ग्रामीण गणराज्यों के 'महासागरीय वृत्त' से जुड़े होने की जो कल्पना की थी वह इस संचार क्रांति से एक हकीकत बन सकती है।

महात्मा गाँधी का नाम इंटरनेट के संदर्भ में लेना चौंकाने वाला और कुछ बेतुका लगता है। लेकिन यह इतना बेतुका नहीं लगेगा जब हम इस बात को याद करेंगे कि महात्मा गाँधी अपनी बातों को लोगों तक पहुँचाने और संसार भर के लोगों से संवाद स्थापित करने के प्रति अत्यंत सजग थे। यह उनके लिए सर्वाधिक महत्त्व का मामला इसलिए था कि सत्याग्रह का मार्ग हृदय परिवर्तन का है और इसका माध्यम सत्याग्रही की भावना को अधिक से अधिक लोगों तक संप्रेषित करना ही हो सकता है। इसके लिए अपने जीवन काल में भाषणों के अलावा उन्होंने उपलब्ध डाक, तार और अखबार सभी का भरपूर इस्तेमाल किया। उन्हें इंटरनेट संसार को भावनात्मक

रूप से जोड़ने का एक महत्त्वपूर्ण माध्यम दिखाई देता। महात्मा गाँधी को आधुनिक औद्योगिक व्यवस्था में जो दोष दिखाई देता था वह था कुछ लोगों की लिप्सा के लिए प्राकृतिक संसाधनों का विशाल अपव्यय और उत्पादन प्रणाली में असंख्य लोगों का शोषण। संयोग से कंप्यूटर और इंटरनेट के विकास की दिशा प्राकृतिक संसाधनों की उत्तरोत्तर मितव्ययिता और संरक्षण की ओर है।

प्रथम इलेक्ट्रॉनिक कंप्यूटर 'एनियाक' (इलेक्ट्रॉनिक न्युमेरिकल इंटिग्रेटर और कैलकुलेटर) जो 1946 में बमों और गोलों के पथ का ठीक-ठीक निर्धारण करने के लिए बनाया गया था, विशाल आकार का था। इसके सर्किट में 18000 वाल्व लगे थे, और यह लगभग 40 फुट लंबा-चौड़ा और बीस फुट ऊँची जगह घेरता था। इसे कार्यरत रखने के लिए डेढ़ सौ किलोवाट बिजली की खपत होती थी जो सब ताप में तब्दील हो बेकार हो जाती थी। सिलिकन चिप्स में अत्यधिक लघु आकार के इलेक्ट्रॉनिक सर्किट के प्रयोग से नए कंप्यूटरों का आकार बिलकुल सिकुड़ गया और क्षमता बढ़ गई। एनियाक से कहीं अधिक सक्षम कंप्यूटर अब आदमी की जेब में रखे जा सकते हैं, और इन्हें कार्यरत रखने के लिए इतनी ही बिजली की जरूरत होती है जितनी एक साधारण बल्ब को जलाने के लिए। इतना ही नहीं, कंप्यूटर में सूचना के संचरण के लिए आवश्यक ऊर्जा उत्तरोत्तर कम होती जा रही है। माइक्रोसाफ्ट के प्रतिभाशाली संस्थापक बिल गेट्स ने अपनी एक पुस्तक में कंप्यूटरों के विकास की कुछ संभावनाओं की चर्चा करते हुए लिखा है, आने वाले दिनों के लिए आदर्श ऐसे माइक्रोचिप्स के निर्माण का है जिनमें सूचनाओं के संचार के लिए एक इलेक्ट्रॉन काफी हो। यह आदर्श आधुनिकतम कंप्यूटरों को ऊर्जा की मितव्ययिता में जैविक दुनिया के समीप ला देता है जहाँ जीवों के जटिल कार्यकलापों को नियंत्रित करने का सूचना तंत्र भी ऐसे ही सूक्ष्म ऊर्जा तलों-आयनों और अणुओं के पैमाने पर होता है। यहाँ ई.एफ शुमाखर का आदर्श 'छोटा' सिर्फ सुंदर ही नहीं है, अधिक सक्षम भी है।

इस मितव्ययिता पर ध्यान देने पर यह साफ दिखाई देता है कि कंप्यूटरों के विकास की तर्ज पर उपभोग की दूसरी वस्तुओं और मशीनों के निर्माण में पदार्थ की खपत की मितव्ययिता की दिशा में ऐसे विकास की कल्पना हम नहीं कर सकते। इसका सीधा कारण यह है कि सूचना माध्यमों के विपरीत हमारे उपभोग की दूसरी वस्तुओं के आकार का पैमाना हमारा शरीर होता है। हमारे भोजन, वस्त्र, वाहन और घर सभी को इस स्थूलकाया के हिसाब से ही बनाना होता है। इसलिए एक सीमा के आगे इन्हें छोटा नहीं किया जा सकता, सिर्फ आत्मनियंत्रण से इनके उपयोग को घटाया जा सकता है। इसीलिए यह हमारी मजबूरी है कि हम संसाधनों की दीर्घकालीन

उपलब्धि के लिए पदार्थ और ऊर्जा की खपत न सिर्फ कम करें, बल्कि ऐसे स्रोतों से और इस तरह करें कि उनका नवीकरण और पुनःप्रयोग हो सके। हमारे जीवन और सुविधा के लिए जरूरी उत्पादों की यह सीमा हम सूचनातंत्रों और रोबटों के विकास के तुलनात्मक अध्ययन से सहज ही देख सकते हैं। रोबटों का विकास भी लगभग कंप्यूटरों के विकास का समकालीन है। लेकिन जहाँ सूचना के क्षेत्र में युगांतरकारी परिवर्तन हुए हैं, वहाँ रोबटों के क्षेत्र में कुतूहल पैदा करने वाले कुत्ते या आदमी-सा व्यवहार करने वाले रोबटों को छोड़ कोई खास प्रगति नहीं हुई है। कुछ ऐसे कामों को छोड़, जिनमें आदमी के लिए जोखिम है, दूसरी जगह रोबट आदमियों की जगह नहीं ले पाए हैं।

इसका कारण यह है कि अधिकतर कामों के लिए मनुष्य या पशु न सिर्फ ज्यादा सक्षम हैं बल्कि कम खर्चीले भी हैं। अब भी जीव जगत में स्थूल शरीर को संचालित करने में अति सूक्ष्म सूचना तंत्रों का अत्यधिक सक्षम उपयोग होता है, और सबसे बड़ी बात यह है कि जीवों की काया और उनके द्वारा प्रयोग में लाई जाने वाली ऊर्जा दोनों ही प्राकृतिक 'फूड चेन' (प्रकाश से वनस्पति, वनस्पति से शाकाहारी जीव और शाकाहारी जीवों से मांसभक्षी जीवों को पोषण और ऊर्जा देने की श्रृंखला) से आती है जिनका मिट्टी, हवा और सूरज के प्रकाश से नवीकरण होता रहता है। इसके विपरीत मानव-निर्मित सभी मशीनों और रोबटों में भी पदार्थ स्थूल रूप में रहते हैं और अधिकांश में ऊर्जा के स्रोत क्षरणशील होते हैं जिनका नवीकरण नहीं हो सकता। यही कारण है कि वर्तमान उपभोक्ता दौड़ में, जिसमें बड़े आकार के आवास, यातायात और व्यवहार की अन्य वस्तुओं के निर्माण का भारी विस्तार हो रहा है, संसाधनों के चुक जाने से वर्तमान सभ्यता के अस्तित्व पर प्रश्नचिह्न लग गया है। इस संदर्भ में स्थानीय स्तर पर छोटे पैमाने पर उत्पादन और वितरण की विकेंद्रित व्यवस्था समाज की चिरआयु के लिए अधिक व्यावहारिक लगने लगी है। अब यह संभव हो गया है कि विकेंद्रित व्यवस्था के गाँव संसार भर से जुड़े भी रहें।

एक अतिरिक्त उपलब्धि यह हो सकती है कि कंप्यूटरों के माध्यम से हम न सिर्फ संसार के विभिन्न भागों में बसे लोगों से, बल्कि मानव अतीत से भी जुड़ें। आज जब हम अजंता की गुफाओं में प्रवेश करते हैं तो उसके भित्तिचित्रों की स्थिति देख कर गहरा अवसाद होता है। जहाँ-तहाँ इन चित्रों की पीठिका उजड़ गई है और रंग उड़ गए हैं। कुछ दिनों में शायद उनके अवशेष के रूप में बदरंग धब्बे ही बचे रहेंगे। अब यह संभव हो गया है कि इनके बचे हुए भागों के आधार पर कंप्यूटर 'सिमुलेशन' से अजंता के भित्तिचित्र अपनी आदि गरिमा में फिर हमारे सामने उपस्थित हो जाएँ। यह बात लुप्त हो रही हमारी कलात्मक परंपरा के अनेक अवशेषों के साथ लागू है।

प्रकृति के संरक्षण की दृष्टि से भी कंप्यूटरों और इंटरनेट का महत्त्वपूर्ण योगदान हो सकता है। अखबार विज्ञापन आदि पर कागज का विशाल मात्रा में उपयोग आज जंगलों की कटाई का एक बड़ा कारण है। अखबारों का काम तो निश्चित रूप से इंटरनेट लेने लगेंगे। अवकाश के समय पुस्तकों का पढ़ना जारी रहेगा। लेकिन इनके संचय के लिए विशाल पुस्तकालयों का निर्माण अनावश्यक हो जाएगा, और कंप्यूटर में डाल देने के बाद पुस्तकें लुगदी बन कर पुनः कागज बनाने के काम आ जाएँगी। इसी तरह दस्तावेजों की खरबों फाइलें अनावश्यक हो जाएँगी और वे स्थान जिसे वे आज घेरे हैं दूसरे कामों के लिए उपलब्ध हो सकेंगे। यह एक त्रासदी है कि वर्तमान व्यापारिक समाज एक ऐसे आविष्कार का उपभोग उपभोक्तावादी लिप्सा को बढ़ा कर अनावश्यक वस्तुओं की माँग और उत्पादन बढ़ाने के लिए कर रहा है जो प्राकृतिक संपदा के संरक्षण का महत्त्वपूर्ण साधन बन सकता था। वर्तमान दुनिया में, जहाँ अधिकतर लोग अभाव की जिंदगी जी रहे हैं, इंटरनेट से उन्हें थोड़े से धनाढ्य लोगों के लिए ही उपलब्ध हो सकने वाली उपभोग की वस्तुओं की लुभावनी तस्वीर पेश कर हताशा, मनोरोग और आत्महत्या का शिकार बनाया जा रहा है। एक विषमतापूर्ण समाज में इंटरनेट संसार की विसंगतियों को गहरा बना कर दुष्परिणाम ही पैदा करेगा। पारंपरिक मूल्यों के साथ ही इंटरनेट से उपलब्ध विशाल ज्ञान के भंडार को जोड़कर कुछ शुभ परिणाम निकल सकते हैं। मितव्ययिता के आदर्श को लेकर चलने वाले पारंपरिक समाजों के आधारभूत मूल्यों के साथ इंटरनेट की स्वाभाविक संगति है। अगर हम नवीनता के उन्माद में बह न जाएँ तो भविष्य के समाज में इंटरनेट और बैलगाड़ी अपने क्षेत्र में साथ-साथ सक्षमता के प्रतीक बन कर चल सकते हैं।

दोराहे पर खड़ी सूचना क्रांति

सूचनाएँ जीवन और समाज दोनों को आकार और दिशा देती हैं। इसलिए मानव समाज के आरंभ से ही सूचनाओं का संप्रेषण और संचार मानव विकास के साथ जुड़े रहे हैं। फिलहाल अति चर्चित सूचना क्रांति के संदर्भ में सूचनाओं की विविधता और भारी मात्रा में इनके संचार पर ही लोगों का ध्यान केंद्रित है। आज लोग इस पर विचार नहीं करते कि सूचनाओं का अंबार कितना सुविधाजनक और कितना असुविधाजनक हो सकता है। लेकिन अगर सूचनाएँ जीवन के लिए हैं तो इस प्रश्न पर गंभीरता से विचार करना जरूरी है। सूचना की भूमिका दो बातों पर निर्भर करती है। उपयोग की दृष्टि से इसकी संप्रेषणीयता और इसका दायरा । पहले हम संप्रेषणीयता के आयामों पर विचार करें। इस धारणा के विपरीत की सूचनाओं की संख्या संप्रेषणीयता को प्रभावित नहीं करती हकीकत यह है कि सूचनाओं को ग्रहण करने की आदमी की क्षमता सीमित होती है। इन्फार्मेशन के तकनीशियन, जो सूचनाओं के संचार से संबद्ध होते हैं संचार माध्यमों 'चैनल कैपेसिटी' यानी सूचनाओं को एक साथ किसी माध्यम से संचारित करने की क्षमता को बढ़ाने का लगातार प्रयास करते रहे हैं। फाइबर ग्लास तारों और रेडियो तरंगों से एक साथ बड़ी संख्या में संवादों को संचारित करना अब संभव होने लगा है। शायद इसी सफलता से वे लोग जो सूचनाओं के तकनीकी पक्ष से जुड़े हैं आदमी की सूचनाओं की ग्रहणशीलता की सीमाओं पर विशेष ध्यान नहीं देते। यह वैसा ही है जैसा पाकशास्त्री का यह मानकर चलना कि व्यंजन की बहुलता का खाने वाले की पाचनशक्ति से कोई रिश्ता नहीं है और चाहे जितना भी व्यंजन दिया जाए भोजन करने वाला सब तो पचा लेगा या सब उसके लिए सुखकर होगा? यह मान लिया जाता है कि विपुलता ही वैभव है।

सूचनाओं के संचारक यह भूल जाते हैं कि आदमी का मस्तिष्क भी उसकी ज्ञानेंद्रियों के साथ अनेक स्नायुविक तंतुओं से जुड़ा होता है और सूचनाओं को ग्रहण करने की उनकी सीमाएँ हैं—यानी, संचार तकनीकी की शब्दावली से इनकी चैनल कैपेसिटी सीमित है। मानव मस्तिष्क भी सीमित सूचनाओं का ही चयन कर उन्हें अर्थ दे सकता है। एक आम अनुभव पर विचार करने से बात स्पष्ट हो जाएगी।

फर्ज कीजिए कि आप किसी ऐसे मजमे में शामिल हैं जहाँ कुछ परिचित और अनेक अपरिचित लोग वैसे विषयों पर आपस में बात कर रहे हैं जिनमें कुछ से तो आप वाकिफ हैं लेकिन दूसरों से नहीं। इतने लोगों की बातों को एक साथ ग्रहण करना आपको असंभव लगेगा। पर आप पाएँगे कि बातचीत के इस कोलाहल में आपका ध्यान आपके एक-दो परिचितों की उन बातों पर ही केंद्रित हो जाता है, जिनमें आपकी रुचि है। बाकी बातें सुनी होकर भी अनसुनी ही रह जाती हैं। यह मानव मस्तिष्क की स्वतःस्फूर्त चयन प्रक्रिया का नतीजा होता है जो मस्तिष्क को अनावश्यक और अपरिचित सूचनाओं के बोझ से मुक्त कर इसे पक्षाघात से बचाती है।

अपने जीवन में आदमी सूचनाओं की क्षुधा से पीड़ित नहीं होता (जेल में पड़े कैदियों की स्थिति छोड़), बल्कि अत्यधिक सूचनाओं के झंझावात में अपने को टिका पाने की समस्या का ही सामना करता रहता है। सूचनाओं की अनवरत बौछार से हमारी रक्षा के लिए हमारी ज्ञानेंद्रियों की बनावट में भी छाँटने और चयन करने के गुण निहित हैं। इसी से इन इंद्रियों पर होने वाले संवेदनों के अनगिनत प्रहारों को सीमित करने के लिए प्रकाश की तरंगों में हमारी आँखें कुछ ही तरंगों को ग्रहण कर सकती हैं, हमारे कान आवाज की कुछ ही तरंगों को ग्रहण कर सकते हैं। रूप और आकार से संवेदनों के बड़े हिस्से को, यह अंतर्निहित प्रक्रिया, हमारे लिए फाजिल यानी रिडन्डेंट बना आँख और कान के बोझ को हल्का करती है। इस तरह ग्रहण किए गए व्यवस्थित आकार एवं लयबद्ध आवाज से हम कष्टदायी भार की बजाय आनंद की अनुभूति पाते हैं। यहीं से कला और संगीत का प्रारंभ होता है। अपने विशिष्ट क्षेत्रों के असंख्य अनुभवों को इसी तरह कला और विज्ञान क्रमशः आकार और वैज्ञानिक नियमों में बाँध सहज रूप से ग्राह्य बनाते हैं। मनुष्य के संप्रेषण के सबसे सशक्त माध्यम भाषा की बनावट में भी सूचना प्रदान करने वाले शब्दों को एक ऐसे व्याकरणीय साँचे में डालने का गुण होता है कि आदमी के मस्तिष्क पर कम से कम बोझ पड़े। सूचनाएँ तो शब्दों की अर्थहीन शृंखला में भी उतनी ही होंगी जितनी शब्दों की अर्थपूर्ण शृंखला में लेकिन हमारी भाषा की जानकारी विशेषकर इसके व्याकरण की जानकारी से हम सूचनाओं को अर्थ दे सहज रूप से ग्रहण कर लेते हैं। इस तरह शारीरिक बनावट से लेकर सामाजिक संप्रेषण तक हर स्तर पर सूचनाओं को उस सीमा के भीतर रखने की प्रक्रिया चलती है जितना आदमी की क्षमता के लिए सहज रूप से ग्राह्य हो। विविध इंद्रियों से चयनित ऐसी सूचनाओं का जीवन के सभी क्षेत्रों के अनुभवों से तादात्म्य बैठाने की प्रक्रिया से ही समग्र ज्ञान का अनुभव होता है। बुद्धि विविध अनुभवों को एक जीवन दृष्टि में बाँधना होता है। ज्ञान चित्त की स्थिरता है जो वस्तुओं के आकर्षण की आपाधापी का सीधा उलटा है।

ऊपर की बातों पर विचार करने से यह समझने में देर नहीं लगेगी कि सूचना क्रांति के नाम पर जिस तरह की सूचनाओं का अम्बार लोगों के सामने लगाने की

कोशिश हो रही है उससे इसके चहेता लोगों में 'इन्फोर्मेशन ओवर लोड' (सूचनाओं के असह्य बोझ) से विक्षिप्तता की स्थिति ही पैदा होगी। यह प्राकृतिक स्रोतों से प्रकाश, आवाज आदि की सूचना नहीं होगी बल्कि मानव निर्मित विविध वस्तुओं के विक्रेताओं द्वारा नियुक्त प्रचारकों के विविध माध्यमों पर प्रसारित भाव-भंगिमा और आवाज होगी, और अगर प्रस्तावित अध्ययन उपकरणों के हों तो फ्रीज, मोटरगाड़ी के पेट्रोल टैंक और चूल्हे की आवाज होगी जो अपनी स्थिति और आवश्यकता का शोर अपने स्वामी को सुना रहे होंगे। पश्चिम के एक दार्शनिक विमर्श में एक गधे को घास के दो बिलकुल समान दूरी पर स्थित बोझों के बीच रखने की कल्पना की गई थी और यह अनुमान किया गया था कि बोझों की समान दूरी के कारण यह तय करने की असमर्थता में कि किस बोझे की घास खाए गधा भूख से मर जाएगा। सूचना क्रांति के नए रुझान से उपभोक्तावादी आदमी दो की बजाय समान रूप से आकर्षित करने वाली असंख्य वस्तुओं के बीच क्या ऐसे ही असमंजस का शिकार नहीं हो रहा है? उसके लिए तय करना मुश्किल हो रहा है कि वह क्या ले, क्या छोड़े या सब कुछ ले ले। विविध आकर्षणों के पीछे इस तरह दौड़नेवाले मनुष्य में सदा घोर असंतोष बना रहता है। वर्तमान समाज में यह असंतोष व्यापक है। जिस समाज में उपभोक्तावादी आकर्षण की जितनी ही बहुलता है वहाँ असंतोष भी उतना ही गहरा है। इसी कारण संपन्न औद्योगिक व्यवस्थाओं में मानसिक तनाव अत्यधिक है, और बड़ी संख्या में लोग दिमागी बीमारी के शिकार होते हैं और आत्महत्या करते हैं। सूचना माध्यमों का इसी दिशा में विस्तार इन समस्याओं को और भी तेजी से बढ़ाएगा। लेकिन सूचना तकनीकी में आई क्रांति के गलत प्रयोगों को देख कर इनकी सकारात्मक संभावनाओं की ओर से मुँह मोड़ना भी सही नहीं होगा। सूचनाओं का संप्रेषण जैसा कि शुरू में कहा गया है मनुष्य की आदिम आवश्यकता रही है, और भाषा कला आदि सभी का विकास आदमी की व्यावहारिक या भावनात्मक आवश्यकताओं की पूर्ति के लिए ही हुआ। पास पड़ोस के लोगों के अलावा आदमी दूर-दराज के प्रियजनों से भी संवाद के लिए सदा लालायित रहा है। इसी कारण कहीं किसी कवि ने मेघदूत की कल्पना की, और लोककथाओं में तोते के द्वारा प्रेमियों को संवाद देने की अनेक घटनाओं के जिक्र होते रहे हैं। संजय की दिव्य दृष्टि की कल्पना भी दूर-दराज की घटनाओं को अविलम्ब जानने की इच्छा की ही अभिव्यक्ति है। आज इन सूचनाओं के संचार की जैसी क्रांति देख रहे हैं वह सदियों से मनुष्य विभिन्न आवश्यकताओं के दबाव में उपलब्ध साधनों के आधार पर इस दिशा में बढ़ता रहा है। प्रारंभ में यह राजाओं और सामंतों के लिए ही संभव था कि वे मनुष्यों के द्वारा या घोड़े अथवा अन्य पशुओं से अपने खत दूर भेज सकें। प्राचीन फारस और रोमन साम्राज्य में सरकारी कामों के लिए हरकारा सेवा का उल्लेख मिलता है। बाद में इसका दायरा फैलने लगा। शेरशाह के संबंध में यह कहा जाता है कि सोलहवीं शताब्दी में उसने अपने

राज्य में डाक व्यवस्था की शुरुआत की। घोड़े से भेजी जाने वाली ये डाक निश्चय ही कुछ विशिष्ट व्यक्तियों के लिए ही रही होगी। इंग्लैंड में सतरहवीं शताब्दी में हरकारा से डाक सेवा शुरू हुई। इसके बाद इंग्लैंड और अमेरिका में क्रमशः अठ्ठारहवीं और उन्नीसवीं शताब्दी के प्रारंभ में टिकट लगा डाक भेजने की व्यवस्था शुरू हुई। यह व्यवस्था संसार भर में फैली तो इसलिए क्योंकि यह लोगों की दूरदराज तक संप्रेषण की जबर्दस्त इच्छा को पूरा करती थी। अंततः 1974 में यूनिवर्सल पोस्टल यूनियन की स्थापना हुई और विभिन्न देशों में डाक सेवा चालू हुई। लेकिन लोग इतने ही से संतुष्ट नहीं थे वे सूचनाओं को अविलंब भेजना चाहते थे। प्राथमिक समाजों में इस तरह की सूचनाएँ खास तरह के सिगनलों से भेजी जाती रही हैं। जैसे किसी ऊँची जगह पर आग जला अपनी उपस्थिति जताने के लिए, पटाखों से या कुछ विशेष तरह की आवाज या इशारों से। लेकिन इनका दायरा छोटा था। उन्नीसवीं शताब्दी के उत्तरार्द्ध में मोर्स द्वारा आविष्कृत बिजली से भेजे गए कोड से टेलीग्राफ की शुरुआत हुई जिसे केबल के जरिए समुद्र पार के दूर के देशों से संवाद का माध्यम बनाया गया? आगे इसी के विस्तार से टेलीप्रिंटर का ईजाद हुआ, और फिर टेलीफोन का ईजाद हुआ। लेकिन केबुलों का बिछाया जाना एक बड़ी समस्या थी जिसका समाधान रेडियो ने कर दिया। फाइबर ग्लास तारों और रेडियो संचार ने किसी चैनल पर एक साथ अनेक संवाद का भेजा जाना संभव बना दिया। इंटरनेट जो आज संचार सेवा में सर्वाधिक चर्चित है, और कुछ नहीं कंप्यूटरों को एक सा ही दूर संचार के द्वारा एक दूसरे से जोड़ा जाना है। दूर संचार के अन्य उपकरणों से इसकी कई विशेषताएँ हैं। एक तो इसमें संवाद बहुतरफा हो सकता है और दूरदराज रहने वाले लोग बिना एक स्थान पर आए विस्तार से किसी प्रश्न पर संवाद कर सकते हैं, दूसरा इससे संक्षिप्त बातचीत ही नहीं बल्कि किसी प्रश्न पर जानकारियों का विस्तृत आदान-प्रदान हो सकता है। इसके अलावा आवश्यक पुस्तकें या दस्तावेज दुनिया के किसी भी कोने से इन पर शोध करने वालों को घर बैठे उपलब्ध हो सकते हैं। इससे जीवन के विविध क्षेत्रों में शीर्ष स्थान पर बैठे व्यक्ति लोगों को अपना आदेश या प्रवचन सुनाने के अधिकारी ही नहीं रहेंगे, जैसा आज है, बल्कि आम लोग भी उलट कर उनसे प्रश्न पूछ सकते हैं या उन्हें सीधा सुना सकते हैं कि वे इन बड़ों के विषय में क्या सोचते हैं। इस अर्थ में यह आज तक उपलब्ध सभी संचार माध्यमों से अधिक लोकतांत्रिक है।

लेकिन भविष्य के लिए इसकी सबसे महत्त्वपूर्ण भूमिका होगी स्वायत्त विकेंद्रित व्यवस्थाओं को जोड़ने में। अगर विश्व का विनाश रोकना है तो आज के भारी मात्रा में संसाधनों को निगलने वाले और पर्यावरण को प्रदूषित करने वाले केंद्रित विशाल औद्योगिक और राजकीय ढाँचे की जगह, छोटी एवं स्वायत्त आर्थिक और राजनीतिक इकाइयों का अस्तित्व में लाया जाना अपरिहार्य है। फिलहाल हम पूँजीवादी-उपभोक्तावादी

संस्कृति से इतना आवृत हैं कि सामने विनाश को देखते हुए भी राह बदलने में असमर्थ हैं। लेकिन जीवन की इच्छा हमें अंततः राह बदलने को मजबूर करेगी। इस शताब्दी में मनुष्य को अस्तित्व की इसी चुनौती से जूझना होगा। और, यह आवश्यकताओं को कम कर छोटे समुदायों में छोटी आर्थिक इकाइयों के विकास से ही संभव होगा। लेकिन अब तक जब भी छोटी आर्थिक राजकीय इकाइयों की बात होती थी तब यह सवाल किया जाता था कि आज की दुनिया में आदमी ऐसी छोटी इकाइयों में नहीं रह सकता जहाँ वह बाकी संसार से कटा रहे।

इंटरनेट के आने के बाद स्थिति कुछ बदल गई है। अब वैसे बहुत सारे काम जिनके लिए बड़े वाहनों का अस्तित्व अपरिहार्य बन गया था, या संसार भर में आबादियों का स्थानांतरण जरूरी हो गया था अप्रासंगिक बन गए हैं। छोटे समुदायों में रहनेवाले लोग बिना अपना स्थान छोड़े अब वह सब कर सकते हैं। मसलन अब विश्वविद्यालयों का किसी एक बड़ी आबादी के बीच होना जरूरी नहीं और न वहाँ दूर-दूर से विद्यार्थियों का आना जरूरी होगा जैसे प्राचीन काल में नालंदा जैसे विश्वविद्यालयों में होता था। न तो विशाल पुस्तकालयों की जरूरत होगी। दूर-दराज की बड़ी आबादियों को जोड़ने के लिए न बड़े एक्सप्रेस हाईवे की जरूरत होगी और न भारी वाहनों से भारी परिवहनों की। आत्मनिर्भर सामुदायिक व्यवस्थाओं में दूर-दराज फैले दूसरे समुदायों से आवश्यक पर सीमित संवाद इंटरनेट से संभव हो सकेगा। छोटे समुदायों में लोगों की पारस्परिकता बढ़ेगी। कला, साहित्य, नृत्य एवं नाट्य आदि में पूरे समुदाय की भागीदारी हो सकेगी। नृत्य एवं संगीत आदि पर आज की तरह डिस्क व्यापारियों की इजारेदारी नहीं रहेगी। कलाकार और समुदाय के दूसरे लोग घुलेमिले होंगे। एक कला का विक्रेता और दूसरा क्रेता नहीं होगा। साथ ही इंटरनेट से संसार भर की दूसरी सामुदायिक कला विधाओं से इनका आवश्यक संपर्क संभव होगा। यह समाज की त्रासदी है कि उपयोगी उपकरण का प्रयोग आज व्यापारिक लाभ के लिए होता है यह हास्यास्पद है कि मनुष्य एक अत्यंत ही उपयोगी माध्यम का उपयोग मनुष्य की लालसा बढ़ाने के लिए कर रहा है। इस नई शताब्दी में आदमी को निर्णय करना है कि ऐसे उपकरण का प्रयोग कल्याणकारी दिशा में करेगा या विनाश की ओर ले जाने वाली दौड़ को और तेज करने में।

सूचना क्रांति और संकट की दस्तक

एक विख्यात ब्रितानी वैज्ञानिक ने एक जगह हास्य-भाव से लिखा था कि हमारा आदि पूर्वज कभी वृक्ष की एक डाली से दूसरी डाली पर छलाँग लगाते हुए दूसरी डाली पकड़ने में चूक गया और खाली मुट्ठी कसते हुए जमीन पर आ गिरा, और उसी क्षण उसे शून्य और पदार्थ के भेद का ज्ञान हुआ। इसके बाद से आदमी पदार्थ के अध्ययन के क्रम में विज्ञान की एक से एक बड़ी ऊँचाइयाँ छूता रहा है। लेकिन अर्थशास्त्र के पंडित, जिनका क्षेत्र व्यावहारिक ज्ञान का माना जाता है, अर्थ जगत की उछाल के बाद बार-बार धराशायी होने पर भी असली और वायवीय संपदा का भेद नहीं कर पाए हैं। बार-बार कल्पित संभावनाओं को सत्य मान वे एक के बाद एक संकट में फँसते रहे हैं। उस प्रक्रिया के तहत जिसे अर्थशास्त्री 'व्यापार चक्र' कहते हैं, दुनिया लगभग दो सौ वर्ष से बार-बार मंदी का संकट झेलती रही है। लेकिन पूँजीवादी प्रतिष्ठानों के व्यवस्थापकों और अर्थशास्त्रियों में एक ऐसा मोह व्याप्त है कि उन्हें हर बार आर्थिक संकट अतीत की चीज दिखती है और आने वाले समय में फिर विकास की अटूट श्रृंखला दिखाई देती हैं।

उदारीकरण के दौर ने इन लोगों के सामने भविष्य की एक ऐसी ही नई संभावना उपस्थित की है। व्यापार के लिए इस अविभाजित दुनिया में उन्हें संपत्ति के सीमाहीन विस्तार का अवसर दिखाई देने लगा है। एक दशक पहले उदारीकरण की धारा में अपने को निर्बाध छोड़ने वाले पूर्वी एवं दक्षिण-पूर्वी एशिया की समृद्धि में उछाल आया। सारे संसार में 'पूर्वी एशियाई बाघ' उदारीकरण की सफलता के नमूनों की तरह पेश किए जाने लगे। लेकिन तीन वर्ष पहले अचानक ऐसी मंदी आई कि हतप्रभ हो अर्थशास्त्री कहने लगे कि व्यवस्था के नीचे से आधार ही खिसक गया लगता है। हांगकांग और दक्षिण कोरिया के अनेक शक्तिशाली प्रतिष्ठानों का अस्तित्व मिट गया। जापान में पहली बार दशकों के बाद आर्थिक विकास दर ऋणात्मक हो गई। अनेक उद्यमियों ने कारोबार नष्ट होने के सदमे में आत्महत्या कर ली। इंडोनेशिया में सरकार का तख्ता पलट गया। मलयेशिया में उदारीकरण की नीति के प्रति गंभीर शंका व्यक्त की जाने लगी और वहाँ पिछले दिनों की राजनीतिक उथल-पुथल के

पीछे एक हद तक अर्थव्यवस्था को लगे झटके का भी हाथ देखा जाने लगा है। चीन की अर्थव्यवस्था निरापद रही तो इसलिए कि अपनी अर्थव्यवस्था को विश्व बाजार से जोड़ने के बावजूद अभी तक यह मूल रूप से एक आत्मनिर्भर अर्थव्यवस्था है। इसलिए इस मंदी के झंझावात का असर चीन पर नगण्य रहा। पूर्वी एशिया की अर्थव्यवस्था की सिकुड़न का कुछ असर यूरोपीय संघ की अर्थव्यवस्था पर भी पड़ा। लेकिन चूँकि अब भी उनका व्यापार पारस्परिक और अमेरिका के साथ अधिक है, वहाँ कोई बड़ी मंदी नहीं आई। इस संदर्भ में गौर करने लायक बात यह रही है कि अमेरिका की अर्थव्यवस्था इस काल में लगातार उछाल पर रही और क्लिंटन के राष्ट्रपतित्व का काल अमेरिका के इतिहास में खुशहाली के वर्षों में गिना जाने लगा है।

दरअसल दुनिया की मंदी के बीच अमेरिका में यह आर्थिक उछाल सूचना और मीडिया के क्षेत्र में कुछ नए आविष्कारों और इन पर लगभग इजारेदारी पर निर्भर रहा है। कंप्यूटर, इंटरनेट, सैटेलाइट प्रसारण और सिनेमा के क्षेत्र में दुनिया में अपने वर्चस्व के कारण सब मिलाकर यहाँ के उद्योगों के मुनाफे, लोगों के रोजगार और राष्ट्रीय आय में पिछले दशक में लगातार इजाफा होता रहा है। इसी काल में माइक्रोसॉफ्ट का अध्यक्ष बिल गेट्स एक दशक में नब्बे अरब डॉलर का स्वामी बन अमेरिका का सबसे धनी आदमी हो गया। हाल में 'अमेरिका ऑन लाइन' और 'टाइम वार्नर' के विलय से 360 अरब डॉलर की हैसियत का 'एओएल टाइम वार्नर कार्पोरेशन' दुनिया का सबसे बड़ा औद्योगिक प्रतिष्ठान बन गया है। इसमें पहला कंप्यूटर एवं इंटरनेट से संबद्ध है तो दूसरा संचार के क्षेत्र में अग्रणी है। ये दोनों अमेरिका के इस क्षेत्र में सक्रिय सैकड़ों अन्य प्रतिष्ठानों में उल्लेखनीय हैं। इसी से यूरोप, विशेषकर फ्रांस में अमेरिका के सांस्कृतिक हमले के प्रति गहरी चिंता जताई जा रही थी क्योंकि सिनेमा और प्रसारण दोनों के क्षेत्र में अमेरिकी कंपनियाँ यूरोप पर हावी होती जा रही थीं।

लेकिन अमेरिका की इस विलक्षण खुशहाली के पीछे जो कारक हैं उन पर विचार करने पर यह तुरंत दिखाई देने लगता है कि संपन्नता का यह आधार स्थायी नहीं हो सकता। जैसा कि बार-बार होता रहा है यह उछाल अनिवार्य रूप से अमेरिकी अर्थव्यवस्था को और इसके साथ-साथ सारी दुनिया की अर्थव्यवस्था को आगे चल कर गहरे संकट की ओर ले जाएगा। सबसे प्रमुख कारण तो यह है कि वहाँ की पूँजीवादी व्यवस्था जुआरी वृत्ति से परिचालित होती है जिसमें अक्सर असिद्ध संभावनाओं पर सब कुछ दाँव पर लगा दिया जाता है। अमेरिका की जैसी प्रभुता आज दुनिया की अर्थव्यवस्था पर है उसे देखते हुए कहा जा सकता है कि अमेरिका

का आर्थिक संकट घोर विश्वव्यापी संकट में बदलेगा। स्वयं अमेरिका में हाल के स्टॉक मार्केट में आए उछाल से आशंकाएँ व्यक्त की जा रही हैं। यह उछाल सूचना से संबंधित शेयरों के उछाल का नतीजा है और वहाँ के सिलिकन वैली के बाजार विशेषज्ञ थोड़े समय में आए इस उछाल को किसी वास्तविक आधार के बजाय लोगों की इसकी संभावनाओं की काल्पनिक आशा का परिणाम मानते हैं। एक विश्लेषक डैन बर्क के अनुसार, '1990 के आसपास कोई स्टॉक गर्म कहा जाता था जब एक दिन में इसमें दो अंकों की वृद्धि होती थी। अगर यह एक दिन में छह अंक ऊपर चढ़ता था तो कहा जाता था कि यह ज्वाला पर है, लेकिन आज यह एक दिन में सौ अंक तक चढ़ रहा है। यह समझ से परे है।'

हमारी पिछलग्गू अर्थव्यवस्था भी अमेरिकी जुकाम से छींकने लगी है और यहाँ भी सूचना व्यवस्था के शेयरों में सर्वाधिक उछाल आ रहा है। सूचना उद्योग के ऐसे ही विस्तार की आशा में भारत सरकार भी देश के सीमित संसाधनों का बड़ा हिस्सा सूचना सेवाओं के विस्तार पर लगा रही है। आंध्र, कर्नाटक और गुजरात जैसे कुछ राज्य इस पर भारी निवेश कर रहे हैं। यहाँ यह बात भुलाई जा रही है कि हालाँकि सूचना जीवन को जबर्दस्त रूप से प्रभावित करती है, यह जीवन को गति और दिशा देने का एक माध्यम भर है। जीवन का आधार तो जो सदा रहा है वही रहेगा—यानी मनुष्य की बुनियादी आवश्यकताएँ जैसे रोजी-रोटी, वस्त्र, आवास और आरोग्य की उपलब्धि। जहाँ इन बुनियादी आवश्यकताओं की पूर्ति नहीं हो पा रही है वहाँ सूचना क्षेत्र का विस्तार कुछ ही दिनों में एक अलंघ्य सीमा पर आकर अवरुद्ध हो जाएगा। फिर यहाँ से उलट गति शुरू होगी और इस क्षेत्र की मंदी से बाकी आर्थिक जगत का संकट शुरू होगा।

अमेरिका की इस खुशहाली के दौर में किसी आने वाले संकट की चेतावनी आज लोगों को प्रलाप ही लगेगी। लेकिन अमेरिका के इतिहास पर दृष्टि डालने पर वहाँ की पूँजीवादी व्यवस्था में आर्थिक उछाल में मंदी और संकट का अनिवार्य संबंध दिखाई देता है। प्रख्यात अमेरिकी अर्थशात्री जेके गालब्रेथ के अनुसार अमेरिका में आर्थिक मंदी और संकट 1819, 1837, 1857, 1873, 1893, 1907, 1921 और सबसे विकराल रूप में 1929 में आते रहे हैं। गालब्रेथ के अनुसार इसमें ध्यान देने वाली बात यह है कि प्रत्येक आर्थिक संकट के पीछे किसी एक क्षेत्र में अत्यधिक मुनाफा कमाने की संभावना से अत्यधिक निवेश का हाथ था। और चूँकि इस आशा का असलियत से रिश्ता नहीं था, इसलिए मंदी का दौर चला। गालब्रेथ के अनुसार 1819 और 1837 में सरकार द्वारा जमीन की बिक्री से निवेश का यह सिलसिला शुरू हुआ। यह काल नहर निर्माण का था। जो लोग सरकार से जमीन खरीदते थे

वे दूसरों को अधिक कीमत पर बेच देते थे और फिर खरीदने वाला आदमी किसी तीसरे के हाथ मुनाफा लेकर इसे बेचता था। सभी मुनाफे की आशा से जमीन खरीदते और जब यह चक्र ख़त्म हुआ और आगे कोई खरीदने वाला नहीं रहा तब अंतिम खरीददार दिवालिया हो गए। इससे मंदी का दौर चला। 1857 में मुनाफे के लिए दाँव लगाने का सिलसिला रेल की पटरी बिछाने के धंधे से जुड़ा। 1873 और 1893 के संकट भी रेल निर्माण पर निवेश से ही जुड़े थे। 1869 और 1907 के संकट क्रमशः सोने और तांबे के क्षेत्रों पर एकाधिकार स्थापित कर मनमाना मुनाफा कमाने के प्रयास से जुड़े थे। बाद में ऐसा ही दाँव नई तकनीकी और वस्तुओं के स्टाक पर लगाया जाने लगा जिसकी परिणति 1929 की विश्वव्यापी मंदी में हुई। पूरा घटनाक्रम अधिक जटिल दिखेगा पर बुनियादी कारण यही थे। इस मानसिकता पर गालब्रेथ की टिप्पणी है : 'तत्काल हकीकत यह नहीं होती कि संबद्ध संसाधन—यानी जमीन, कोई वस्तु, स्टॉक या निवेश करने वाली कंपनी दरअसल आगे क्या कमाएगी, बल्कि हकीकत इतनी ही होती है कि काफी लोग भविष्य में कीमतों की ऐसी बाढ़ की आशा रखते हैं और इसी आशा के फलस्वरूप कीमतें बढ़ती जाती हैं। इस बाढ़ से और अधिक लोगों में कीमतें बढ़ने की आशा और इस धंधे से जुड़ने की इच्छा जगती है।...इस प्रक्रिया में एक आदिम सरलता है : यह तभी तक चलेगी जब तक कीमतें विश्वसनीय ढंग से बढ़ती जाएँ।' गालब्रेथ के अनुसार जब कीमतों में बाढ़ का सिलसिला टूटता है, कीमतें अचानक गिरती हैं और संकट पैदा होता है।

फिलहाल अमेरिका की अर्थव्यवस्था का जो स्थायित्व और संपन्नता में जो इजाफा दिखाई दे रहा है उसका कारण यह है कि सूचना तकनीक से जुड़ी इस दौड़ में वह अगली कतार में है। इससे भविष्य में भी इस सिलसिले के टूटते-टूटते भी वहाँ बड़ी संख्या में लोग धनाढ्य हो जाएँगे। मुनाफा कमाने का सिलसिला टूटने का खमियाजा उन्हें उठाना पड़ेगा जो मुनाफा कमाने की इस आपाधापी में आखिरी कतारों में होंगे।

लेकिन वर्तमान विकास के साथ संसार की अर्थव्यवस्था का एक बुनियादी खोट जुड़ा हुआ है जो आने वाले संकट को असाध्य बना देगा। पिछले दशकों के आर्थिक विकास में प्राथमिक क्षेत्र कृषि और द्वितीय क्षेत्र उद्योग दोनों का हिस्सा घटता जा रहा है और तृतीय क्षेत्र सेवा का हिस्सा लगातार बढ़ता गया है। सेवा क्षेत्र का अर्थ आज यह नहीं है कि शिक्षा, स्वास्थ्य या लोगों को जीवन की अन्य सुविधाएँ मुहैया कराने पर खर्च बढ़ रहा हो। वास्तव में यह बढ़ोतरी प्राथमिक उत्पादक और उत्पाद के उपभोक्ता के बीच अनेक स्तरीय बिचौलियों का निर्माण करने से है। इन बिचौलियों के योगदान को मूल्य के रूप में शुमार कर (वैल्यू ऐडिशन) इन पर होने वाले खर्च को सेवा क्षेत्र की आय के रूप में गिना जाने लगा है। दुकानदारी से लेकर तरह-तरह के प्रचार सेवा क्षेत्र में शामिल हो अर्थव्यवस्था में इस क्षेत्र का अनुपात

बढ़ा रहे हैं। यह सब केंद्रित अर्थव्यवस्था का अनिवार्य परिणाम है।

इस संदर्भ में जेरेमी रिफ्किन ने अपनी बहुचर्चित पुस्तक 'इंट्रॉपी' में कुछ दिलचस्प तथ्य उपस्थित किए हैं। उनके अनुसार अमेरिका में खाद्य पदार्थों के पूरे खर्च में मात्र 20 प्रतिशत खाद्य पदार्थों को उपजाने पर खर्च होता है और 80 प्रतिशत इसे तैयार करने, डिब्बाबंद करने एवं वितरण पर खर्च होता है। 1963 से 1971 तक अमेरिका में लोगों के भोजन में 2.3 प्रतिशत की वृद्धि हुई जबकि डिब्बाबंदी पर 33.3 प्रतिशत और डिब्बों की संख्या में 38.8 प्रतिशत की वृद्धि हुई। इसी के साथ घर में स्वयं भोजन तैयार करने वालों का स्थान लेने के लिए भोजन तकनीक विशेषज्ञों की एक बड़ी फौज तैयार हो गई है।

सूचना उद्योग में जो अभी तेज हलचल है वह आवश्यक जानकारी या ज्ञान के प्रसार के क्षेत्र में नहीं, बल्कि ई-कॉमर्स के क्षेत्र में है जिसमें वैसे सामान जिन्हें उपभोक्ता हाथ-पाँव चला कर दुकानों से पसंद करके लाता था, घर ही पर उपलब्ध हो जाएँगे। 'वेव' पर उसे घर बैठे सभी वस्तुओं और उनकी प्राप्ति के स्थान की जानकारी हो जाएगी और इच्छा व्यक्त करते ही विक्रेता सभी वस्तु पहुँचा देंगे। अब इसी तरह के कामों को सेवा क्षेत्र में गिन कर राष्ट्रीय आय बढ़ाने का भ्रम पैदा किया जा रहा है। आजकल हमें यह बतलाया जा रहा है कि औद्योगिक क्रांति का नया दौर सूचना क्रांति है। लेकिन यह एक भ्रम मात्र ही है। दरअसल सूचना तकनीकी का इस्तेमाल कर एक 'बिचौलिया क्रांति' हो रही है जिसमें औद्योगिक क्षेत्र का अधिकतम विस्तार बिचौलिया कारोबार और एक बिचौलिया वर्ग के रूप में हो रहा है। इसमें संसार के एक अल्पसंख्यक अतिसंपन्न समूह को बिस्तरे पर पड़े-पड़े आवश्यकता की सभी वस्तुएँ उपलब्ध होंगी बाकी लोगों का जीवन अत्यंत कठिन हो जाएगा क्योंकि उनकी आवश्यकता की हर वस्तु—भोजन, वस्त्र आदि—बिचौलियों के कारण अत्यंत महँगी होती जाएगी। इसके अलावा कंप्यूटर से जुड़ी स्वचालित मशीनों के कारण आम लोगों के रोजगार का क्षेत्र सिमटता जाएगा और वे उच्छिष्ट मानव बन जाएँगे। वे आदिम मनुष्यों की तरह आसपास की भूमि से जीवन का सहारा बटोरते फिरेंगे। दूसरी ओर 'साइबर-होम' में निवास करने वाले लोगों के लिए हाथ, पाँव, आँख, नाक सभी का प्रयोग करना अनावश्यक हो जाएगा और डारविन के 'नैचुरल सेलेक्शन' (प्राकृतिक चयन) के हिसाब से ये सब अंग खत्म होते जाएँगे। इस साइबर होम के निवासी प्रोटोप्लाज्म का लोथड़ा रह जाएँगे जिनके मस्तिष्क में 'माइक्रो-प्रोसेसर' लगा होगा और सिर पर एंटेना। लेकिन यह तो अति दूर भविष्य की तस्वीर है। निकट भविष्य में हमारे सामने आर्थिक संकट के नए दौर की संभावना ही दिखाई देती है जिससे आर्थिक जीवन को नई तरह से निर्मित करने की जरूरत महसूस होगी।

(घ) आर्थिक मंदी और स्वावलंबन

विश्व व्यवस्था और आर्थिक मंदी

बच्चे ईंटों से रेलगाड़ी बनाने का खेल खेलते हैं। वे ईंट को कतार में पास-पास खड़ा कर देते हैं और फिर किनारे की एक ईंट को हल्का-सा धक्का दे गिरा देते हैं। इसके गिरते ही एक के बाद एक सभी ईंटें धड़धड़ाते हुए एक छोर से दूसरे छोर तक धराशायी हो जाती हैं। अँग्रेजी में एक व्यवस्था के ध्वस्त हो जाने से संबद्ध व्यवस्थाओं के ध्वस्त होने की ऐसी ही प्रक्रिया को 'डोमिनो प्रभाव' कहा जाता है। अर्थशास्त्रियों के लिए दहशत पैदा करने वाली ऐसी ही प्रक्रिया 'आर्थिक मंदी' की होती है। जिसमें एक स्थान से बाजार की मंदी के प्रभाव से अन्य स्थानों पर भी मंदी फैलती है। कारखाने बंद हो जाते हैं, लोग बेरोजगार हो जाते हैं और बैंक एवं कारोबारी लोग दीवालिया हो जाते हैं।

आज संसार पर एक ऐसी ही मंदी की घटा मँडराने लगी है। यह मंदी पूर्वी और दक्षिण-पूर्वी एशिया से प्रारंभ हुई। दुनिया की दूसरे नम्बर की सबसे समृद्ध जापान की अर्थव्यवस्था घोर संकट में है, कारखाने बंद होने से भारी संख्या में लोग बेरोजगार हो गए हैं, दीवालिया हो रहे हैं अनेक व्यवसायियों ने आत्महत्या कर ली है। अब इस मंदी का प्रभाव यूरोप और स्वयं अमेरिका की अर्थव्यवस्था पर पड़ने लगा है।

अमरीकी राष्ट्रपति बिल क्लिंटन ने अपनी हाल की जापान यात्रा में जापानियों से विशेष रूप से आग्रह किया कि वे अपनी अर्थव्यवस्था को सँभालें क्योंकि उसकी गिरावट से सारे संसार पर आर्थिक संकट का खतरा है। भारत सरकार के इन दावों के बावजूद कि भारत पर पूर्वी एशिया के संकट का कोई असर नहीं होगा, हकीकत में कुछ दूसरी ही तस्वीर उभर रही है। औद्योगिक उत्पादन और निर्यात दोनों में गिरावट आई है। दूसरी ओर महँगाई आसमान छू रही है। इसका अर्थ कि भारत की अर्थव्यवस्था उस दोहरे संकट का शिकार है जिसे अर्थशास्त्री अंग्रेजी में 'स्टैगफ्लेशन' कहते हैं, यानी आर्थिक ठहराव और महँगाई दोनों, कोढ़ में खाज।

लेकिन यह संकट तो न अजनबी है, न दैवी प्रकोप। इस संकट का असली कारण आज की अर्थव्यवस्था में सारे संसार पर हावी हो जाने की बड़े उद्योगपतियों की महत्त्वाकांक्षा है। आज की दुनिया में यह भूमिका मूलतः विशाल बहुराष्ट्रीय कंपनियाँ निभा रही हैं, लेकिन औद्योगिक फैलाव के साथ कुछ समय के अंतराल पर मंदी का यह सिलसिला उन्नीसवीं शताब्दी से चला आ रहा है, जब से सारे संसार को एक व्यापारिक संबंध में बाँधा जाने लगा और दुनिया एक वैश्विक श्रम विभाजन की ओर बढ़ी।

औद्योगिक फैलाव और संकोच की यह प्रक्रिया 'ट्रेड साइकिल' के नाम से अर्थशास्त्रियों में डेढ़ शताब्दी से चर्चा का विषय रही है। 1929-35 की मंदी तो इतनी भयावह थी कि सारे संसार की अर्थव्यवस्था की जड़ हिल गई थी। लेकिन वर्तमान वैश्विक व्यवस्था के समर्थक अर्थशास्त्रियों के पास अब तक इसका कोई इलाज नहीं है। कल तक सरकारों के पास इसका अचूक इलाज रहा है। समय-समय पर स्थानीय या अंतर्राष्ट्रीय युद्धों के आयोजन हुए। घोर विध्वंस से सभी तरह के उत्पादन की आवश्यकता इतनी बढ़ जाती है कि उद्योग-धंधे तत्काल मंदी से उबर जाते हैं। द्वितीय विश्वयुद्ध ऐसा सबसे बड़ा आयोजन था, जिसमें लगभग ढाई करोड़ मृत हुए और यूरोप, जापान तथा कई अन्य देशों के नगरों और उपनगरों के विध्वंस की वजह से औद्योगिक उत्पादन के लिए विशाल पैमाने पर आधार मिला।

लेकिन ऐसे विश्वयुद्ध तो स्थायी तौर से लड़े नहीं जा सकते इसलिए विश्व पूँजीवाद की इस विवेकपूर्ण व्यवस्था को सतत चालू रखने के लिए दुनिया के विभिन्न भागों में स्थानीय मुद्‌दों को उकसाने तथा युद्ध की स्थायी अर्थव्यवस्था कायम करने की कोशिश हुई। इस क्रम में सलाया, कोरिया, स्वेज, कांगो, वियतनाम, भारत, पाकिस्तान, अरब, इस्राइल, इराक, ईरान आदि अनेक युद्ध होते रहे जिससे हथियारों की होड़ और युद्ध आयुधों के उत्पादन से हाल तक उत्पादन का सिलसिला चारों ओर जारी रहा। पश्चिमी देश और सोवियत संघ दुनिया भर में हथियारों की आपूर्ति के लिए उत्पादन करते रहे। सोवियत संघ और अटलांटिक संधि के देशों के बीच शीतयुद्ध ने अमेरिका में युद्ध की स्थायी अर्थव्यवस्था को एक तार्किक आधार दिया। इस तरह द्वितीय विश्वयुद्ध के बाद से अस्सी के दशक तक कोई बड़ी मंदी नहीं आई।

1973 के खाड़ी युद्ध के बाद पेट्रोलियम की आपूर्ति बाधित होने से तात्कालिक रूप से जरूर मंदी का एक दौर शुरू हुआ। लेकिन इस संकट से पेट्रो डालर, अरब देशों के पास पेट्रोल की बिक्री से जमा विशाल डालर का भंडार, के बदले हथियारों की आपूर्ति से औद्योगिक दुनिया उबर गई। इससे यह खुशफहमी जन्मी कि विश्वव्यापी मंदी अब अतीत की चीज बन गई है, लेकिन पूर्वी यूरोप एवं सोवियत संघ में कम्युनिस्ट व्यवस्था के विघटन के बाद शीतयुद्ध के अंत और 'वैश्वीकरण' की सफलता से हाल

तक दबा हुआ मंदी का संकट फिर सामने आने लगा है।

यह एक विडम्बना ही है कि वर्तमान वैश्विक व्यवस्था की आधारशिला रखने वाली संस्थाओं, विश्व बैंक, अंतर्राष्ट्रीय मुद्राकोष एवं विश्व व्यापार संगठन के निर्माण में विख्यात अर्थशास्त्री मेनार्ड कीन्स का वैचारिक और सक्रिय योगदान था। 1944 में जब अमेरिका के ब्रेटनवुड्स सम्मेलन में इन संस्थाओं के निर्माण की योजना बन रही थी, तब वे इसके प्रमुख आर्थिक नीति निर्धारक थे।

लेकिन युद्ध के अंतिम काल में जब यह सम्मेलन हुआ, विश्व बाजार में विनिमय का संतुलन बनाए रखने की चिंता सर्वोपरि थी क्योंकि अनेक औद्योगिक देशों की अर्थव्यवस्था ध्वस्त हो गई थी और विश्व व्यापार को जीवित रखना ज़रूरी लगता था। इसलिए इन संस्थाओं की नीतियाँ ऐसी बनीं, जो अपने व्यवहार में उन मूलभूत नीतियों के बिल्कुल विपरीत हैं जिसका प्रतिपादन कीन्स ने मंदी और बेरोजगारी से उबरने के लिए किया था।

इन संस्थाओं का उद्देश्य विदेशी मुद्रा के अभाव वाले देशों को एक सीमा के भीतर कर्ज उपलब्ध कराना था, जो ऐसी मुद्रा में हो जिसकी दुनिया में साख हो, जैसे डालर में। साथ ही सभी महाजनों की तरह कर्जदार देशों पर ऐसी शर्तें लादना था जिनसे कर्ज की अदायगी हो सके।

यह बात भी ध्यान में रखने की है कि विश्व युद्ध के बाद अमरीकी बैंक ही कर्जदाता की भूमिका अदा करने में सक्षम थे और डालर ही सबसे साख वाली मुद्रा थी। इन संस्थाओं की सलाह मूलतः अधिक टैक्स लगाने, कम से कम सरकारी खर्च करने, खासकर विकास एवं कल्याणकारी कार्यों पर और बैंकों के सूद की दर को ऊँचा रखने की थी ताकि ये देश किफायतसारी से महाजनों का कर्ज चुका सकें।

इनके ठीक विपरीत कीन्स ने अपने मूल सिद्धांत में निर्माण कार्यों में सरकारी खर्च के प्रसार को अर्थव्यवस्था को मंदी से बचाने में सबसे अधिक महत्त्व दिया था। लेकिन आज दुनिया के विभिन्न देशों को उनकी आर्थिक मंदी से बचाने के लिए अंतर्राष्ट्रीय मुद्राकोष की ओर से सरकारी खर्चों की ऐसी कटौती पर जोर दिया जा रहा है, जिससे मंदी और भी गहराएगी।

इसमें कोई अचरज की बात नहीं कि अंतर्राष्ट्रीय मुद्राकोष द्वारा भारी कर्ज देने के बावजूद मंदी से त्रस्त अधिकांश देशों की आर्थिक स्थिति सुधरने का नाम नहीं लेती।

पूँजीवादी व्यवस्था के भीतर निःसंदेह ऐसे अंतर्द्वंद्व हैं, जिससे ट्रेड साइकिल इसका अनिवार्य अंग बनता रहा है। एक प्रमुख कारण क्रयशक्ति का उत्पादन के प्रसार के हिसाब से लगातार कम रहना है जिसकी ओर मार्क्सवादी अर्थशास्त्रियों ने ध्यान खींचा था, और जिसका उपचार कीन्स के सिद्धांतों का उद्देश्य था।

लेकिन इससे भी बढ़कर विश्व-व्यवस्था की बनावट में एक बुनियादी दोष है

जिससे अंततोगत्वा यह व्यवस्था अनिवार्य रूप से गतिरोध का शिकार होगी। यह दोष इसके विकास की प्रक्रिया से जुड़ा है।

अट्ठारहवीं शताब्दी से जैसे-जैसे अंतर्राष्ट्रीय व्यापार बढ़ा और अलग-अलग मुल्कों में फैली विविधतापूर्ण और स्वायत्त अर्थव्यवस्थाओं को नष्ट करने की प्रक्रिया चली और सारे संसार को एक ही अर्थव्यवस्था के साँचे में ढालने की कोशिश हुई वैसे-वैसे विभिन्न व्यवस्थाओं के सभी तत्त्व स्थानीय संरचना से टूट गए और अपनी विशिष्टता गँवा विश्व बाजार की आवश्यकता के अनुरूप ढलते रहे। इससे विशाल बहुराष्ट्रीय औद्योगिक प्रतिष्ठानों को जो भी लाभ हुआ हो, स्थायी और सबके लिए लाभदायक व्यवस्था बनाने की संभावना बिल्कुल खत्म हो गई। ऐसा ही निष्कर्ष नोबुल पुरस्कार विजेता हर्बर्ट साइमन के उस सिद्धांत से निकलता है, जो जटिल संरचनाओं के लिए सोपानीय (हाइरार्किक) बनावट की उपयुक्तता का प्रतिपादन करता है। अचरज की बात है कि दुनिया भर के वैज्ञानिकों, अर्थशास्त्रियों और तकनीकी विशेषज्ञों की सेवाओं से युक्त आज के बहुराष्ट्रीय प्रतिष्ठान इस सिद्धांत को नजरअंदाज कर विश्व बाजार का ढाँचा खड़ा करने में लगे हैं।

साइमन यह मानता है कि सूचनाओं को ग्रहण करने की क्षमता की अपनी सीमाओं के कारण मनुष्य सदा सीमित तार्किकता के आधार पर कामचलाऊ व्यवस्थाएँ बनाने में ही सक्षम है। इसलिए वह किसी भी जटिल संरचना के निर्माण में तभी सक्षम होगा, जब यह संरचना स्वयं अनेक स्तरों की, अपने-आपमें पूर्ण, छोटी संरचनाओं से बनी हो। उसने जैविक विकास में इसे एक सांख्यिकी अनिवार्यता माना, लेकिन इस सिद्धांत की सत्यता दूसरे सांगठनिक ढाँचों के लिए भी मानी जाने लगी है। अपने सिद्धांत के प्रतिपादन में वह होरा और टैम्पस नामक दो काल्पनिक घड़ीसाजों का उदाहरण पेश करता है। दोनों ही हजार पुर्जों की घड़ी बनाते हैं। लेकिन जहाँ टैम्पस एकबारगी हजार पुर्जों को जोड़कर घड़ी बनाता है, वहाँ होरा दस-दस पुर्जों के सौ पुर्जे बना, इन्हें जोड़ अपनी घड़ी बनाता है। इस तरह होरा की घड़ी में दस, फिर उसके ऊपर सौ और फिर दस-सौ पुर्जों के संयोजन से हजार पुर्जे निर्मित होते हैं। यह एक सोपानवत प्रक्रिया है।

इस तरह घड़ी बनाने की प्रक्रिया में जब भी रुकावट आती है, तब टेम्पस के सारे पुर्जे बिखर जाते हैं और उसे फिर सभी पुर्जों का संयोजन करना पड़ता है, जबकि होरा को सिर्फ दस पुर्जे को जोड़ने की जरूरत होती है। इस गणित से जहाँ टेम्पस एक घड़ी बनाता है, वहीं उसी काल में होरा चार हजार घड़ियाँ बना सकता है। इस तरह वह इस काल्पनिक प्रकरण से स्वायत्त उप-संरचनाओं के संयोजन को बड़ी संरचनाओं के लिए सक्षम विधि सिद्ध करता है। ऐसे ही आधार पर साइबर वैज्ञानिक डब्ल्यू रौस ऐशवे इस नतीजे पर पहुँचा कि कोई भी व्यवस्था अपने परिवेश के अनुकूल टिकाऊ संतुलन तब तक प्राप्त नहीं कर सकती, जब तक इसका विकास

अलग-अलग ऐसे खंडों के संयोजन से नहीं हो जिसमें सभी खंड एक-दूसरे से काफी हद तक स्वतंत्र हों।

ऊपर चर्चित वैज्ञानिक सिद्धांतों का अनुकरण आधुनिक उद्योगपति जाने-अनजाने स्वयं अपनी उत्पादन प्रणाली में और उत्पादों तक में कर रहे हैं। आधुनिक उद्योगों में अब रुझान विशाल केंद्रित कारखानों में एक जगह बड़ी मशीनों का निर्माण करने की तरफ नहीं है। नवीनतम औद्योगिक प्रतिष्ठान अपने विशेष उत्पादों के विविध खंडों का निर्माण अनेक छोटे स्वतंत्र कारखानों में करवाते हैं और अपने कारखाने में मूलतः इन खंडों के संयोजन 'एसेम्बली' का काम करते हैं। बड़े मशीन भी अनेक पुर्जों के 'कम्पैक्ट किट' से बने होते हैं जैसे—कार का गीयर बाक्स, इग्निशन चैम्बर आदि।

यह भी एक विडंबना ही है कि दुनिया भर के उद्योगों की विविधता और स्वायत्तता को नष्ट कर आधुनिक उद्योगपति विकेंद्रित उत्पादन के महत्त्व को अब समझने लगे हैं। लेकिन आधुनिक उद्योगों के निर्माण की प्रक्रिया में इन्होंने पारंपरिक उद्योगों को उनके परिवेश से काट मनुष्य, प्रकृति और उद्योगों के पारस्परिक रिश्ते को तोड़ जो अपूरणीय क्षति पहुँचाई है, इस क्षति की पूर्ति आधुनिक उद्योगों की उत्पादन प्रक्रिया के विकेंद्रीकरण से नहीं हो सकती। इससे वह संतुलन भी नष्ट हो गया है, जिसमें आदमी का श्रम और प्राकृतिक संसाधन दोनों ही जीवन के आवश्यक और पूरक तत्त्व थे। अब बड़ी संख्या में मनुष्य और अनेक तरह के प्राकृतिक संसाधन आधुनिक उत्पादन प्रक्रिया के लिए अप्रासंगिक बन रहे हैं। इसका भी प्रभाव क्रयशक्ति पर पड़ता है, क्योंकि ऐसे अप्रासंगिक लोगों की कोई आय और क्रय शक्ति नहीं होती।

ऊपर की बातों को ध्यान में रखने पर यह तुरंत दिखाई देता है कि बहुराष्ट्रीय कंपनियाँ और ब्रेटनवुड्स संस्थाओं द्वारा विश्व की विविधता को नष्ट कर सारे संसार को एक आर्थिक और सांस्कृतिक ढाँचे में बाँधने का प्रयास एक दुराग्रह है जिसका भयंकर परिणाम सारे संसार को और विशेषकर औद्योगिक दौड़ में पिछड़े देशों को भुगतना पड़ेगा। ये पिछड़े देश अपने जीवन का आधार खोकर विकसित औद्योगिक देशों के मोहताज बन अधर में लटके रहेंगे। टिकाऊ और भेदभाव रहित जागतिक व्यवस्था राष्ट्रीय या इससे भी छोटी स्वावलंबी विनिमय के आधार पर ही खड़ी हो सकती है। वर्तमान संकट का दौर एक चेतावनी है। डोमिनो प्रभाव से बचने का एकमात्र उपाय ऐसे व्यापार तंत्र के ताना-बाना से कटकर अलग रहना ही हो सकता है।

'स्वदेशी' महज आकर्षक नारा

राजनीतिक प्रपंच में शब्दों के बहुतार्थ की भूमिका बालकथा एलिस इन द वंडरलैंड (अचरजपुरी में एलिस) के नीचे दिए गए प्रसंग से बहुत सटीक ढंग से व्यक्त होती है।

'हम्पूटी डम्पूटी ने हिकारत भरे शब्दों में कहा, 'जब मैं किसी शब्द का इस्तेमाल करता हूँ तो तब उसका वही अर्थ होता है जो मैं चाहता हूँ, न कम न ज्यादा।'

'एलिस बोली, 'सवाल है कि क्या तुम शब्द को तरह-तरह का अर्थ दे सकते हो।'

'हम्पूटी डम्पूटी ने कहा, 'महत्त्व की बात है प्रभुता संपन्न होना।' '

सत्ता में आने के बाद से भाजपा सरकार ने बिल्कुल हम्पूटी डम्पूटी के अंदाज में शब्दों का अर्थ बदलना शुरू कर दिया है। भाजपा 'हिंदुत्व' के नारे के बाहर जिस बात को सबसे अधिक उछालती थी वे थी राष्ट्रीयता और स्वदेशी की बातें। लेकिन सत्ता में आते ही इन मुद्दों पर इसका तेवर बिल्कुल बदल गया है।

वैसे तो इसके स्वदेशी प्रेम पर लोगों को उसी समय से संशय होना शुरू हो गया था, जब पिछली बार तेरह दिन के लिए अटल बिहारी वाजपेयी भारत के प्रधानमंत्री बने। उसी समय जब लोकसभा में उनके विश्वास प्रस्ताव पर बहस चल रही थी और सरकार का गिरना लगभग तय था, तब भोजन के अवकाश के काल में जल्दबाजी में मंत्रिपरिषद की बैठक बुला एनरॉन कंपनी की दाभोल विद्युत परियोजना के लिए केंद्र सरकार की 'काउंटर गारंटी' देने का निर्णय लिया गया। यह निर्णय केंद्र सरकार को, महाराष्ट्र सरकार से किए गए इस कंपनी के अनुबंध के अनुसार आवश्यकता होने पर भरपाई करने के लिए जवाबदेह बनाता है। ज्ञातव्य है कि महाराष्ट्र में भाजपा-शिवसेना गठबंधन की सरकार बनने के पहले, चुनाव के दौरान, भाजपा ने सत्ता में आने पर एनरॉन कंपनी को अरब सागर में फेंक देने का वादा किया था। लेकिन सत्ता में आते ही इसका रुख इसके ठीक विपरीत हो गया। फिर भी उस समय लोगों ने ऐसा समझा कि यह काम शिवसेना के दबाव में किया गया था क्योंकि बाल ठाकरे ने नए सिरे से बातचीत कर एनरॉन के साथ यह करार दुबारा करवाया था।

लेकिन अब इस तरह का कोई बहाना भाजपा के पास नहीं है। इसलिए अब जो नीतियाँ भाजपा द्वारा अपनाई जा रही हैं उसके लिए पूरी तरह वाजपेयी सरकार जवाबदेह है। अभी तो नयी सरकार का पूरा बजट आना बाकी है जिससे इसकी नीतियों का पूरा परिचय देश के लोगों को मिलेगा। लेकिन अब तक आर्थिक मामलों से सीधे रूप से जुड़े तीन मंत्रालयों—वित्त, वाणिज्य और उद्योग के मंत्रियों के बयानों से हम बहुत कुछ जान सकते हैं कि स्वदेशी के सवाल पर यह सरकार किधर जा रही है।

वर्तमान गठबंधन सरकार के वित्त मंत्री यशवंत सिन्हा भाजपा की स्वदेशी लॉबी के हामी माने जाते हैं। जिस समय मंत्रिपरिषद का गठन हुआ था उस समय जसवंत सिंह को मंत्रिपरिषद में नहीं लिए जाने का कारण यह माना गया था कि राष्ट्रीय स्वयंसेवक संघ की स्वदेशी लॉबी उनके खिलाफ है क्योंकि वे स्वदेशी के पक्षधर नहीं हैं। इस दृष्टि से यशवंत सिन्हा के विचारों का विशेष महत्त्व है क्योंकि वे एक तरह से भाजपा में स्वदेशी के खास प्रवक्ता हैं। लेकिन स्वदेशी के प्रवक्ता ये मंत्री महोदय जब अमेरिका गए तो इनका स्वदेशी बिल्कुल विदेशी रंग में रंगा दिखा। 17 अप्रैल को वाशिंगटन में अमरीकी एवं भारतीय मूल के उद्यमियों की सभा को संबोधित करते हुए उन्होंने कहा कि स्वदेशी का गलत अर्थ लगाया जा रहा है। 'हम पीछे ले जाने वाली इस तरह की कोई नीति नहीं अपनाएँगे जिससे देश के अक्षम उद्योगों को प्रोत्साहन मिले। इसका अर्थ देश के लोगों को सिर्फ देशहित में अधिक परिश्रम करने का आह्वान करना है।' वाशिंगटन में ही उन्होंने विदेशी निवेशकों को कहा कि उन्हें खुशी होगी अगर 1998-99 में भारत में विदेशी निवेश की मात्रा दो गुनी हो जाए। अगर यह स्वदेशी है तो मनमोहन सिंह या चिदंबरम की नीति से यह भिन्न कैसे है?

इसके एक दिन पहले यानी 16 अप्रैल को दिल्ली में देश के उद्योगों के नेताओं को संबोधित करते हुए उद्योग मंत्री सिकन्दर बख्त ने इसी भावना को दुहराया। बल्कि लोगों की शंकाओं को दूर करते हुए कहा, 'न तो मैं स्वदेशी की वकालत कर रहा हूँ और न तो स्वदेशी विरोध की वकालत' यानी इस मुद्दे पर वे बिल्कुल तटस्थ हैं। इसी बैठक में विदेशी निवेशकों की ओर इशारा करते हुए उन्होंने कहा कि जो कुछ भी विकास, रोजगार और आय को बढ़ाने वाला है उसको सरकार का पूरा समर्थन मिलेगा। यह भाजपा की वैचारिक धुंध को भी उजागर करता है जिसके लिए विकास और रोजगार के सवाल को स्वदेशी से कुछ लेना-देना नहीं है।

अँग्रेजी में एक कहावत है कि 'पुडिंग का सबूत खाने में है।' इस कथन के अनुसार अपनी स्वदेशी विरत नीति के सबूत में वाणिज्य मंत्री रामकृष्ण हेगड़े ने कलम की एक ही नोक में 340 वस्तुओं के आयात पर से प्रतिबंध हटा लिया और यह वादा किया कि 300 अन्य वस्तुओं के आयात पर से आंशिक रूप से प्रतिबंध खत्म

किया जाएगा। लोगों को ऐसा लग सकता है कि ये आयात ऐसे आवश्यक वस्तुओं के हैं जिनसे विकास की गति में तेजी आएगी, या लोगों की कुछ बुनियादी आवश्यकताओं की पूर्ति होगी। वास्तव में ऐसा कुछ नहीं है। इन आयातों में शामिल हैं समुद्र से प्राप्त भोजन की वस्तुएँ, डब्बाबंद सब्जियाँ, चेरी एवं स्ट्राबेरी जैसे फल, इलेक्ट्रॉनिक सामान जैसे वीडियो कैमरा, प्रसाधन के सामान और खेल के सामान। इन आयातों का फायदा देश के कुछ अति संपन्न और साहब मिजाज लोगों को होगा। उन लोगों को जिन्हें देश में उपलब्ध साबुन, पाउडर या अन्य प्रसाधन निम्नकोटि के लगते हैं और देश में उपलब्ध ताजा फल, सब्जी और मछलियाँ रास नहीं आतीं। इन प्राथमिकताओं को देखते हुए स्वदेशी का स्वर बिल्कुल विदेशी जैसा सुनाई पड़ता है।

स्वदेशी का अर्थ इस देश में बिल्कुल अलग तरह से लगाया जाता रहा है। इसका उत्स राष्ट्रीय आजादी के आंदोलन काल में है, विशेषकर उस काल में जब महात्मा गाँधी देश का नेतृत्व कर रहे थे। उस समय 1920-21 में विदेशी कपड़ों की होली तक जलाई गई थी जिससे विश्व कवि रवीन्द्रनाथ ठाकुर जो विश्व भारती की स्थापना में लगे थे, आहत भी हुए थे और महात्मा गाँधी से इस मुद्दे पर उनका विवाद भी हुआ था। रवीन्द्रनाथ ठाकुर के प्रति अगाध श्रद्धा के बावजूद महात्मा गाँधी अपने विचार से डिगे नहीं थे, क्योंकि आजादी के आंदोलन के समय स्वदेशी का अर्थ था स्वावलंबन, यानी देश के लाखों गाँवों को आत्मनिर्भर बनाना जिसके बिना देश के करोड़ों गरीब लोगों के लिए सम्मानपूर्ण जीवन की कोई कल्पना नहीं हो सकती। स्वदेशी का अर्थ विदेशी पूँजी पर निर्भरता और विदेशी उद्योगों के भरोसे देश का विकास नहीं हो सकता। असल में भाजपा के नेता आजादी के आंदोलन की उस धारा से सदा अलग रहे या विपरीत दिशा में चलते रहे। इसलिए लोकप्रियता हासिल करने के ख्याल से स्वदेशी का नारा तो दे देते हैं, लेकिन इसकी भावना से सर्वथा अपरिचित हैं। इसलिए इस शब्द के असली अर्थ के साथ जब उनकी नीति के यथार्थ का साक्षात्कार होता है तब उनके नारे का खोखलापन बिल्कुल उजागर हो सामने आ जाता है। भाजपा नेता इस सवाल पर कितनी बेशर्मी से बोल सकते हैं यह गांधीनगर के सम्मेलन में इसके प्रस्ताव से जाहिर होता है। जहाँ इसकी सरकार ठीक वही नीतियाँ चला रही है जो विश्व व्यापार संगठन की हैं, प्रस्ताव में स्वदेशी और स्वावलंबन की पूरानी बातें ही दुहराई गई हैं।

भाजपा का राष्ट्रभक्ति संबंधी बड़बोलापन दरअसल इसकी किसी प्रतिबद्धता के अभाव को ही दर्शाता है। यह बात हाल की दो घटनाओं से सिद्ध होती है। सत्ता से बाहर रह भाजपा नेता एक से एक बढ़कर चीन से भारतीय भू-भाग को मुक्त करने और कश्मीर से घुसपैठियों को समाप्त करने की बात करते रहे हैं। वर्तमान भाजपा गठबंधन सरकार के रक्षा मंत्री जार्ज फर्नांडीज तो 'हिमालय बचाओ मुहिम'

की अगुवाई करते रहे हैं। लेकिन जब चीन के सेनाध्यक्ष भारत आए तो ये सब नेता ऐसे पिद्दी बन गए कि अपनी आजादी के प्रश्न की ओर दुनिया का ध्यान खींचने के लिए अनशन पर बैठे तिब्बती नौजवानों को जबरन उठाकर अस्पताल ले जाया गया। इसी क्रम में एक तिब्बती नौजवान की आत्मदाह से मौत हो गई। चीन से भारतीय भू-भाग को या तिब्बत को सैन्य शक्ति के बल मुक्त कराने की बात करना मूर्खतापूर्ण है और इस तरह की बात करने वाले भाजपा नेता या तो अज्ञानी हैं या गंभीर नहीं हैं। लेकिन हमें इतना दब्बू भी नहीं होना चाहिए कि किसी चीनी अधिकारी की नाराजगी से बचने के लिए अपनी स्वायत्तता की जायज माँग करने वाले हमारे पड़ोसी और अतिथि तिब्बतियों के खिलाफ निरर्थक शक्ति प्रयोग करें। तारीफ की बात तो है कि चीनी सेनाध्यक्ष के जाते ही प्रतिरक्षा मंत्री ने यह बयान जारी कर दिया कि भारतीय सुरक्षा को मुख्य खतरा चीन से है। ऐसा लगता है कि कुछ कर सकने की अक्षमता को छिपाने के लिए युद्ध उन्माद पैदा करने की कोशिश की जा रही है।

ऐसी ही कमजोरी और अपनी अक्षमता को छिपाने वाला शक्ति प्रदर्शन मुम्बई में भाजपा के सहयोगी शिवसेना वालों ने विख्यात गजल गायक गुलाम अली के संगीत समारोह को भंग करके किया है। ग़ज़ल गायन की परंपरा मिनियेचर (लघु चित्र), कथक नृत्य और कव्वाली की तरह उन विधाओं में है जो इस्लाम के आने के बाद के भारत की सामाजिक संस्कृति को उजागर करती है तथा हमारे प्राचीन शास्त्रीय संगीत को एक नया आयाम प्रदान करती है। ये ही वे विधाएँ हैं जो वर्तमान सीमाओं के परे जा भारतीय उपमहाद्वीप में बसने वाले सभी लोगों को एक भावनात्मक सूत्र में बाँधती हैं। इन्हीं सूत्रों से भविष्य में हम फिर एक हो सकते हैं। इस समारोह पर आघात कर शिव सैनिकों ने भारतीयता के मर्म पर आघात किया है। यह भी एक विडंबना ही है कि जहाँ भाजपा सरकार 'पाकिस्तान से आए घुसपैठियों' द्वारा की जाने वाली जघन्य हत्याओं को रोकने में अक्षम साबित हुई है और भाजपा सरकार के बनने के बाद ऐसी वारदातें बढ़ी हैं, वहीं शांति और प्रेम का संदेश लेकर आए पाकिस्तानी संगीतज्ञ को गाने से भाजपा के निकट सहयोगी शिव सैनिक रोकते हैं।

भाजपा की आर्थिक नीति या चीन या पाकिस्तान संबंधी इसके रुख सभी इसकी वैचारिक दरिद्रता को प्रतिबिंबित करते हैं। दरअसल हिन्दुत्व के कुछ नारों के बाहर भाजपा की कोई अपनी नीति रही नहीं है। समय-समय पर यह वैसे सभी आकर्षक नारों को उधार लेती गई है जिन पर इसने कभी कोई गंभीर चिंतन नहीं किया है। लेकिन राष्ट्रीय पार्टियों के पिछले विघटन ने इसे अचानक सत्ता हथियाने का मौका दे दिया है। इससे इसमें नीति संबंधी ऊहापोह की स्थिति है। जब किसी दल की अपनी कोई नीति नहीं होती तब वह देश और विदेश के शक्तिशाली समूहों के प्रभाव में काम करने लगता है। आज भाजपा की यही स्थिति है। देशी व्यापारी

वर्ग से तो इसने पहले ही रिश्ता कायम कर लिया था, इधर कुछ औद्योगिक समूह भी इसके करीब आने लगे हैं लेकिन चूंकि आज हमारा व्यापारी वर्ग बहुराष्ट्रीय कंपनियों और विश्व व्यापार संगठन के दबाव के अंदर चल रहा है। भाजपा पर भी यह दबाव बना हुआ है। अपने स्वदेशी के नारे के बावजूद आज भाजपा पूरी तरह विदेशी शक्तियों के प्रभाव में आकर उन्हीं के अनुकूल नीतियाँ बना रही है। ऐसी कमजोर सरकार न तो देश को कोई अपना आर्थिक आधार प्रदान कर सकती है और न ऐसी नैतिक शक्ति जिसके बल यह देशी या विदेशी शक्तियों के खिलाफ खड़ी हो सके।

शुतुरमुर्गों की चुनावी पैंतरेबाजी

हमारे देश की राजनीति आज एक विलक्षण स्थिति से गुजर रही है, जहाँ चुनावी रंगमंच पर उपस्थित अभिनेताओं के पास मतदाताओं को दिखलाने के लिए कोई मुखौटा भी नहीं बचा है, न अभिनय का कोई बहाना। यह स्थिति विलक्षण इसलिए है कि सभी अभिनेता राजनेता हैं और जैसा कि मैकियावेली ने राजनीति पर अपनी विख्यात पुस्तक 'प्रिंस' में कहा है कि किसी राजनेता को अपने किसी भी कृत्य के लिए बहाने की कमी नहीं होती। ऐसे में अगर हमारे राजनेताओं के पास लोगों को बताने के लिए कोई बहाना भी नहीं है तो यह घोर वैचारिक कंगाली की स्थिति है। यह विशेष तौर से अचरज की बात है, क्योंकि देश आज ऐसी समस्याओं से घिरा है जो इसके स्वतंत्र अस्तित्व के लिए चुनौती बन रही हैं और इस स्थिति पर प्रतिक्रिया मात्र ही समृद्ध राजनीतिक विवादों की जननी बन सकती है, लेकिन इस दृष्टि से चारों ओर सन्नाटा है।

देश के शासन की दावेदार दो बड़ी पार्टियाँ कांग्रेस और भाजपा अपने-अपने पक्ष में स्थायी शासन देने का दावा पेश कर रही हैं। मानो काई की तरह समाज पर जम जाने की क्षमता ही बड़ा गुण हो। यह दावा भी कितने भरोसे का है। गुजरात में प्रचंड बहुमत वाली भाजपा सरकार का हश्र बहुत भरोसा पैदा नहीं करता। इस स्थायित्व का दूसरा नमूना उत्तर प्रदेश की कल्याण सिंह की जोड़तोड़ की सरकार है, जिसमें प्रलोभन, दबाव और दलबदल के सारे अनैतिक हथकंडों का सहारा लिया गया, जो राजनीति के प्रति वितृष्णा पैदा करते हैं। जो लोग भाजपा के भारतीय संस्कृति के यशोगान से प्रभावित हैं उनके लिए भाजपाई भारतीयता की यह खासी बानगी है। वैसे भाजपा के संदर्भ में नैतिकता की बात करना बहुत प्रासंगिक नहीं है; क्योंकि इस मामले में यह अतिशय लचीली है। जयललिता के साथ साँठगाँठ कर एक साथ ही इसने अपने भ्रष्टाचार विरोध और हिंदी प्रेम दोनों की पोल खोल दी है। दो जीभ से परस्पर विरोधी बातें करना भाजपा का स्थायी गुण बन गया है। वाजपेयी और हाल में आडवाणी ने कहना शुरू किया है कि भाजपा धर्म के बीच कोई भेदभाव नहीं करती, लेकिन दूसरी ओर एक ही समय राष्ट्रीय स्वयं सेवक संघ के सरसंघचालक

राजेन्द्र सिंह अजमेर की जनसभा में भैरोंसिंह शेखावत की मौजूदगी में काशी और मथुरा के मंदिरों को हिंदुओं के हवाले करने की माँग करते हैं।

कांग्रेसी नेताओं का अंतर्विरोध भी कम नहीं है। उन्होंने स्थिर सरकार देने की बात ही शुरू की, बेवजह संयुक्त मोर्चे की सरकार को अस्थिर करके। देश के शासन को अस्थिर होने से बचाना तो दूर, इसे अपनी पार्टी को ही अस्थिर होने से बचाने में कठिनाई हो रही है। प. बंगाल, बिहार, तमिलनाडु, उड़ीसा, महाराष्ट्र और उत्तरप्रदेश सभी जगह इसमें टूट और भागदौड़ का माहौल है। अधिकांश स्थानों पर इसके नेता घोटालों और हवालों के आरोपी हैं। अरबों रुपए के चारा घोटाले के आरोपी बिहार के भूतपूर्व मुख्यमंत्री लालू प्रसाद यादव के राजद की सरकार को बेहिचक सहमति दे इसने साफ कर दिया कि भ्रष्टाचार इसके लिए कोई मुद्दा नहीं है।

जनता दल की वैचारिक स्थिति भी कुछ अच्छी नहीं है। प्रधानमंत्री इंद्र कुमार गुजराल, जो इसी पार्टी के हैं, चारा घोटाले के आरोपी और उनकी अपनी ही पार्टी को तोड़कर राजद बनाने वाले लालू प्रसाद यादव को आमंत्रित कर उनका सत्कार करने में कोई दोष नहीं मानते। जहाँ जनता दल और संयुक्त मोर्चा सांप्रदायिक भाजपा को सत्ता से बाहर रखना अपना मूल उद्देश्य मानते हैं, वहीं गुजराल भाजपा से संयुक्त मोर्चा बनाने वाले अकाली दल के समर्थन से जालंधर से लोकसभा का चुनाव लड़ने के लिए तैयार हैं। लालू प्रेम की तरह यह भी सिर्फ संसद में पहुँचने की सीढ़ी भर है। उड़ीसा में उसका एक बड़ा हिस्सा टूट कर भाजपा के साथ गठजोड़ करने में लगा है। इस प्रकार सांप्रदायिकता-विरोध का सिद्धांत कितना छिछला है उसका कुछ आभास इससे मिलता है।

संयुक्त मोर्चे में शामिल कम्युनिस्ट पार्टियाँ संगठन की दृष्टि से कुछ अधिक चुस्त हैं और इनके खिलाफ भ्रष्टाचार के भी बड़े आरोप लोगों के सामने नहीं आए हैं। हालाँकि प. बंगाल में मुख्यमंत्री ज्योति बसु समेत इसके नेताओं के भ्रष्टाचार की चर्चा मार्क्सवादी कम्युनिस्ट पार्टी के भीतर और बाहर होती रही है। इन पार्टियों की समस्या दूसरी है। उन्होंने उदारीकरण की नीति को कबूल कर अपने अस्तित्व के औचित्य को ही दाँव पर लगा दिया है। उनकी स्थिति यूरोप के एक उपन्यास के एक कम्युनिस्ट पात्र की याद दिलाती है। वह अपना सिद्धांत छोड़ अवसरवादी हो जाता है। जब इस बात पर उसकी आलोचना होती है तो वह अपनी सफाई में कहता है कि उसने तो सबसे बड़ा त्याग किया है, क्योंकि दूसरे लोग अपने सिद्धांत के लिए धन और जान तक की कुर्बानी दे देते हैं, जबकि उसने सिद्धांत की ही कुर्बानी दे दी है। इस अर्थ में कम्युनिस्ट पार्टियों की कुर्बानी निश्चित रूप से अद्वितीय है। यह बात अलग है कि इसमें भी वे सदा की तरह रूस और चीन की कम्युनिस्ट पार्टियों की अनुगामी बनी हुई हैं। रूस और चीन ने पूँजीवाद के लिए पहले से ही लाल कालीन डालना शुरू कर दिया था।

लोकसभा के भंग होने के बाद से जिस धड़ल्ले से दल-बदल होने लगे हैं, वह भी बतलाता है कि देश की मुख्य धारा की जो पार्टियाँ हैं, उनमें आर्थिक मुद्दों पर कोई मतभेद नहीं जिनके साथ देश के बहुसंख्यक लोगों की तकदीर जुड़ी है। चेन्नई में आर्थिक भागीदारी को लेकर जो शिखर सम्मेलन जनवरी के दूसरे सप्ताह में हुआ था, उसमें प्रधानमंत्री इंद्र कुमार गुजराल ने स्पष्ट रूप से कहा कि हालाँकि कुछ सावधानी की जरूरत है, 1991 से जो उदारीकरण की नीति अपनाई गई है, वह चलती रहेगी और इस पर देश के सभी दलों की सहमति है। प्रधानमंत्री का यह कथन कम-से-कम सत्ता के करीब की सभी पार्टियों पर तो लागू होता ही है, लेकिन यही स्थिति देश के सामने भीषण संकट का भी संकेत है, क्योंकि देश विकल्पहीन है। अचरज की बात यह है कि ऐसी घोषणा तब हो रही थी, जब इसी सम्मेलन में थाईलैंड के प्रतिनिधि अपने अनुभवों के आधार पर भारत को आगाह कर रहे थे कि अंतर्राष्ट्रीय मुद्राकोष की नीतियों का आँख मूँद कर पालन घोर संकट पैदा कर सकता है। उदारीकरण की इस नीति के चलते जो संकट दिखाई दे रहा है, उस पर आत्ममंथन और विकल्प की तलाश भी इसी क्षण सर्वाधिक महत्त्व की है। यह कोई काल्पनिक खतरा नहीं है। देश के भीतर और बाहर से जो भी संकेत मिल रहे हैं, वे हमें सचेत करने के लिए पर्याप्त हैं।

बीते साल देश के औद्योगिक क्षेत्र में मंदी रही और औद्योगिक विकास की दर घटी है। निर्यात और आयात के बीच बढ़ते फाँक से 1996 के अप्रैल-नवंबर के 2.82 अरब डालर के मुकाबले 1997 के अप्रैल-नवंबर में विदेशी व्यापार का घाटा 3.36 अरब डालर हो गया। डालर के मुकाबले रुपए की कीमत गिरती गई है, इसके बावजूद कि रिजर्व बैंक इसकी कीमत बनाए रखने के लिए लगातार प्रयत्नशील रहा है। अगर ऐसी गिरावट सिर्फ भारत तक सीमित होती तो यह कहा जा सकता था कि यह हमारी नीति के कार्यान्वयन की त्रुटियों या जैसा कि अंतर्राष्ट्रीय मुद्राकोष की ओर से हर मौके पर कहा जाता है, उदारीकरण की अपूर्णता का परिणाम है। लेकिन अगर ऐसा उन सभी विकासशील देशों में हो रहा है, जो उदारीकरण की नीति लेकर चल रहे हैं तो मानना होगा कि दोष इस नीति का ही है। जब हम उन विकासशील देशों की ओर नजर डालते हैं जो उदारीकरण में अगुवा थे, तो किसी भ्रम की गुंजाइश नहीं रह जाती।

मैक्सिको और ब्राजील जो इस दिशा में अग्रणी थे, आज गहरे आर्थिक संकट में हैं और अंतर्राष्ट्रीय मुद्राकोष की भारी सहायता के बावजूद अपने संकट से नहीं उबर पाए हैं, लेकिन हमारे लिए अधिक प्रासंगिक पड़ोसी पूर्वी एशिया के देश—दक्षिण कोरिया, इंडोनेशिया, थाईलैंड, मलेशिया और फिलीपीन्स हैं। कुछ दिन पहले इन्हें एशियन टाइगर्स (एशियाई बाघ) कहा जाता था और हमारी मौजूदा नीति के वकील इसे भारत के सामने नमूना के रूप में पेश करते थे। आज एक-कर कर इन सबकी

अर्थव्यवस्थाएँ धराशायी हो चुकी हैं। दक्षिण कोरिया, जहाँ विदेशी पूँजी के सहारे सबसे अधिक विकास हुआ था और इसके बारे में कहा जाता था कि अब यह विकासशील देशों की श्रेणी से निकलकर विकसित की श्रेणी में आ गया है, सबसे गहरे संकट में है। यहाँ के हजारों कल-कारखाने और अनेक बड़े बैंक दिवालिया हो बंद हो गए हैं। अंतर्राष्ट्रीय मुद्राकोष और अन्य स्रोतों से इसके लिए 57 अरब डालर के ऋण की व्यवस्था की गई है, लेकिन इससे भी यह अपने संकट से निकल नहीं पा रहा है। इसका मुद्रा वोन जिसकी कीमत डालर के मुकाबले 50 प्रतिशत पहले ही गिर चुकी थी, और नीचे गिरी है। अभी दक्षिण कोरिया पर 200 अरब डालर (लगभग आठ लाख करोड़ रुपए) का विदेशी कर्ज लद चुका है। इस कर्ज के पैमाने का कुछ अनुमान हम इससे लगा सकते हैं कि दक्षिण कोरिया की आबादी 4 करोड़ के लगभग है। इंडोनेशिया के मुद्रा रुपया की कीमत डालर के मुकाबले पिछले छह महीने में एक-चौथाई हो गई है। अभाव के भय से लोग जिस कीमत पर हो, विभिन्न वस्तुओं को खरीद कर जमा कर रहे हैं। विद्रोह की आशंका पैदा हो गई है। चारों ओर बेरोजगारी है और एक दूसरा खतरा पैदा हो गया है। मलेशिया के मुद्रा संकट और मंदी के कारण वहाँ भी बेरोजगारी बढ़ रही है। सरकार द्वारा वहाँ कार्यरत दस लाख इंडोनेशियाई नागरिकों को वापस इंडोनेशिया भेजने की योजना बनाई जा रही है। ऐसा ही संकट कुछ कम-ज्यादा फिलीपीन्स और थाईलैंड में भी है। थाईलैंड में पहले धान काटने के बाद किसान काम की तलाश में शहरों की ओर जाते थे। अब उद्योगों की बढ़ती बेरोजगारी से शहरों से गाँवों की ओर पलायन हो रहा है। अंतर्राष्ट्रीय मुद्राकोष के कर्ज की शर्तों के कारण थाईलैंड की स्थिति और भी खराब हो रही है और थाईलैंड अंतर्राष्ट्रीय मुद्राकोष पर अपनी शर्तों पर पुनर्विचार करने का दबाव डाल रहा है। संपूर्ण पूर्वी एशिया में जगतीकरण की नीति आर्थिक विध्वंस का नजारा पेश कर रही है। अगर भारत ने समय रहते अपना मार्ग नहीं बदला तो यह भी इस विध्वंस की चपेट में आएगा।

पश्चिमी देश अब इस संकट के लिए एशिया के देशों के भाई-भतीजावाद और भ्रष्टाचार को दोष दे रहे हैं, लेकिन जब ये इन देशों की सफलता का जयघोष कर रहे थे, यह बात नजरअंदाज कर दी गई थी। कुछ लोग थोड़े दिन पहले के बीच के मुद्रा के अवमूल्यन को इसके लिए दोष दे रहे हैं। किंतु जो बुनियादी तथ्य नजरअंदाज किया जा रहा है, वह यह कि इन देशों का सारा विकास एक छोटे संपन्न समूह के आधार पर किया जा रहा था जो उत्पादन की इस स्फीति को सँभालने में असमर्थ था। इससे व्यापार, युद्ध मंदी और आर्थिक संकट का जन्म लाजिमी था। उदारीकरण की नीति के साथ नौकरशाही में जिसका नाम सबसे अधिक जुड़ा रहा है, वह मोंटेक सिंह हैं। वह भी अब यह मानते हैं कि पूर्वी एशिया की घटनाओं का प्रतिकूल प्रभाव भारत के निर्यात पर पड़ेगा। लेकिन यह हकीकत को बहुत कम करके आँकना हुआ।

दरअसल भारत भी जल्दी ही घोर आर्थिक संकट में फँसनेवाला है अगर आर्थिक आत्मनिर्भरता की दिशा में जल्दी कदम नहीं बढ़ाया जाता। यह एक दुर्भायपूर्ण स्थिति है कि शुतुरमुर्ग की तरह देश के राजनीतिक दल इस समस्या को नजरअंदाज कर रहे हैं। यह आम चुनाव की प्रासंगिकता को बिल्कुल कम कर देता है। आज राजनीति में असली विकल्प राष्ट्रीय स्वायत्तता और स्वाभिमान के आधार पर ही पैदा हो सकता है।

स्वदेशी की नई चुनौती

दर्द का हद से बढ़ना, दवा बन जाना कहा जाता है। परमाणु परीक्षणों के बाद कई राष्ट्रों द्वारा भारत के विरुद्ध आर्थिक प्रतिबंधों के निर्णय से जिस तरह के आर्थिक संकट की आशंकाएँ व्यक्त की जा रही हैं, अगर उन्हें देश एक चुनौती की तरह स्वीकार करे तो ये प्रतिबंध अभिशाप के बदले वरदान बन जाएँगे। सिर्फ मौखिक रूप से नहीं, सही मायने में हम स्वदेशी और आत्मनिर्भरता की अर्थनीति लेकर एक टिकाऊ आधार पर देश का नव-निर्माण कर सकेंगे।

दुर्भाग्यवश स्वदेशी की बात करने वाली वर्तमान भाजपा सरकार का अपना स्वाभिमान जगा हुआ नहीं दिखाई देता। हाल में उन्होंने मारुति उद्योग के मामले में जापानी बहुराष्ट्रीय कंपनी सुजुकी के सामने अकारण जैसा आत्मसमर्पण किया है, वह बतलाता है कि इस सरकार में स्वदेशी का संकल्प लेकर चलने का दम-खम नहीं है। जबकि सुजुकी के साथ समझौता यह था कि मारुति उद्योग के अध्यक्ष और प्रबंध निदेशक में किसी एक पद पर ही सुजुकी का प्रतिनिधि होगा और दूसरे पद पर भारत सरकार का प्रतिनिधि। सुजुकी उद्योग के दबाव के आगे झुककर भारत सरकार ने दोनों ही पद सुजुकी के प्रतिनिधि के हाथ सौंपने का फैसला लिया है। यह अनुमान किया जाता है कि इस निर्णय से दस हजार करोड़ की मारुति की संपत्ति पर सुजुकी का पूरा नियंत्रण हो जाएगा, जबकि इसमें इसका अपना निवेश मात्र 103 करोड़ रुपए है और वह इससे 300 करोड़ रुपया मुनाफा ले चुका है।

शायद भाजपा सरकार को यह भरोसा है कि सुजुकी को खुश रख यह जापान सरकार के रुख को नरम कर लेगी जिसने परमाणु परीक्षणों के तुरंत बाद भारत के खिलाफ आर्थिक प्रतिबंधों की घोषणा की थी। ऐसा सोचना खामखयाली ही है कि वहाँ के किसी एक औद्योगिक समूह को विशेष अधिकार दे देने से एक ऐसे मुद्दे पर जापानी सरकार का रुख बदला जा सकता है जिस पर जापान के आम लोगों में घोर निषेध भाव है। नागासाकी और हिरोशिमा में परमाणु बम विभीषिका झेल चुके जापानी इन विस्फोटों से भावनात्मक रूप से इतने उद्वेलित हैं कि यह उनके लिए महज आर्थिक लाभ का सौदा नहीं हो सकता। जहाँ तक सुजुकी उद्योग का

सवाल है, जापान की वर्तमान मंदी की स्थिति में वह भारत सरकार पर कोई दबाव डाल सकने की भी स्थिति में नहीं है। जापान में लगातार आर्थिक गिरावट दर्ज की गई है और पिछले साल इसके उत्पादन में 7 प्रतिशत गिरावट आई है। जापान में 24 वर्ष के बाद ऐसी गिरावट देखने में आई है। ऐसी स्थिति में मारुति उद्योग से हाथ खींच उत्पादन में और कटौती की बात सुजुकी नहीं सोच सकता, भले ही मारुति उद्योग के लिए उत्पादन की मात्रा सुजुकी के पूरे उद्योग के हिसाब से बहुत छोटी हो।

आज इस बात की निश्चित आशंका है कि विश्व बाजार से जुड़े रहने और विदेशी व्यापार एवं निवेश पर निर्भरता की अर्थनीति भारत को भी वैसे संकट में डाल सकती है, जैसा संकट आज पूरे पूर्वी एशिया पर मँडराता दिखाई देता है।

भाजपा सरकार की दिशाहीन नीतियों और इसके बजट का जो नकारात्मक प्रभाव देश की अर्थव्यवस्था पर पड़ा है, उसका कुछ अंदाज वित्त पर संसद की स्टैंडिंग कमेटी के अध्यक्ष मुरली देवड़ा द्वारा बजट पर बहस में संसद में दिए गए कुछ आँकड़ों से साफ स्पष्ट होता है। उनके अनुसार इसका बहुत ही नकारात्मक प्रभाव पूँजी बाजार पर पड़ा है। पाँच लाख दस हजार करोड़ रुपए के पूँजी बाजार में ग्यारह प्रतिशत गिरावट से निवेशकर्ताओं को पचपन हजार करोड़ रुपए का नुकसान हुआ है। डालर के मुकाबले रुपए के मूल्य में भारी गिरावट के चलते विदेशी निवेशकों का विश्वास डाँवाडोल होने का भी जिक्र उन्होंने किया है क्योंकि इस गिरावट के कारण अब उन्हें लगाई गई पूँजी पर मुनाफा के बजाय घाटा हो सकता है। दिलचस्प बात यह है कि मुरली देवड़ा काँग्रेस के सांसद हैं और उन्हीं की पार्टी ने वैश्वीकरण की नीति का सूत्रपात किया, जिसके कारण देश की अर्थव्यवस्था पूँजी बाजार पर पहले से अधिक निर्भर हो रही है। इससे विदेशी पूँजीनिवेशकों के मिजाज के हर चढ़ाव-उतार से पूँजी बाजार प्रभावित होता है। इसका प्रभाव फिर पूरी अर्थव्यवस्था पर पड़ता है।

पूर्वी एशिया का पूरा आर्थिक संकट पूँजी बाजार पर अत्यधिक निर्भरता और उसमें पैदा जलजला का परिणाम है। पूँजी बाजार के संकट का अर्थ होता है कि निवेशक अपनी पूँजी निकालने लगते हैं और इससे संबद्ध कल-कारखाने एवं योजनाएँ बंद होने लगती है। बैंक एवं कारखानों के बंद होने से बेरोजगारी पैदा होती है। इससे आय और क्रय शक्ति का ह्रास होता है और इसके प्रभाव से दूसरे कल-कारखाने बंद होने लगते हैं। इस तरह यह संकट फैलता जाता है। ऐसा ही संकट पिछले साल दक्षिण कोरिया और हांगकांग से लेकर मलेशिया, सिंगापुर, थाईलैंड और इंडोनेशिया तक फैल गया था। इंडोनेशिया में तो इससे ऐसा उथल-पुथल आया कि अंततोगत्वा जनरल सुहार्तो को सत्ता छोड़नी पड़ी। इसके बावजूद कि अंतर्राष्ट्रीय मुद्राकोष ने वहाँ की अर्थव्यवस्था को बचाने के लिए अपनी थैली खोल दी थी वहाँ की स्थिति में विशेष सुधार नहीं हुआ है। अब इस संकट ने जापान को अपनी चपेट में ले

लिया है जो अमेरिका के बाद दुनिया का नंबर दो का सबसे संपन्न देश माना जाता है। जापान की मुद्रा येन के मूल्य के डालर के मुकाबले लगातार गिरने से अब चीन भी दबाव महसूस करने लगा है। चीन ने जापान से अपनी आर्थिक व्यवस्था को दुरुस्त करने की अपील की है। चीन के द्वारा यह संभावना व्यक्त की जा रही है कि अपने निर्यात को बचाने के लिए उसे भी अपनी मुद्रा का अवमूल्यन करना पड़ सकता है। अगर ऐसा हुआ तो पूर्वी एशिया का संकट और भी गहराएगा। इसलिए आज की दुनिया में विश्व बाजार के साथ अपनी अर्थव्यवस्था को जोड़ना एक बड़ा जोखिम का काम है।

अगर भारत और चीन एशिया के शेयर बाजार में झंझावात का शिकार अब तक नहीं हुए हैं तो उसका बहुत बड़ा कारण यह है कि व्यापक स्तर पर अभी भी इन देशों का आर्थिक जीवन अंतर्मुखी है—यानी काफी हद तक लोगों का जीवन आत्मनिर्भर रहा है और आयात-निर्यात इनकी एक बहुत छोटी आबादी के जीवन को गहरे रूप से प्रभावित करता है। यह बात चीन के साथ विशेष तौर से लागू होती है। हालाँकि पिछले कुछ वर्षों से चीन ने विदेशी निवेश के लिए अपना दरवाजा बिल्कुल खोल दिया है और इसे आकर्षित करने के लिए हर तरह की सुविधाएँ मुहैया कर रहा है। इसका कारण यह है कि अपने क्रांतिकाल में और उसके बाद अर्थ-व्यवस्था के प्रसार के काल में चीन ने आत्मनिर्भर आर्थिक इकाइयों का एक व्यापक ताना-बाना तैयार कर लिया था। हालाँकि इसकी नई आर्थिक नीति के कारण वह व्यवस्था ढहने लगी है, फिर भी पूरब के तटीय एवं महानगरीय इलाकों के बाहर काफी लोग पिछली आर्थिक व्यवस्था से जीवन का आधार पाते हैं। अलबत्ता नए 'सुधारों' के कारण लगभग दस करोड़ चीनी ग्रामीण व्यवस्था से विस्थापित हो रोजगार की तलाश में भटकने लगे हैं। फिर भी सवा सौ करोड़ की आबादी में यह जनसंख्या दस प्रतिशत से भी कम है और अभी तक चीन की व्यवस्था किसी तरह इस विस्थापन को जज्ब कर रही है। संभवतः उसी तरह जैसे हमारे देश के ग्रामीण जीवन से उजड़े लोगों को हमारे नगरों की झुग्गी-झोंपड़ियों की अर्थव्यवस्था अपने भीतर पचा रही है।

लेकिन अंतर्राष्ट्रीय थपेड़ों को बर्दाश्त करने की हमारी क्षमता आज दबाव में है। आज जब बाहरी मंदी और प्रतिबंधों से देश को बचाने की इस क्षमता का महत्त्व उजागर हुआ है तो हमें इस क्षमता का विकास कर इसका पूरा फायदा उठाना चाहिए। इसके लिए अपनी आर्थिक नीति को ऐसी दिशा देनी चाहिए कि यह धीरे-धीरे विदेशी व्यापार पर निर्भरता से पूरी तरह मुक्त हो जाए। हमारा निर्यात उतना भर होना चाहिए जिससे जीवन के लिए नितांत आवश्यक वस्तुओं का आयात संभव हो सके। पेट्रोलियम पदार्थों का आयात तो बिल्कुल ही बंद कर देना चाहिए क्योंकि यह समाज के एक अत्यंत छोटे हिस्से की विलासिता को छोड़ कोई महत्त्व नहीं रखता और इस पर हमारे सीमित विदेशी मुद्रा का सबसे बड़ा हिस्सा खर्च होता है। पेट्रोलियम पदार्थों की

आवश्यक आपूर्ति के लिए हमारा अपना भंडार काफी है। बचे एवं सीमित आयात के लिए विदेशी मुद्रा का अर्जन तो कृषिजन्य वस्तुओं और पारंपरिक घरेलू उद्योगों में तैयार वस्तुओं के निर्यात से भी संभव होगा। आज भी ये ही हमारे निर्यात के महत्त्वपूर्ण भाग हैं।

जिस तरह का झटका उदारीकरण की अर्थनीति से एशिया के 'बाघ' कहे जाने वाले देशों की अर्थव्यवस्था को लगा है, और जिस तरह के दबाव भारत पर पड़ रहे हैं, उसके संदर्भ में स्वदेशी सिर्फ एक आकर्षक नारा नहीं रह गया है। आज देश के आर्थिक विकास और इसके स्वाभिमान की रक्षा के लिए स्वदेशी का ही एकमात्र मार्ग रह गया है। यह आवश्यक नहीं कि सरकार प्रतिबंधों और आयात पर ऊँची चुंगी के माध्यम से ही स्वदेशी को प्रोत्साहित करे—हालाँकि ऐसी नीति का भी एक महत्त्वपूर्ण हाथ स्वदेशी को प्रोत्साहित करने में रहेगा।

लेकिन विशेष महत्त्व की बात है लोगों में हर सरकारी और गैर-सरकारी माध्यमों से यह भाव भरना कि वह स्वदेशी वस्तुओं का ही इस्तेमाल करें। अगर देश की जनता संकल्प लेकर बहुराष्ट्रीय कंपनियों द्वारा निर्मित वस्तुओं का इस्तेमाल करना बंद कर दे तो बिना सरकारी पहल के भी इन विदेशी कंपनियों को अपना बोरिया-बिस्तर समेट देश से बाहर जाना पड़ेगा। इस दिशा में हमें स्वयं जापान से शिक्षा लेनी चाहिए। जापान के साथ अपने व्यापार में अमरीकी कंपनियों की समस्या सदा यह रही है कि जापानी जहाँ भी संभव था, अपने देश की कंपनियों का माल खरीदता था। अमेरिका के राष्ट्रपति रीगन के समय से ही जापान की सरकार पर यह दबाव रहा कि वह जापान में अमरीकी वस्तुओं की खरीदगी को प्रोत्साहित कर जापान के साथ व्यापार में होने वाले भारी अमरीकी घाटे को कम करे। इस दृष्टि से राष्ट्रपति बुश ने जापान में अपनी यात्रा के दौरान काफी प्रयास किया। लेकिन जापानी जनता के स्वदेशी प्रेम के सामने यह सब नाकामयाब हुआ। आज भारत की जनता में भी वैसा ही राष्ट्रीय स्वाभिमान जगाना जरूरी है, ताकि वे स्वदेशी वस्तुओं का व्यवहार कर अंतर्राष्ट्रीय जगत के आर्थिक भूचाल से अपने देश को बचा सकें।

पेट्रोलियम संकट का स्वदेशी हल

तेल पूल घाटे को पाटने के उपायों में चिर प्रतीक्षित पेट्रोलियम पदार्थों में कुछ की कीमतें बढ़ाई गईं। डीजल पर सर्वाधिक 1.80 रुपए प्रति लीटर और पेट्रोल पर सबसे कम महज 2 रुपया प्रति लीटर। यह सहज ही देखा जा सकता है कि डीजल की कीमत की बाढ़ से यातायात एवं अन्य कई क्षेत्रों में कीमतें बढ़ेंगी। नई कीमतों की घोषणा होते ही थोक वस्तुओं के मूल्यों के सूचकांक में गिरावट का क्रम खत्म हो गया और बढ़ोतरी दर्ज की गई। आगे कीमतों के और भी बढ़ने का अंदेशा है। कांग्रेस, कम्युनिस्ट पार्टी और मार्क्सवादी कम्युनिस्ट पार्टी सभी ने इसका विरोध किया। हालाँकि सभी सरकार की मूल नीतियों के समर्थक हैं।

कम्युनिस्ट पार्टी ने तो कहीं-कहीं प्रधानमंत्री इंद्र कुमार गुजराल की प्रतिमा का भी दहन किया जबकि इस पार्टी के मंत्री सरकार में शामिल हैं। जाहिर है कि यह सब दिखावा भर है। कीमतों की बाढ़ से पैदा जनता की नाराजगी से स्वयं को बचाने के लिए। यह दिलचस्प बात है कि कांग्रेस और कम्युनिस्ट पार्टी ने इसके बदले में क्या किया जा सकता है, इसका कोई सुझाव नहीं दिया।

उद्योगपतियों ने जरूर ईमानदारी बरती और मूल्य बढ़ाने का समर्थन किया। वे जानते हैं कि डीजल की कीमत की बाढ़ से जो उत्पादन खर्च बढ़ेगा, उसे वे बिना किसी कठिनाई के उपभोक्ताओं के मत्थे मढ़ देंगे। पेट्रोल की कीमत की बाढ़ बहुत मामूली है और इससे निजी वाहनों या हवाई जहाज यातायात पर नगण्य प्रभाव पड़ेगा जो एक संपन्न वर्ग के लिए कोई महत्त्व नहीं रखता। मार्क्सवादी कम्युनिस्ट पार्टी की ओर से सीताराम येचूरी ने जरूर कुछ वैकल्पिक नीतियाँ सुझाई हैं।

लेकिन सीताराम येचूरी के सुझाव में भी ऐसा कुछ नहीं है, जिससे यह अनुमान हो कि देश के सामने जो असली ऊर्जा संकट है, उसका एहसास माकपा को है। उनके सुझाव के दो ही बिंदु मुख्य हैं। एक तो यह कि पेट्रोलियम पदार्थों की कीमतों को बढ़ाने की बजाय तेल पूल घाटे की पूर्ति आम बजट से हो। मुद्रा प्रसार पर इसका प्रभाव कैसे नहीं होगा, यह इससे जाहिर नहीं होता। भविष्य के लिए उनका सुझाव यह है कि पेट्रोलियम के आयात को कम करने के लिए देश में उपलब्ध पेट्रोलियम

निकालने का काम तेज किया जाए और इस दिशा में पूँजी निवेश बढ़ाया जाए, लेकिन इस सुझाव में तटवर्ती छिछले समुद्र से तेल निकालने के लिए भारी खर्च की पूँजी कहाँ से आएगी, यह स्पष्ट नहीं किया गया है, जो एक बड़ा प्रश्न है।

पर असली समस्या जिसे अनदेखा किया गया है, वह इस हकीकत से पैदा होती है कि हमारा पेट्रोलियम भंडार हमारी बढ़ती हुई खपत के हिसाब से नगण्य है। इस बात को हमें इस संदर्भ में भी देखना है कि दरअसल सारे संसार के पेट्रोलियम भंडार पेट्रोलियम की मौजूदा खपत को देखते हुए महज दो से तीन दशक तक चलने वाला है। इस पृष्ठभूमि में हमें इस बुनियादी सवाल पर विचार करना है कि पेट्रोलियम पदार्थों पर ऊर्जा के लिए निर्भरता को बढ़ाने की हमारी नीति क्या हमें अंधी गली में ले जाने वाली नहीं है। हमारा रेल परिवहन जो पहले कोयला और भाप के इंजनों पर आधारित था अब उत्तरोत्तर डीजल पर अधिक निर्भर हो रहा है। फिलहाल रेलों में काम आने वाली ऊर्जा के खर्च का 40 प्रतिशत से अधिक डीजल पर होता है। खेती में दिनोंदिन डीजल से चलने वाले ट्रैक्टरों पर निर्भरता बढ़ती जा रही है। बिजली उत्पादन में एवं अन्य तरह के कारखानों में भी डीजल की भूमिका बढ़ाई जा रही है।

तात्कालिक रूप से यह सुझाव दिया जा सकता है कि जहाँ तक संभव हो ऊर्जा के लिए हम फिर कोयला की दिशा में बढ़ें जिसका भंडार देश में मध्यम दर्जे का है। कोयले से बिजली उत्पादन और फिर इससे रेल परिवहन को बिना गति घटाए चालू रखा जा सकता है। अभी तक ठीक उलटी प्रक्रिया चलाई जा रही है। ऊर्जा के क्षेत्र में भी बिजली के नए संयंत्रों को डीजल या आयातित प्राकृतिक गैस पर निर्भर बनाने की कोशिश हो रही है। ताजा उदाहरण महाराष्ट्र की एनरॉन परियोजना है जो आयातित गैस से बिजली पैदा करेगी। लेकिन कोयला भी एक खत्म होने वाला खनिज है जो ऊर्जा की बढ़ती खपत से जल्दी ही खत्म हो जाएगा। इसलिए हमें चिरकाल तक उपलब्ध रह सके, ऐसे ही ऊर्जा स्रोतों की तलाश करनी होगी।

इन स्रोतों की तलाश के संदर्भ में हमें अपनी पूरी आर्थिक सामाजिक संरचना को नए सिरे से ढालने पर भी विचार करना होगा। प्रधानमंत्री इंद्र कुमार गुजराल के बयान से ऐसा लगता है कि वे परमाणु ऊर्जा के विकास में इस समस्या का समाधान देखते हैं। लेकिन वे इस बात को नजरअंदाज कर देते हैं कि इससे पैदा विकिरण के संभावित खतरों का आज तक समाधान नहीं हो पाया है। पूर्व सोवियत यूनियन के चेरनोबिल परमाणु संयंत्र की भीषण दुर्घटना के बाद समस्या के इस पहलू को नजरअंदाज करना गंभीर गैर-जवाबदेही है। रासायनिक प्रदूषण एवं नाभिकीय ऊर्जा से विकिरण से पैदा होने वाली पर्यावरण की समस्या को ध्यान में रखकर ही अब हमें नए अपरंपरागत ऊर्जा स्रोतों की तलाश करनी होगी।

जीवाश्म ईंधन के स्रोत चूंकि तेजी से खत्म हो रहे हैं, हमारी मजबूरी है कि हम ऐसे ऊर्जा स्रोतों की ओर मुड़ें जो चिरकाल तक उपलब्ध हों और जिनका नवीकरण

होता रहे। वैसे गैरपारंपरिक ऊर्जा स्रोतों की चर्चा तो सरकारी क्षेत्रों में भी बराबर होती है, लेकिन इस पर जो निवेश की मात्रा होती है उस पर विचार करने से लगता है कि यह सब नए विचारों को ध्यान में रखते हुए औपचारिकता भर ही है। जहाँ अकेले पेट्रोलियम पदार्थों के आयात पर सालाना बीस हजार करोड़ रु. से अधिक खर्च होता है, वहाँ गैरपारंपरिक ऊर्जा स्रोतों के विकास पर मात्र सौ दो सौ करोड़ रुपए का निवेश होता है।

गैरपारंपरिक ऊर्जा में सौर ऊर्जा, पवन ऊर्जा, उद्भिज ऊर्जा, जल स्रोतों की ऊर्जा आदि तुरंत ध्यान में आती हैं। इन स्रोतों से ऊर्जा लगभग सदा उपलब्ध होने वाली होती है लेकिन इनका उपयोग हवाई जहाज जैसे वाहनों के लिए या तेज रफ्तार वाली मोटरगाड़ियों आदि के लिए उस क्षमता के साथ नहीं हो सकता, जैसा पेट्रोलियम पदार्थों से होता है। दूसरा ये स्रोत अधिकतम क्षमता हासिल करने के लिए विकेंद्रित व्यवस्थाओं में अधिक उपयुक्त है। पवन चक्की या सूर्य के प्रकाश से विद्युत निर्माण करने वाली सौर पट्टियाँ या सौर भट्ठी एवं चूल्हे स्थानीय तौर पर ही सबसे अधिक उपयोगी होंगे। लेकिन केंद्रित रूप से इस ऊर्जा का उपयोग अत्यंत ही खर्चीला पड़ेगा। इस कारण ये महानगरों को ऊर्जा उपलब्ध कराने या भारी कल कारखानों को चलाने के लिए उपयुक्त नहीं होंगे।

लेकिन केंद्रित ऊर्जा उपकरणों के विपरीत तर्क ऊर्जा विशेषज्ञों का यह तथ्य प्रस्तुत करना है कि विशाल ऊर्जा उत्पादित करने वाले उपकरणों से प्राप्त ऊर्जा के वितरण पर ऊर्जा पर होने वाले संपूर्ण खर्च का दो तिहाई से अधिक खर्च होता है। इस दृष्टि से लघु एवं स्थानीय ऊर्जा स्रोत कम खर्चीले होंगे। इस तरह इन वैकल्पिक ऊर्जा स्रोतों का विकेंद्रित होना कमजोरी तभी लगेगी जब हम यह मानकर चलें कि अति केंद्रित औद्योगिक और नगरीय व्यवस्थाएँ मानव अस्तित्व की आदर्श स्थितियाँ हैं। ऐसा मानने का कोई कारण नहीं। असल में वर्तमान समाज में अति केंद्रियता ही एक बड़ी समस्या बन गई है।

विकसित औद्योगिक देशों में भी प्रदूषण एवं ट्राफिक जाम की समस्याएँ बढ़ती जा रही हैं। अमेरिका के विशाल नगरों के केंद्रीय भागों की बदहाली हो रही है और वे अपराधों के केंद्र बन गए हैं। संपन्न लोग शहर छोड़कर दूर उपनगरों में बसने लगे हैं। इस समस्या से निजात पाने के अनेक सुझाव सामने आ रहे हैं। लेकिन बड़े प्रतिष्ठानों के केंद्रीय ताने-बाने में उत्पादन और वितरण की व्यवस्था में रोजगार भी बड़े नगरों में ही सिमट रहे हैं और लोग दूर-दराज गाँवों को छोड़ नगरों की ओर पलायन कर रहे हैं। विकेंद्रित लघु ऊर्जा स्रोतों के प्रसार से गाँवों और छोटे शहरों में लघु उद्योगों का जाल बिछा लोगों को उनके गाँव और परिवार के पास रोजगार दिए जा सकते हैं। इससे एक साथ ऊर्जा के अभाव और महानगरों के नियंत्रित फैलाव दोनों समस्याओं का हल निकाला जा सकता है।

सबसे आश्चर्य की बात तो यह है कि गाँवों के इस देश में गाँवों में फैले विशाल ऊर्जा के स्रोत पशुओं की ऊर्जा के विकास पर कोई ध्यान नहीं दिया जाता जबकि स्वयं गाँवों में ईंधन की समस्या दिनोंदिन विकराल होती जा रही है। एल.पी.जी. सिलिंडरों को लोगों तक पहुँचाने पर भारी खर्च हो रहा है। जबकि इसके लिए पेट्रोलियम पर निर्भरता बढ़ती है। लेकिन गोबर गैस प्लांट लगाने की ओर किसी का ध्यान नहीं जाता। बैल की एक जोड़ी और एक या दो गाय या भैंस से प्राप्त गोबर गैस से एक परिवार को ईंधन और प्रकाश दोनों उपलब्ध हो सकते हैं। हल की खेती को प्रोत्साहित कर छोटे, मझोले और बड़े सभी किसानों के लिए ईंधन और प्रकाश की व्यवस्था बिना अतिरिक्त खर्च के हो सकेगी। इसके लिए देशी नस्ल की गायों को फिर प्रोत्साहित करना होगा, जिसके बछड़े हल और गाड़ी खींचने के लिए अधिक उपयुक्त होते हैं। जर्सी या फ्रिजियन गायों को अतिरिक्त मवेशी के रूप में या सिर्फ दूध का कारोबार करने वाले लोगों के लिए सीमित करना ही सार्थक होगा।

हमारे पास न तो अरब देशों की तरह पेट्रोलियम का विशाल भंडार है और न जी-5 के देशों की तरह संसार भर के संसाधनों को मनमाने ढंग से प्राप्त करने की आर्थिक क्षमता। इसलिए हम अपना विकास इन देशों की तर्ज पर नहीं कर सकते। हमें परंपरागत रूप से उपलब्ध अपने संसाधनों को ध्यान में रखकर संरचनात्मक पुनर्गठन की नीति बनानी होगी।

हम तेल के गुलाम क्यों

एक बार फिर पेट्रोलियम उत्पादों की कीमतें बढ़ने का कारण यह बताया गया है कि दुनिया के पेट्रोलियम बाजार में कीमतों की बेतहाशा वृद्धि हुई है। इधर कुछ वर्षों के भीतर कच्चे तेल की कीमत 11 डॉलर प्रति बैरल से 36 डॉलर प्रति बैरल हो गई है, इस तथ्य से इनकार नहीं किया जा सकता। लेकिन यह पूछा जाना चाहिए कि क्या पेट्रोलियम उत्पादों पर हमारी निर्भरता इतनी अनिवार्य है कि देश को कोई भी कीमत चुकाने के लिए तैयार रहना चाहिए। दरअसल भारत में पेट्रोलियम पर निर्भरता पश्चिमी देशों की देखादेखी ठाठ-बाट की जिंदगी को प्रोत्साहित करने का परिणाम है। यह जानते हुए भी कि हमारा अपना पेट्रोलियम भंडार अत्यंत सीमित है, ऊर्जा के लिए पेट्रोलियम उत्पादों पर निर्भरता लगातार बढ़ाई गई है।

औद्योगिक संयंत्रों और यातायात में तो यह निर्भरता बिल्कुल अकारण बढ़ाई गई। कोयले के इंजनों की जगह रेलगाड़ियों के लिए डीजल इंजनों का आयात या फिर निर्माण किया गया। ढुलाई के काम में भी रेलगाड़ियों की जगह मोटर वाहनों को बढ़ावा दिया गया जो अधिक खर्चीले होते हैं। मोटरकारों और भारी ट्रकों के लिए चारों ओर राजमार्गों के निर्माण पर बेतहाशा खर्च किया जा रहा है। इसी तरह, खेती में तरह-तरह की सुविधाएँ देकर किसानों को बैल या ऊँट की जगह ट्रैक्टर से जुताई और दँवरी करने को प्रोत्साहित किया गया। सबसे बढ़ कर तो लोगों को मोटरकारों, मोटर साइकिलों और स्कूटरों का आदी बनाया गया, जिन पर बेतहाशा पेट्रोल खर्च होता है। इतना ही नहीं, हवाई यातायात को अंतर्राष्ट्रीय और राष्ट्रीय स्तर पर फैलाने को प्राथमिकता दी गई। मोटरगाड़ियों के निर्माण को प्रोत्साहन देने के लिए उदारीकरण की नीति के तहत दुनिया भर के महत्त्वपूर्ण कार निर्माताओं के लिए दरवाजे खोल दिए गए जो आज बड़े पैमाने पर भारत में कार या दूसरे मोटर वाहन तैयार करने में लगे हैं। इससे भी बढ़ कर विदेशी कारों पर फिदा संपन्न भारतीयों की सुविधा के लिए विदेशों से सेकेंड हैंड गाड़ियों के आयात पर भी कर की विशेष छूट दी गई।

यह सब तब किया गया जब देश के नीति निर्धारकों को इस बात का पता

था कि हमारे अपने पेट्रोलियम के स्रोत सीमित हैं और घरेलू उत्पादन एक सीमा के ऊपर बढ़ाया नहीं जा सकता। तेल तो कारखाने में निर्मित होने वाली वस्तु है नहीं, जिसकी मात्रा जरूरत के अनुसार बढ़ाई जा सके। यह तो जमीन में गड़ा कभी का संचित खजाना है जिसे हम खर्च कर खाली करते जा रहे हैं। संयोग से यह गड़ा खजाना पश्चिम एशिया, रूस, वेनेजुएला, उत्तर सागर और अमेरिका में ही ज्यादा है। जब हम इस बुनियादी हकीकत को नजरअंदाज कर पेट्रोलियम पर निर्भरता बढ़ाते हैं तो जानबूझकर अपने लिए मुसीबत खड़ी करते हैं। जब हम तेल या कोयले के उत्पादन की बढ़ोतरी पर हर्ष जाहिर करते हैं तो हमारा व्यवहार कुछ वैसा ही होता है जैसा पुरखों द्वारा संचित धन को कोई बिगड़ी हुई संतान गुलछर्रे उड़ाने में बरबाद कर वाहवाही लूटती है।

इस हकीकत की रोशनी में ही यह बात समझ में आएगी कि जिस संकट का सामना हम आज कर रहे हैं वह सिर्फ हमारा संकट नहीं सारे संसार का संकट है। जी-7 के संपन्न देशों के वित्तमंत्रियों ने यह घोषणा की है कि वे 'ओपेक' (तेल उत्पादक देशों का समूह) पर दबाव डालेंगे कि वह उत्पादन बढ़ाकर तेल की कीमत को कम करे। लेकिन यह संकट दरअसल ओपेक का भी संकट है। अब ओपेक के सदस्य भी समझने लगे हैं कि उनका तेल का खजाना बड़ा जरूर है लेकिन सीमित है और जब तक चल रहा है इसकी ज्यादा से ज्यादा कीमत वे उत्पादन को कम करके ही प्राप्त कर सकते हैं। एक बार खजाना खाली हो गया तो वे बिलकुल कंगाल हो जाएँगे क्योंकि पश्चिम एशिया के कुछ देशों में तो यह आय का एकमात्र स्रोत है। ओपेक की त्रासदी यह है कि तेल की जो कीमत होती है उसमें तेल से प्राप्त रॉयल्टी का अनुपात तेल की कीमत में काफी कम होता है और ज्यादा हिस्सा तेल उत्पादक और शोधक कंपनियों को मिलता है जो ज्यादातर अमेरिकी, ब्रिटिश या नेदरलैंड की हैं। ये कंपनियाँ दुनिया की सबसे संपन्न बहुराष्ट्रीय कंपनियों में हैं। अमेरिका का अपना तेल का गड़ा खजाना भी बहुत बड़ा है लेकिन फिलहाल वह अपने गड़े खजाने को तेजी से खाली करने की बजाय आयातित तेल का भारी भंडार जमा करके ही रखता है।

तेल की कीमतों की बाढ़ को हम बाजार के आपूर्ति और खपत के आम नियम की रोशनी में नहीं समझ सकते, हालाँकि कभी-कभी इस नियम से भी प्रभावित होता है। फिलहाल तेल उत्पादन को बढ़ाने का जो आग्रह ओपेक से किया जा रहा है उसके पीछे यही धारणा है कि आपूर्ति बढ़ाकर तेल का दाम घटाया जा सकता है। लेकिन एक बुनियादी कारण है जिससे तेल की कीमत दिनोंदिन बढ़ती ही जाएगी और हम इसकी कीमत में तात्कालिक गिरावट से कोई स्थायी राहत नहीं महसूस

कर सकेंगे। खनिज तेल या कोयला आदमी के लिए उपयोगी इसलिए होता है कि इसके खनन पर जितनी ऊर्जा की खपत होती है उससे कहीं अधिक ऊर्जा इससे प्राप्त होती है। खनन पर ऊर्जा की खपत और इससे प्राप्त ऊर्जा का फर्क खनन का शुद्ध लाभ होता है। इससे यह निष्कर्ष भी निकलता है कि खनन पर आनुपातिक खर्च जितना बढ़ेगा उससे लाभ भी उतना ही कम होगा।

यह एक आम अनुभव है कि पेट्रोलियम या कोयला प्राप्त करने में किसी दूसरे खनिज की तरह ही प्रारंभिक स्थिति की तुलना में बाद में इन्हें प्राप्त करने में ऊर्जा और अन्य उपक्रमों पर खर्च बढ़ जाता है। इसका कारण आसानी से समझा जा सकता है और वह यह है कि प्रारंभ में किसी भी खनिज को प्राप्त करने के लिए उन स्रोतों की तलाश होती है जिन पर लागत कम से कम हो। जब ये कम लागत वाले स्रोत खत्म हो जाते हैं तो ऐसे स्रोतों पर हाथ लगाया जाता है जहाँ अपेक्षतया अधिक लागत आती है। यह एक आम नियम सा है। तेल उत्पादन पर भी यही बात लागू होती है। धीरे-धीरे नए स्रोतों पर लागत बढ़ती जाती है और शुद्ध रूप में तेल की कीमत बढ़ती है। यह बात दीगर है कि कहीं अचानक किसी नए स्रोत के मिल जाने पर इस पर लागत बहुत कम हो। लेकिन औसतन किसी भी समय पहले की अपेक्षा तेल के उत्पादन पर लागत अधिक आएगी। ऐसा अनुमान है कि अगले दो-तीन दशक के बाद संसार भर में तेल का खजाना लगभग खाली हो जाएगा।

इसलिए संसार के सभी देशों और विशेषकर भारत जैसे देश के लिए समझदारी का रास्ता यही है कि अपने विकास और रहन-सहन में तेल पर निर्भरता को घटाते-घटाते समाप्त कर दें ताकि भविष्य में घोर आर्थिक संकट का शिकार न होना पड़े। सवाल है कि पेट्रोलियम की ऊर्जा का विकल्प क्या है। कोयले को गैस में परिवर्तित कर एक हद तक तेल के अभाव की पूर्ति हो सकती है, पर कोयले का भंडार भी तेल की तरह ही सीमित है। तेल खत्म होने पर कोयले की खपत तेजी से बढ़ेगी और इसका भंडार भी जल्दी ही चुक जाएगा। जब हम भविष्य के लिए योजना बनाते हैं तो हमारी दृष्टि दशकों की नहीं, शताब्दियों और सहस्राब्दियों की होनी चाहिए। पचास के दशक के बाद से परमाणु ऊर्जा को एक विकल्प के रूप में पेश किया जा रहा था। लेकिन इसमें विकिरणयुक्त कचरों से सुरक्षित रूप से निपटने के खर्च पर विचार करने से यह अत्यधिक खर्चीला साबित होता है। इसके अलावा जैसा चेर्नोबिल विस्फोट से जाहिर हो गया, सभी परमाणु बिजली घर टिक-टिक करते परमाणु बम हैं जिन्हें दुर्घटनाओं की आशंकाओं से सदा बचाया नहीं जा सकता। इसलिए हमें ऊर्जा के पारंपरिक स्रोतों की तरफ मुड़ना होगा जिन्हें फिलहाल गैर-पारंपरिक स्रोत कहा जाता है। ये स्रोत हैं सूरज की रोशनी, हवा, जलस्रोत, पशुओं की ऊर्जा

और गोबर और उद्भिजों से प्राप्त ऊर्जा।

इन पारंपरिक स्रोतों की विशेषता यह है कि व्यावहारिक अर्थ में ये कभी खत्म होने वाले नहीं हैं और कुछ प्रारंभिक उपक्रमों पर खर्च को छोड़ इनसे ऊर्जा प्राप्त करने में किसी अतिरिक्त ऊर्जा को खर्च करने की जरूरत नहीं होती। दरअसल सूरज तो जीवाश्म ईंधन और दूसरी सभी तरह की ऊर्जा का स्रोत है और इसकी ऊर्जा अरबों वर्ष तक उपलब्ध होने वाली है। इसी से जल वाष्प बनकर वर्षा देता है और पर्वतों पर बर्फ जमाता है जो झरनों और नदियों का स्रोत है। इनसे पनचक्की चलती है और पनबिजली प्राप्त होती है। सूरज के ताप से ही हवा चलती है जिससे पवन चक्की चलाई जाती है। सूरज का ताप ही धरती पर वनस्पतियों को उगाता है जिससे कीड़े से लेकर मांसाहारी जीवों तक को आहार-चक्र यानी फूड चेन से पोषण और ऊर्जा प्राप्त होती है। यानी पतिंगे घास खाते हैं, पतिंगों को मेढक, छिपकलियाँ आदि और फिर इन्हें पक्षी या साँप; फिर इसी तरह घास से गाय-घोड़े आदि भोजन पाते हैं और फिर इनसे मांसभक्षी जीव या मनुष्य भोजन और ऊर्जा ग्रहण करते हैं। पशुओं की ऊर्जा से हम अनेक उपयोगी काम लेते हैं। पशुओं की ऊर्जा का सबसे विलक्षण गुण यह है कि उनके जीवन के लिए आवश्यक ऊर्जा ही मनुष्यों के काम भी आती है। उनके जीवन वृत्त से ऊर्जा तो प्राप्त होती है, पदार्थों का भी संरक्षण होता है। बैल घास-भूसा खाता है और गोबर देता है जिससे ईंधन और प्रकाश के लिए गैस प्राप्त की जाती है और फिर इसे एक उत्तम खाद के रूप में प्रयोग कर धरती से प्राप्त तत्त्वों की काफी कुछ भरपाई हो जाती है।

यह सवाल उठ सकता है कि अगर ये पारंपरिक ऊर्जा स्रोत हर दृष्टि से इतने श्रेष्ठ हैं तो हमारे इंजीनियर, अर्थशास्त्री और राजनेता क्षरणशील और प्रदूषण फैलाने वाले ख़र्चीले ऊर्जा स्रोतों की ओर क्यों मुड़ते हैं। इसका सबसे बड़ा कारण यह है कि औद्योगीकरण की जिस पृष्ठभूमि में इन ऊर्जा स्रोतों की ओर आदमी मुड़ा उसमें त्वरण, तीव्रता, उत्तेजना और विशालता जीवन की सफलता के मानक बन गए थे। कोयला और पेट्रोलियम के प्रयोग से ये चीजें ज्यादा उपलब्ध हो जाती हैं। अब आदमी इन ऊर्जा स्रोतों पर आधारित मशीनों और वाहनों का इतना आदी हो गया है कि इनकी गिरफ्त से निकलना मुश्किल पाता है। इसके साथ यह भ्रम भी जुड़ा हुआ है कि मनुष्य प्रकृति की शक्तियों पर विजय पाकर उनकी सवारी कर रहा है। वह इतना आत्ममुग्ध हो गया है कि प्रकृति की विविध छवियों के बीच उनका आस्वाद करता धीरे-धीरे चलना नहीं चाहता। प्रयाग शुक्ल के अर्थ में वह कुछ 'देखता' नहीं।

मगर आज जो सीमाएँ इन ऊर्जा स्रोतों के प्रयोगों के सामने आ रही हैं उन्हें ध्यान में रख मनुष्य को अपनी जीवन दृष्टि में परिवर्तन करना ही होगा। यह मानवीय

जीवन कायम रखने की नई मजबूरी बन रही है। यह मजबूरी सारी दुनिया की है और सारी दुनिया को जीवन की रफ्तार धीमी करनी होगी और जीवन के आदर्श बदलने होंगे। लेकिन भारत के सामने तो तत्काल यह जीवन-मरण की समस्या बन गई है। तेल की हमारी खपत और विश्व बाजार में तेल की कीमत में बढ़ोतरी का सिलसिला अगर चलता रहा तो कुछ ही वर्ष में तेल आयात पर हमारा खर्च लाख करोड़ रुपया सालाना को पार कर जाएगा। इस भार को वहन करने की क्षमता हमारी अर्थव्यवस्था में नहीं है। इसलिए यह विवाद अर्थहीन है कि उपभोक्ताओं पर तेल की कीमत के बोझ को कैसे कम किया जाए। चाहे यह राज्य सरकार के टैक्स में कटौती हो, चाहे तेल के आयात पर कर कम करके, चाहे पेट्रोलियम बांड जारी करके—हर हालत में बोझ देश की अर्थव्यवस्था पर ही पड़ता है। आज कीमतों में उछाल एक चेतावनी है। भविष्य के संकट में फँसने की बजाय हमें आज ही अपनी रफ्तार को कम करना होगा और विश्व बाजार की बजाय स्थानीय व्यापारिक रिश्तों तक यथासंभव सीमित रहने का आदी बनना पड़ेगा।

भुखमरी में राहत का खेल

आज से आधी शताब्दी पहले तक मजदूरों का एक अंतर्राष्ट्रीय गाना प्रचलन में था। इसकी कुछ पंक्तियाँ इस तरह थीं : 'तामीरे हैं खैरातें हैं और तीरथ-हज भी होते हैं/यों खून के धब्बे दामन से ये दौलत वाले धोते हैं/ हम दान के टुकड़े खाएँ क्यों/सारा संसार हमारा है।' यह संसार की अति सरलीकृत, पर बुनियादी तौर से सही तस्वीर प्रस्तुत करता था जिसमें दुनिया अल्पसंख्यक अमीरों और बहुसंख्य गरीबों में बँटी थी। इसमें अमीर शोषण के पाप से मुक्त होने के लिए गरीबों को खैरात या दान देते थे। दान के प्रति हिकारत जताते हुए इसमें मजदूरों का संसार पर अपना हक कायम करने का आह्वान था। आधी शताब्दी के बाद आज भी दुनिया पहले की तरह ही थोड़े से अमीरों और भारी संख्या में गरीबों के बीच बँटी हुई है। फर्क यह है कि अमीर कहीं अधिक अमीर हो गए हैं और गरीब कहीं अधिक गरीब।

इस तथ्य के गवाह स्वयं संयुक्त राष्ट्र संघ की विविध एजेंसियाँ और विश्व व्यापार संगठन के अध्ययन हैं। लेकिन नजरिए में एक बहुत बड़ा बदलाव दुनिया भर में आया है। अब भुखमरी से उबरने के लिए समाज व्यवस्था में बदलाव की बात नहीं सोची जाती, राहत कार्यों (रिलीफ) की बात ही सोची जाती है। प्रायः अर्थशास्त्री भी जिनमें नोबेल पुरस्कार विजेता भी हैं, इस व्यवस्था को कबूल कर राहत कार्यों में ही समस्या का समाधान ढूँढ़ते हैं। यह बात भी एक अटल सत्य सी कबूल कर ली जाती है कि अच्छी-खासी संख्या में लोग बेरोजगार रहेंगे ही, लेकिन उनके लिए कुछ 'डोल' (यानी परवरिश) की व्यवस्था कर दी जाएगी। यानी जिस 'दान' के प्रति हिकारत थी, वह जीवन की सामान्य स्थिति मान ली गई है।

देश के विभिन्न हिस्सों में भूख से मौत की खबरों के बीच जब सर्वोच्च न्यायालय ने सरकार से इस सवाल पर रपट तलब की तो जो बातें चर्चा में आईं वे इस मानसिकता पर काफी प्रकाश डालती हैं। इस बात पर अचरज जाहिर किया जाने लगा कि जब सरकारी गोदामों में छह करोड़ टन अनाज उपलब्ध है तब लोग भूखों क्यों मर रहे हैं। ज्यादातर लोग इस बुनियादी तथ्य से अनभिज्ञ लगते हैं कि भूख से मौत का कारण प्रायः समाज या देश में अन्न की कमी नहीं होता, बल्कि रोजगार और आय

का अभाव होता है। पैसा न होने पर कोई लुटेरा ही खाने के लिए अनाज का गोदाम लूटने की कोशिश करेगा। हालाँकि कुछ लोगों का तर्क है भी कि भूखों मरने से अच्छा है कि अन्न लूट कर पेट भरा जाए। लेकिन व्यवस्थाएँ हर जगह अपने गोदामों की सुरक्षा के लिए पर्याप्त इंतजाम रखती हैं।

आम तौर पर जो उपाय सुझाया जा रहा है वह यह है कि सरकार या दूसरी देशी या विदेशी संस्थाएँ भूखे मरते लोगों को किसी तरह भोजन मुहैया कराएँ। ये सुझाव अत्यंत हास्यास्पद हैं और वैसे सदाशयी लोगों द्वारा सुझाए जाते हैं जिन्हें इस देश के आम लोगों की स्थायी बदहाली की कोई जानकारी नहीं। ओडीशा में आम की जहरीली गुठली खा लेने से अचानक कई लोगों की एक साथ मौत हो जाने पर तत्काल बात सुर्खियों में आ गई और लोगों को यह जानने का मौका मिला कि अन्न का अभाव था। हकीकत यह है कि देश के ज्यादातर अंचलों में, विशेषकर बिहार, ओडीशा, झारखंड आदि में सभी जगह और विशेषकर ग्रामीण क्षेत्रों में आबादी का एक बड़ा हिस्सा लगातार आहार, अल्पाहार और निराहार की स्थितियों के बीच डोलता रहता है। इसका कारण यह नहीं है कि गाँवों में अन्न का अभाव है—कुछ दूर-दराज सूखा या बाढ़ग्रस्त क्षेत्रों में जहाँ फसलें मारी गई हों, तात्कालिक रूप से ऐसी स्थिति भी पैदा होती है—बल्कि कारण यह है कि लोगों को कोई रोजगार नहीं जिससे अपनी जरूरतों की पूर्ति के लिए आय हासिल करें।

आज बिहार, ओडीशा, पूर्वी उत्तर प्रदेश आदि से लोग झुंड के झुंड दिल्ली, पंजाब, हरियाणा, मुम्बई, गुजरात और मौतघर बने कश्मीर तक में जाते हैं तो सिर्फ इसलिए कि उनके पास-पड़ोस में काम का कोई जुगाड़ नहीं है। ये प्रवासी मजदूर किसी बड़ी आय की तलाश में नहीं जाते जिससे संपन्न बन जाएँ। सिर्फ किसी तरह अपने और अपने परिवार के लिए दो जून रोटी का जुगाड़ कर सकने के लिए जाते हैं। प्रायः बाहर भी काम की स्थिति अच्छी नहीं होती और इनमें काफी लोग बीमारी लेकर घर आते हैं और धीरे-धीरे असमय मर जाते हैं। बढ़ती आबादी और प्रदूषण से महानगरों को बचाने का प्रयास इन गरीब लोगों को नगर से निकालने की दिशा में होता है और लाखों लोगों को नगर से बाहर भूखों मरने के लिए ढकेल दिया जाता है। बिहार के गाँवों में अब चारों ओर यक्ष्मा की बीमारी तेजी से फैल रही है और इसका सीधा कारण कुपोषण है। ऐसे लोग जब मरते हैं तो विशेषज्ञों की निगाह में यह भुखमरी नहीं होती। इसलिए देश में दिखाई देने वाली, और कहीं बड़ी संख्या में होने वाली अदृश्य भुखमरी का एकमात्र इलाज है हर हाथ को काम देना। जिन देशों में संपन्नता है अगर उनमें अन्न की उपज नहीं होती तो दुनिया में जहाँ भी उपलब्ध हो वहाँ से अन्न मँगा कर लोगों को यथेष्ट भोजन दिया जाता है।

सभी लोगों को रोजगार देने के लिए रोजगार की व्यवस्था वहाँ होनी चाहिए जहाँ लोग रहते हैं। आज इसके ठीक उलट रोजगार के अवसर कुछ औद्योगिक नगरों और महानगरों में पैदा किए जाते हैं और अपेक्षा की जाती है कि चारों ओर से लोग रोजगार के लिए इन केंद्रों पर आएँ। एक बार ऐसे केंद्रों के अस्तित्व में आ जाने के बाद इनमें एक अंतर्निहित दबाव होता है फैलते जाने का। इससे यहीं रोजगार के नए अवसर पैदा होते हैं। जैसे-जैसे इन केंद्रों की आबादी बढ़ती है, इनकी जरूरतों की पूर्ति के लिए नई सेवाओं और नए उद्योगों का विकास इसी के इर्दगिर्द होता है। विस्तार की यह कुंडली (स्पाइरल) नियंत्रण से बाहर होकर लगातार फैलती जाती है। नतीजा हम दिल्ली जैसे महानगरों के अतिशय फैलाव में देखते हैं। इससे गंदगी, प्रदूषण और बीमारियों से जीवन असह्य बन जाता है। दूसरी ओर, गाँवों से स्वस्थ लोगों को इन्हीं केंद्रों की ओर काम की तलाश में भागना पड़ता है। यह पश्चिमी औद्योगीकरण की मान्य पद्धति रही है। इससे उद्योगपतियों को इकट्ठा इन्फ्रास्ट्रक्चर, कुशल और अकुशल श्रमिक और एक हद तक बाजार सभी एक जगह उपलब्ध हो जाते हैं। उद्योगपतियों के खर्च की इस बचत का खमियाजा समाज को भुगतना पड़ता है। पश्चिमी देशों में इस विकास पद्धति से गाँव खाली हो गए हैं और आबादी छोटे शहरों, नगरों और महानगरों में सिमट गई है।

भारत की विशाल जनसंख्या और पूँजी के अभाव को देखते हुए इस तरह के विकास से करोड़ों बेरोजगार लोगों को काम देने की बात तो सोची भी नहीं जा सकती। लोगों को काम देने के लिए हमें उद्यम वहाँ शुरू करना होगा जहाँ लोग रहते हैं—यानी भारत के फैले लाखों गाँवों में। ये अनिवार्य रूप से छोटी पूँजी और मध्यम दर्जे की तकनीक पर आधारित होंगे जिन्हें स्थानीय रूप से विकसित किया जा सकता है। यहीं पर सरकारी गोदामों में पड़े करोड़ों टन अनाज की भूमिका महत्त्वपूर्ण हो जाती है। यह अनाज देश की अर्थव्यवस्था पर आज की तरह बोझ और सड़न से बर्बाद होने वाली निधि की बजाय जीवन को संचालित करने का माध्यम बन सकता है, जो अन्न का असली मर्म और धर्म है। मोटा-मोटी तौर पर इस अनाज से छह करोड़ परिवारों में प्रत्येक से एक व्यक्ति को छह महीने के लिए छह किलो प्रतिदिन के हिसाब से अन्न दे उत्पादन के विविध क्षेत्रों में काम पर लगाया जा सकता है। छह करोड़ परिवारों का अर्थ हुआ देश की लगभग एक तिहाई आबादी, जो यहाँ की दरिद्रतम आबादी है और गरीबी रेखा के नीचे रहती है और भुखमरी और कुपोषण का शिकार होती है। छह महीने के काम का अर्थ हुआ लगभग ऐसे सभी गरीब लोगों को पूर्ण रोजगार, जो आज यदा-कदा अनियमित रूप से काम पाते हैं।

इस श्रम का इस्तेमाल बाँध और नहर निर्माण पर, पानी निकासी की योजनाओं पर, सड़क निर्माण, भूक्षरण से ऊसर होती भूमि के संरक्षण और गाँवों में स्कूल, अस्पताल या दूसरे सामूहिक उपयोग के भवनों के निर्माण पर हो सकता है। ऐसे कामों पर लगने से इसका व्यापक असर (मल्टीप्लायर इफेक्ट) अन्य उद्यमों के विकास पर होगा। इन परिवारों की आय में नाटकीय इजाफे से लोग अब तक निलंबित अनेक दूसरी आवश्यकताओं की पूर्ति के लिए भी खरीददारी करेंगे और इससे लोगों की आम आवश्यकता की पूर्ति करने वाली वस्तुओं की माँग अचानक बेहद बढ़ जाएगी। विश्व बाजार से बँधने से पैदा आज की मंदी का जैसा रुदन हमारे अर्थनीति निर्माताओं में दिखाई देता है, उसका मौका ही नहीं आएगा। आज हम अपने हस्त उद्योगों के उत्पादन के लिए विदेशी बाजार के मोहताज हैं। ऐसे उद्योगों की वस्तुओं के लिए देश के भीतर ही विशाल बाजार उपलब्ध होगा। हम जिन वस्तुओं को—मसलन सिले कपड़ों को—विदेशी ग्राहकों की जरूरत और पसंद के हिसाब से बनाते हैं उन्हें देश के भीतर के ग्राहकों के हिसाब से बनाना होगा। यह कहा जा सकता है कि इससे विदेशी मुद्रा नहीं प्राप्त होगी। लेकिन विदेशी मुद्रा की हमारी आवश्यकता इसलिए ज्यादा है चूँकि आज हमारी पूरी जीवन पद्धति एक छोटे से समृद्ध वर्ग की जरूरतों के इर्दगिर्द घूमती है। फिलहाल हम सालाना लगभग अस्सी हजार करोड़ रुपए पेट्रोलियम और इससे निर्मित वस्तुओं के आयात पर खर्च करते हैं। इसका बड़ा हिस्सा हवाई यातायात और मोटर वाहनों पर खर्च होता है। इसका फायदा मूलतः ऊपर के एक छोटे वर्ग को ही होता है। इस पर भारी कटौती की गुंजाइश है। औद्योगिक विकेंद्रीकरण से राष्ट्रव्यापी और नगरों के भीतर के परिवहन पर भी भारी कटौती संभव होगी। यह पूरी प्रक्रिया औद्योगिक केंद्रीकरण की जगह औद्योगिक विकेंद्रीकरण की होगी।

यह सवाल पूछा जा सकता है कि अगर इस समस्या का समाधान इतना सहज है तो इस दिशा में प्रयास क्यों नहीं किए जाते? इसका मुख्य कारण यह है कि हमारी सारी अर्थव्यवस्था सिर के बल खड़ी है। योजनाओं की पहल दिल्ली से, और थोड़ा-बहुत राज्यों की राजधानियों से की जाती है। योजनाकारों और केंद्र और राज्य सरकारों पर वैसे लक्ष्यों को हासिल करने का दबाव बना रहता है जिससे बड़े प्रतिष्ठानों का हित जुड़ा होता है। इसमें कुछ सरकारी क्षेत्र में आते हैं। इससे भी बड़ा दबाव बड़े व्यापारी और औद्योगिक प्रतिष्ठानों का बनता है जो मीडिया पर भी छाए रहते हैं। इसमें प्राथमिकता रहती है हवाई सेवाओं, राष्ट्रीय राजमार्गों, अत्याधुनिक उद्योगों आदि के विकास की। लक्ष्य होता है बहुराष्ट्रीय कंपनियों के स्तर की तकनीक हासिल करने का, जो संपन्न देशों की आवश्यकता के दबाव में विकसित हुई हैं। इसी से ऐसी तुगलकी योजनाएँ अस्तित्व में आती हैं जिनमें गाँव में भूखों मर रहे लोगों को रोटी दिलाने के बदले गाँव-गाँव में टेलीफोन और इंटरनेट लगाने को प्राथमिकता रहती है।

वैश्वीकरण के दबाव में वे ही तकनीक टिक पाती हैं जो अत्याधुनिक, कंप्यूटरीकृत और स्वचालित हों और कम से कम लोगों को काम पर लगाएँ। इस प्रक्रिया में पिछले दो-तीन साल में दुनिया की विशाल बहुराष्ट्रीय कंपनियों के विलय होने और इकाइयों के बंद होने से लाखों मजदूर बेरोजगार हो गए हैं। इस प्रतिस्पर्धा में भारतीय उद्योगों के टिक पाने का सवाल ही नहीं पैदा होता। यहाँ के उद्योगों को नष्ट करने के लिए संपन्न औद्योगिक देश विश्व व्यापार संगठन और अंतर्राष्ट्रीय मुद्रा कोष आदि के माध्यम से लगातार यह दबाव बनाए रखते हैं कि प्रतिस्पर्धा को पूरी तरह निर्बाध कर दिया जाए। जबकि दुनिया भर में औद्योगिक विकास का इतिहास बतलाता है कि उद्योग-धंधों के क्षेत्र में प्रवेश ढूँढ़ने वाले देशों ने सदा अपने उद्योगों को संरक्षण देकर ही आगे बढ़ाया है। यह सीधी-सी बात भी हमारे अर्थशास्त्रियों और शासकों की समझ में नहीं आती। हाल के वर्षों की इस हकीकत से भी वे कुछ सीखना नहीं चाहते कि उदारीकरण के आने के बाद से गरीब और अमीर देशों के बीच की खाई चौड़ी हुई है और दरिद्रतर देशों की संख्या बढ़ती गई है। वे सिर्फ उन थोड़े से बड़े उद्योगपतियों के दबाव में नीतियाँ बनाते हैं जिन्हें उदारीकरण से अपने विशेष क्षेत्रों में दूसरे देशों में थोड़ा बहुत प्रवेश मिल जाता है। पूरे देश के पैमाने पर यह बरबादी का रास्ता है।

(ङ) भूमंडलीकरण से पैदा विकृतियाँ

विकास से जुड़े जमीर के सवाल

अभी तक हमारे विकास के संबंध में जो भी चर्चाएँ होती रही हैं, वे आर्थिक दृष्टि से इसकी संभावनाओं को लेकर ही। यानी चर्चा विभिन्न व्यवस्थाओं की उत्पादन की दृष्टि से उपयुक्तता को लेकर हुई है। विवाद रहा है समाजवादी, उन्मुक्त पूँजीवादी एवं मिश्रित व्यवस्थाओं के बीच चयन को लेकर। लेकिन जो विकास हो रहा है, उसके मानवीय पक्ष को सदा नजरअंदाज किया जाता रहा है।

यह लगभग अटल सत्य की तरह मान लिया गया है कि विकास की एक ही संभव दिशा है—वह दिशा जो पश्चिमी औद्योगिकीकरण की रही है। क़िसी व्यवस्था की उपयुक्तता सिर्फ इस बात से आँकी जाती है कि वह व्यवस्था प्रचलित ढंग के औद्योगिक विकास को अधिकतम सक्षमता उपलब्ध करा सकती है या नहीं। इस सक्षमता के कुछ सर्वमान्य मानक मान लिए गए हैं। ये मानक हैं उत्तरोत्तर मानव श्रम और मस्तिष्क की जगह मशीनों और कंप्यूटरों का प्रयोग तथा बाजार की प्रतिस्पर्धा में आगे निकलने की क्षमता। लक्ष्य है ज्यादा से ज्यादा उपभोग की वस्तुओं का ईजाद और उनका बृहद् पैमाने पर उत्पादन। स्वाभाविक है कि इसके लिए विशाल मात्रा में संसाधन के रूप में कच्चे माल और ऊर्जा की जरूरत हो। यहीं पर एक सीमा लगने लगती है।

एक बात जो हम अक्सर भूल जाते हैं, वह यह है कि मनुष्य भौतिक पदार्थों का जनक नहीं होता वह इनका रूपांतरण भर कर सकता है, ठीक उसी तरह जैसे प्राणी जगत और वनस्पति जगत के जीवाणु, पशु या पेड़-पौधे करते हैं। पेड़-पौधे जमीन से रासायनिक तत्त्वों को ग्रहण कर इन्हें पत्ते, फूल और फल के रूप में बदल देते हैं। हवा से कार्बन डाईऑक्साइड लेकर सेल्यूलोज और ऑक्सीजन में बदल देते हैं। मधुमक्खियाँ फूलों का रस ले शहद बनाती हैं और अत्यंत ही जटिल छत्ते का निर्माण करती हैं जो ज्यामितीय और उपयोग की दृष्टि से मनुष्य की आधुनिकतम

स्थापत्य के लिए चुनौती साबित होते हैं। मकड़े के जाल की खूबसूरती अपने-आप में विलक्षण है और इसकी बारीकी और मजबूती मनुष्य द्वारा निर्मित अब तक के बारीक से बारीक धागे से श्रेष्ठ साबित हुई है। इन जालों को मकड़े प्राप्त पोषक तत्त्वों को बदल अपने भीतर से पैदा करते हैं।

लेकिन पदार्थ के ऊपर बतलाए गए रूपांतरण और मनुष्य के वर्तमान औद्योगिक विकास के क्रम में होने वाले रूपांतरण में एक बुनियादी फर्क है। अन्य प्राणियों या वनस्पतियों द्वारा किए जाने वाले रूपांतरण का एक ऐसा चक्र होता है जिससे पारिस्थितिकीय संतुलन बना रहता है। जब भी किसी एक दिशा में रूपांतरण की अति होती है और रूपांतरण के लिए उपलब्ध संसाधनों का ह्रास होता है, तो पारिस्थितिकीय असंतुलन से रूपांतरण नियंत्रित हो जाता है और फिर संतुलन कायम हो जाता है। जहाँ ऐसा नहीं हो पाता, प्राणियों का जीवन संकटग्रस्त हो जाता है और उनका विनाश हो जाता है। हमारी त्रासदी यह है कि आधुनिक मनुष्य ने इस रूपांतरण को ऐसी गति और दिशा दे दी है जिससे रूपांतरित होने वाले संसाधनों का त्वरित एवं अपूरणीय क्षय अनिवार्य होता है।

प्राचीन प्रस्तर युग तक जब मनुष्य का जीवन प्रकृति के समीप था और प्राकृतिक स्थितियों द्वारा नियंत्रित होता था, मनुष्य और प्रकृति के बीच बहुत कुछ अन्य जीवों जैसी ही पारस्परिकता रही और संतुलन कायम रहा। लेकिन फिर नव-प्रस्तर युग से यह संतुलन बिगड़ने लगा। फिर भी कुछ राजे-महाराजे और कुलीनों को छोड़ बाकी लोगों के उपभोग सीमित थे तथा परंपरा एवं धर्म की मान्यताएँ एक सीमा के बाद प्रकृति के खिलाफ अतिक्रमण पर रोक लगाती थीं। लेकिन पश्चिमी दुनिया में पंद्रहवीं शताब्दी से अंतर्राष्ट्रीय व्यापार और लूट-खसोट का जो सिलसिला चला, और अट्ठारहवीं शताब्दी से जिसकी परिणति औद्योगिक क्रांति में हुई, उसने प्रकृति और इतर मनुष्यों के खिलाफ एक निर्बाध आक्रामकता को जन्म दिया है।

यही वह आधार है जिस पर इन औद्योगिक सभ्यता की चमत्कारी उपलब्धियाँ होती हैं। प्रशंसा भरे स्वर में कार्ल मार्क्स ने इन्हीं के विषय में लिखा कि इन उपलब्धियों के सामने चीन की दीवार या पिरामिड जैसी मानव की प्राचीन उपलब्धियाँ नगण्य लगती हैं।

उस समय औद्योगीकरण ने पश्चिमी दुनिया के जीवन को इतना गहरे रूप से प्रभावित किया था कि वहाँ के पूँजीवादी और समाजवादी दोनों ही तरह के विचारकों के लिए यह औद्योगिक विकास ही समाज का गंतव्य निर्धारित करने वाला दिखाई देता था। इस औद्योगिक सभ्यता का नशा इतना व्यापक था कि जब महात्मा गाँधी ने इसको 'शैतानी सभ्यता' कहा तो उनके अत्यंत नजदीकी प्रशंसक और अनुयायी भी सकते में आ गए। लेकिन गाँधीजी अपनी गहन अनुभूति के आधार पर जिस नतीजे पर पहुँचे थे, उस नतीजे पर तथ्यों के आधार पर कोई भी पहुँच सकता है

अगर वह 'आधुनिकता' का धंधा करने वाला चश्मा उतारकर हकीकत को देखे।

यह हकीकत क्या है? औद्योगिक वस्तुओं के विशाल मात्रा में उत्पादन के लिए उसी अनुपात में विशाल मात्रा में संसाधन चाहिए और संसाधनों को रूपांतरित करने के लिए मानव श्रम या अन्य तरह की ऊर्जा। संसाधनों में कृषिजन्य वस्तुएँ—खाद्य पदार्थों के अलावा गन्ना, कपास, पटसन, चाय, कहवा आदि जंगल की लकड़ियाँ, विभिन्न तरह के खनिज और सबसे महत्त्वपूर्ण ऊर्जा के स्रोत कोयला, पेट्रोलियम आदि और फिर बड़ी संख्या में श्रमिक आते हैं। औद्योगीकरण का इतिहास इन वस्तुओं की उपलब्धि के लिए तमाम गैर-यूरोपीय लोगों की प्राकृतिक संपदा की लूट और उनके ऊपर अमानवीय जुल्मों का इतिहास रहा है।

अमेरिका, जिसके नाम से आधुनिकता की चाहत वाले लोगों की आँखों में चमक आ जाती है कैसे बना? यह बना है शुरू में अमेरिका के मूल निवासियों को उनकी पारंपरिक भूमि से वंचित कर, उनके संसाधनों पर गोरे लोगों के कब्जा करने की प्रक्रिया की परिणति से, जो आज से पाँच सौ साल पहले शुरू हुई। इस प्रक्रिया में यहाँ के मूल निवासी दूर-दराज जंगलों और पहाड़ों में खदेड़ दिए गए और उनकी उपजाऊ भूमि पर गोरे लोगों का कब्जा हुआ। भारी संख्या में अमरीकी महादेशों के मूल निवासी यूरोप वासियों द्वारा लाई गई बीमारियों से मर गए। अनेक दूसरे लोग जीवन पर लदी नई कठिनाइयों के शिकार हुए।

यह अंदाज लगाया जाता है कि यूरोपीय लोगों के आने के पहले उत्तरी और दक्षिणी अमेरिका के मूल निवासियों की संख्या बीस करोड़ थी जो अब घटकर दस करोड़ रह गई है। जब वहाँ के विशाल भू-भाग पर कपास और गन्ने की खेती के लिए मानव श्रम की जरूरत हुई और अमरीकी मूल निवासी इसके लिए अनुपयुक्त साबित हुए तो अफ्रीका के रंगीन लोगों पर यूरोपीय लोगों का आक्रमण शुरू हुआ। दो सौ वर्षों में वहाँ से करोड़ों लोगों को जबर्दस्ती बंदी बना जहाज पर लादकर अमेरिका भेजा गया। इनमें आधे लोग बंदी जीवन की यातनाओं से रास्ते में ही मर जाते थे। ये गुलाम बनाए गए रंगीन लोग अमेरिका के फार्मों पर सस्ता श्रम उपलब्ध कराते थे जिससे ब्रिटेन के सूती मिलों को कपास और पूरी पश्चिमी दुनिया को चीनी, तम्बाकू, कहवा आदि उपलब्ध होते थे।

इसी तरह की लूट-खसोट भारत, आस्ट्रेलिया, चीन, कोरिया, इंडोनेशिया, मलेशिया और पूरे अफ्रीका महादेश में पिछले चार सौ वर्षों से चालू रही है जिससे यूरोप, अमेरिका और कालांतर में जापान की औद्योगिक समृद्धि बनी है। इस प्रक्रिया में इन देशों के निवासियों को अनेकों यातनाएँ झेलनी पड़ीं। युद्ध, लूट-खसोट और अकालों का सामना करना पड़ा। आस्ट्रेलिया के मूल निवासी तो अब लुप्त होने की स्थिति में आ गए हैं।

हिटलर ने जब साठ लाख यहूदियों और अन्य 'निम्न कोटि' के मनुष्यों की

हत्या कराई तो दुनिया स्तब्ध रह गई। लेकिन पश्चिमी औद्योगिक विकास की यात्रा का ऐसा प्रभाव है कि इस विकास की वेदी पर जो इससे अनेकों गुना अधिक लोगों की बलि चढ़ाई गई, उससे हमारी अंतरात्मा आहत नहीं होती। लेकिन थोड़ा विचार करने से हम पाएँगे कि हिटलर का 'लैबेन्सराऊम' (रहने की जगह), जिसकी तलाश में उसने द्वितीय विश्वयुद्ध दुनिया पर लाद दिया था और कुछ नहीं जर्मनी के लिए यथेष्ट औद्योगिक क्षेत्र के विस्तार की ही माँग थी जो स्थापित औद्योगिक साम्राज्यवादी राष्ट्रों द्वारा बाधित हो रही थी।

चाहे उन्मुक्त बाजार के नाम पर हो चाहे गैट या विश्व व्यापार संगठन के नाम पर, आज औद्योगिक देशों का आपसी और बाकी दुनिया से सारा विवाद दुनिया के संसाधनों पर नियंत्रण के लिए ही है। और इस विस्तार में संलग्न शक्तियों के लिए वैसे समूहों की हस्ती के लिए कोई स्थान नहीं है, जो उनके विस्तार में बाधा बनते हों। वे जो 'विकास' की इस दौड़ में पिछड़ गए हैं या इससे बाहर रहे हैं सहज ही रौंद दिए जाते हैं। उनका गुनाह इतना ही है कि वे रौंदने वाले नहीं हैं एवं अलग-थलग शांतिपूर्ण जीवन बिताते चले आए हैं या बिताना चाहते हैं।

वर्तमान औद्योगिक विकास के चरित्र पर विचार करने के संदर्भ में हम स्वयं अपनी विकास नीति पर नजर दौड़ाए बगैर नहीं रह सकते। यह हमें अपने अंदर ही झाँकने को विवश करता है। अभी देश के विभिन्न भागों में विशेषकर उन भागों में, जहाँ जनजातियाँ अपनी परंपरागत जीवन-पद्धति कायम रखे हुए हैं—उठ रहे विद्रोह के स्वर क्या हमने जो विकास पद्धति अपनायी है उसके प्रतिफल हैं? यह विचारणीय प्रश्न है। कारण कई हो सकते हैं। लेकिन यह निश्चित है कि वर्तमान औद्योगिक विकास ने अपने प्रसार में उनके जीवन के पारम्परिक आधार से उन्हें वंचित कर दिया है और इस तरह उनकी जीवन-पद्धति को नष्ट किया है।

जैसे चींटियों की बांबी को छेड़ने से उनमें बिखराव और आक्रामकता आती है वैसा ही मानव समूहों की जीवन-पद्धति को छेड़ने से भी पैदा होना अनिवार्य है। यहाँ यह राष्ट्रीय जमीर का सवाल बन जाता है। क्या हम विदेशी शक्तियों की तरह ऐसे समूहों के स्वाभाविक प्रतिरोध को कुचलकर औद्योगिक ढाँचा खड़ा करेंगे या औद्योगिक विकास की ऐसी नीति अपनाएँगे जो उनकी जीवन-पद्धति के साथ संगति बैठा सके? वे हमारे अपने राष्ट्र के नागरिक हैं। क्या उनकी भावना और सुरक्षा को नजरअंदाज कर हम राष्ट्रीय गौरव को कायम रख सकेंगे? यहाँ हमें महात्मा गाँधी ने जिसे शैतानी सभ्यता कहा था उस सभ्यता में और एक मानवीय सभ्यता के बीच चुनाव करना होगा।

कुछ ठोस उदाहरणों से स्थिति साफ होगी। फिलहाल बड़े बाँधों के निर्माण, खनिज निकालने, औद्योगिक प्रतिष्ठान बनाने या प्रूफ रेंज बनाने के क्रम में बड़ी संख्या में लोगों का विस्थापन हो रहा है। चूँकि वन प्रदेश और पर्वतीय प्रदेश में

ही आदिवासियों का निवास स्थान होता है, इन विस्थापनों के शिकार प्रायः वे ही होते हैं। चूँकि वे समाज की तथाकथित मुख्यधारा से बाहर पड़ते हैं उनकी बातें अक्सर सुनी नहीं जातीं। वे कूड़े के ढेर की तरह हटाकर एक जगह से दूसरी जगह डाल दिए जाते हैं। मध्य प्रदेश में जहाँ देश का सबसे बड़ा जनजातीय क्षेत्र आता है, ऐसे अनेकों उदाहरण हैं और हर जगह आदिवासियों की व्यथा-कथा सुनाई पड़ती है।

देश इन लोगों के प्रति इतना संवेदनशून्य होता जा रहा है कि वन्य पशुओं की चिंता तो सरकारें दिखलाती हैं लेकिन वनवासियों के जीवन की कोई चिंता दिखाई नहीं देती। बाघ तथा अन्य पशुओं के लिए देश में जगह-जगह अभयारण्य बनाए जा रहे हैं। कारण बतलाया जाता है कि इन पशुओं का अस्तित्व खतरे में है। इन पशुओं के लिए बड़े वन प्रदेशों को सुरक्षित छोड़ा जा रहा है ताकि वे निर्बाध और सुरक्षित रह शिकार कर अपनी संख्या बढ़ा सकें। दूसरी ओर देश के अनेक आदिवासी समूह हैं जो नष्ट होने के कगार पर हैं कुछ उदाहरण बिहार के बीरहोर एवं पहाड़िया तथा तमिलनाडु के टोडा। इसके अलावा बड़ी संख्या में आदिवासी विस्थापित हो अपने परिवेश से पलायन कर महानगरों की मिश्रित और कंगाल भीड़ में विलीन हो रहे हैं। इनकी रक्षा के लिए इनके पारंपरिक परिवेश को बचाने का कोई भी प्रयास नहीं होता।

विडंबना यह है कि जहाँ वन्य पशुओं और वन में निवास करने वाले आदिवासियों के हितों में टकराहट होती है, पलड़ा वन पशुओं का ही भारी पड़ता है। ऐसा ही एक विवाद अभी हाल में सतपुड़ा राष्ट्रीय उद्यान और वन्य क्षेत्र के आदिवासियों के बीच शुरू हुआ है जो तवा जलाशय से मछली मार आजीविका प्राप्त करते हैं। हाल में उन्हें उनकी आजीविका से यह कहकर वंचित करने का प्रयास हो रहा है कि मत्स्य क्षेत्र राष्ट्रीय उद्यान के दायरे में आता है और इसलिए इसमें मछली नहीं मारी जा सकती। लेकिन असल में चिंता वन पशुओं की कम है। आधुनिक विकास का एक आयाम पर्यटक उद्योग है जिसके लिए अभयारण्य विदेशी पर्यटकों के आकर्षण का केंद्र बन जाते हैं। इसलिए आदिवासियों की आजीविका पर प्रहार शुद्ध रूप से व्यापारिक हित में हो रहा है।

अँग्रेजी में एक कहावत है 'शैतान का नाम लो और वह सामने है' हमने ऊपर चर्चा शैतानी सभ्यता की की और अंदर झाँका तो यह सभ्यता हमारे अपने जंगलों और जमीन पर पसरती नजर आती है। क्या हम समय रहते सँभल पाएँगे?

चीन की शांतिमय प्रतिक्रांत

चीन को प्रतिक्रांति से जोड़ना चौंकाने वाला लगेगा। चीन की छवि भारत और सारे संसार में क्रांति के केंद्र की रही है। जिसे लोग राष्ट्रीय क्रांति, किसान क्रांति, कम्युनिस्ट क्रांति, और सांस्कृतिक क्रांति की भूमि के ही रूप में देखने के आदी हैं। लेकिन अविश्वसनीय लगने वाली हकीकत यही है कि प्रतिक्रांति की धूमहीन ज्वाला ने बिना शोर-शराबा या विस्फोटक अवरोधों के चीन को अपनी लपटों में समेट लिया है। इस कायापलट की झलक चीनी कम्युनिस्ट पार्टी के उदीयमान नेता और उप-प्रधानमंत्री झू के हाल की कुछ घोषणाओं से मिलती है।

गत सितंबर महीने में विश्व बैंक एवं अंतर्राष्ट्रीय मुद्राकोष की हांगकांग में हुई बैठक को संबोधित करते हुए उन्होंने कहा कि पिछले बीस वर्ष की खुलेपन की नीति ने चीन को अत्यधिक लाभ पहुँचाया है, और इससे चीन को विश्व की आर्थिक व्यवस्था के साथ अपने को समेकित करने में काफी सहायता मिली है, ध्यान में रखने की बात है कि यह जागतिक व्यवस्था उन्मुक्त पूँजीवादी व्यवस्था ही है, जिसमें कुछ समृद्ध पूँजीवादी देशों की बहुराष्ट्रीय कंपनियों का वर्चस्व है।

हांगकांग में ही झू ने यह दिलचस्प घोषणा की कि चीन एक राष्ट्र और दो अर्थव्यवस्थाओं (एक पूँजीवादी और दूसरी समाजवादी) को चलाने का अनोखा प्रयोग कर रहा है। उन्होंने यह जानकारी भी दी कि निवेश के वातावरण में सुधार से चीन में 280 अरब डालर (लगभग दस लाख करोड़ रुपए) का विदेशी पूँजी निवेश हुआ है, जिसमें लगभग दो-तिहाई प्रत्यक्ष विदेशी पूँजी निवेश है।

चीन के फैलते हुए निजी क्षेत्र में बड़ी मात्रा में अप्रवासी चीनियों का निवेश है। साथ-साथ बड़ी मात्रा में जापान, अमेरिका, जर्मनी आदि देशों की कंपनियों का भी निवेश है। चीन से आने वाले पर्यटक विस्मय से इस बात की जानकारी देते हैं कि चीनी अपने यहाँ स्थापित विदेशी प्रतिष्ठानों, बैंकों एवं होटलों आदि को बड़े उल्लास से विज्ञापित करते हैं। शांघाई, बीजिंग आदि महानगरों में ऐसे प्रतिष्ठानों की भरमार बतलायी जाती है। चारों ओर देशी और विदेशी निजी क्षेत्र का विस्तार हो रहा है। निजी क्षेत्र का यह विस्तार अद्यतन मशीनरी आदि के क्षेत्रों में आवश्यकता

के दबाव में ही नहीं हो रहा है, बल्कि बड़े पैमाने पर उपभोग एवं विलासिता की वस्तुओं के उत्पादन के क्षेत्र एवं सेवा क्षेत्र में हो रहा है। पिज्जा, पेप्सी, कोका इन सबका अनियंत्रित प्रसार हो रहा है।

सितंबर के मध्य में संपन्न अपनी 15वीं कांग्रेस में चीनी कम्युनिस्ट पार्टी ने बिना लाग-लपेट के निजीकरण की तरफ उन्मुख अपनी नीति की घोषणा की। यह स्पष्ट रूप से कहा गया कि वैसे सरकारी प्रतिष्ठान जो घाटे में चल रहे हैं मरने के लिए छोड़ दिए जाएँगे। यह अनुमान किया जा रहा है कि सरकारी क्षेत्र के साढ़े तीन हजार बड़े प्रतिष्ठानों में लगभग एक हजार बंद हो चुके हैं। इससे भारी मात्रा में बेरोजगारी की समस्या पैदा हो गई है। बी.बी.सी. के एक प्रसारण में बतलाया गया कि कम्युनिस्ट पार्टी की 15वीं कांग्रेस के काल तक एक अनुमान के अनुसार 13 करोड़ किसान खेती छोड़ रोजगार की तलाश में शहरों में आ चुके थे। इससे बेरोजगारी की समस्या और भी गहराएगी इसकी संभावना है।

चीन के विदेश व्यापार मंत्री सु ची अमेरिका पर इस बात का जोर दे रही हैं कि वह चीन को सर्वाधिक सुविधा प्राप्त राष्ट्र की कोटि में स्थायी रूप से रखे। यह भी दबाव डाल रही हैं कि वह चीन को विश्व व्यापार संगठन में प्रवेश दिलाने की दिशा में प्रयास करे। विश्व व्यापार संगठन में शामिल होने की यह बेचैनी ही चीन की बदली मानसिकता का सबसे बड़ा प्रमाण है। जबकि दुनिया भर की प्रगतिशील शक्तियाँ गैट संधि की शर्तों का विरोध करती रही हैं और उससे निकले विश्व व्यापार संगठन को संपन्न पूँजीवादी देशों का हित साधक मानती रही हैं, चीन की इसमें शामिल होने की बेचैनी चीन की बदली स्थिति को भलिभाँति दर्शाती है।

चीनी राष्ट्रपति जियांग जेमिन की अमेरिका यात्रा का उद्देश्य भी इन बिंदुओं पर अमेरिका और चीन के बीच उठे विवादों को समाप्त करना ही है। कुल मिलाकर चीन न सिर्फ अपना दरवाजा विदेशी पूँजी के लिए खोल रहा है बल्कि पूँजीवादी राष्ट्रों की विशिष्ट बिरादरी में शामिल होने की पूरी तैयारी कर चुका है। इसका अर्थ यह नहीं कि चीन का विवाद अमेरिका, जापान का दुनिया के अन्य समृद्ध पूँजीवादी देशों से खत्म हो गया है वह विवाद बना हुआ है और बना रहेगा।

लेकिन यह विवाद महाशक्तियों का अपना वर्चस्व बनाए रखने का विवाद है, कोई सैद्धांतिक विवाद नहीं। अमेरिका और पश्चिमी यूरोप के देशों का रुख भी चीन की तरफ काफी सौहार्दपूर्ण हो गया है। इसका एक ही कारण है। तेजी से विकास कर रही चीन की अर्थव्यवस्था जो लगभग नौ प्रतिशत सालाना दर से बढ़ रही है। अपने खुलेपन की नीति के कारण इन देशों के उद्योगों को एक विशाल बाजार प्रदान कर उन्हें आर्थिक मंदी से उबार रही है। इसीलिए ये देश चीन के मानवाधिकार के उल्लंघन की नीतियों को नजरअंदाज करते आए हैं।

चीन का क्रांति की दिशा में चढ़ाव और फिर प्रतिक्रांतिकारी उतार में अद्भुत

सममिति है। 1930 से चढ़ाव और फिर 1975 से लगातार उतार। चीन में विदेशी शक्तियों का पूरा वर्चस्व 1839-42 में ब्रिटेन के साथ हुए अफीम युद्ध के बाद कायम हुआ। इस युद्ध के बाद विजयी ब्रिटेन ने चीन के कई महत्त्वपूर्ण बंदरगाहों और नगरों में अपना अधिकार जमा लिया और चीन को यह शर्त मानने को मजबूर किया कि इन नगरों में रहने वाले ब्रिटिश नागरिकों पर मुकदमा अँग्रेजी अदालतों में ही चलाया जा सकता है। बाद में दूसरी साम्राज्यवादी शक्तियों ने भी यह दावा पेश किया और चीन को अलग-अलग देशों के प्रभाव क्षेत्र में बाँट दिया गया। 1894-95 के चीन-जापान युद्ध के बाद तो पूरे चीन पर विदेशी शक्तियों का नियंत्रण हो गया। 19वीं शताब्दी के अंतिम वर्षों में हुए असफल बॉक्सर विद्रोह को छोड़ कोई बड़ी बगावत विदेशी शक्तियों के खिलाफ नहीं हुई। प्रथम विश्व युद्ध के खत्म होते-होते चीन पूरी तरह जापान समेत अन्य साम्राज्यवादी शक्तियों के हाथ में आ गया था। यह साम्राज्यवादी प्रभुत्व का चरम बिंदु था। इसके बाद 1919 के 4 मई के छात्र विद्रोह से क्रांतिकारी चढ़ाव का काल शुरू होता है। इसी के बाद सनयात सेन की राष्ट्रवादी पार्टी कॉमिंगतांग अस्तित्व में आई। उनके नेतृत्व में चीन के एकीकरण का अभियान शुरू हुआ। इसी काल में कम्युनिस्ट पार्टी अस्तित्व में आई और प्रारंभिक सहयोग के बाद च्यांगकाई शेक का कॉमिंगतांग का नेता होने के बाद इससे संघर्ष शुरू हुआ।

क्रांतिकारी आंदोलन अपने निर्णायक दौर में 1930 में पहुँचा जब माओ के नेतृत्व में कियांगसी प्रांत में कम्युनिस्टों ने अपनी हुकूमत कायम की। इसके बाद प्रारंभ हुए लंबे अभियान में, जो 1948 में सफल हुआ, न सिर्फ जापान से मुक्ति मिली बल्कि अमेरिका द्वारा समर्थित च्यांगकाई शेक को भी पराजित हो चीन छोड़ना पड़ा और ताइवान में शरण लेनी पड़ी। लेकिन यह अभियान सिर्फ विदेशियों के राजनीतिक वर्चस्व के खिलाफ ही नहीं था। इस क्रांतिकारी दौर में चीन की पूरी सामाजिक और आर्थिक-व्यवस्था बदल गई। किसानों ने भू-स्वामियों से जमीन ले आपस में बाँट ली। गाँव-गाँव में छोटे उद्योगों का जाल बिछ गया और आत्मनिर्भर ग्रामीण व्यवस्थाएँ अस्तित्व में आईं। शहरों के बड़े उद्योग-धंधों पर सरकार ने नियंत्रण कायम कर लिया। विदेशी शक्तियों की पूरी तरह विदाई हो गई।

इसके बाद माओ ने गाँवों के बड़े समूहों को कम्युन व्यवस्था में शामिल करने की कोशिश की, जिसमें कृषि एवं उद्योग दोनों एक नियोजित एवं पारस्परिक समर्थन के आधार पर संगठित किए गए। एक बड़ी उपलब्धि थी बेरोजगारी का खात्मा, भले ही लोगों की आय ऊँची नहीं रही हो। यह सब परिवर्तन कम्युनिस्ट पार्टी और लाल सेना केंद्रित नियंत्रण में हो रहे थे। इतने विशाल देश में ऐसी केंद्रित व्यवस्था का अनिवार्य परिणाम हुआ पार्टी में एक विशाल सुविधा संपन्न नौकरशाही का अस्तित्व में आना। इस स्थिति से उबरने के लिए माओ ने अपना सांस्कृतिक क्रांति का अभियान शुरू किया। इस अभियान में खूनी संघर्ष और उथल-पुथल तो बहुत हुआ, लेकिन

सफलता संदिग्ध रही। यही क्रांतिकारी उपलब्धियों का चरम बिंदु था। माओ की मृत्यु के थोड़े दिन बाद से ही कम्युनिस्ट पार्टी के झंडे तले ही नई आर्थिक नीति की शुरुआत हुई, जिसके तहत विदेशी पूँजी को आमंत्रित किया जाने लगा और निजी क्षेत्र को प्रोत्साहित। 20 वर्ष के भीतर इसने चीन की पूरी व्यवस्था को बदल दिया है।

अब चीन में वे सारी समस्याएँ दिखाई देने लगी हैं, जिनका सामना सभी पिछड़ी पूँजीवादी एवं मिश्रित व्यवस्थाओं को करना पड़ता है। सरकारी समर्थन बिना खुली प्रतियोगिता में नहीं टिक पाने से अनेकों उद्योग बंद होने लगे हैं। इससे नगरों में बेरोजगारी बढ़ने लगी है। दूसरी ओर पारंपरिक खेती में लगे किसानों में इस बात से असंतोष है कि दूसरे लोगों की तुलना में उनकी स्थिति खराब हो रही है। कुछ फल-फूल आदि अधिक आय देने वाली खेती की ओर मुड़ रहे हैं। इसमें निजी उद्यम को बढ़ावा देने की सरकारी नीति से बल मिल रहा है।

लेकिन बड़ी संख्या में किसान खेती छोड़ दूसरे रोजगार की तलाश में बड़े नगरों की ओर भाग रहे हैं, जिसका जिक्र शुरू में हो चुका है। गाँव से आई भीड़ के दबाव में नगर के असंगठित क्षेत्रों के लोगों की आय पर प्रतिकूल प्रभाव पड़ रहा है। इससे नगर की आबादी का एक हिस्सा विदेश की ओर पलायन कर रहा है।

बड़े नगरों में भारत के महानगरों की तरह ही 'डेवलपरों' के आ जाने से गरीब लोगों के पुराने मुहल्ले उजाड़े जा रहे हैं और उनकी जगह संपन्न लोगों की भव्य इमारतें लेने लगी हैं। इन मुहल्लों के लोग विस्थापित हो दूर-दराज जगहों में रहने को विवश होते हैं, जहाँ से काम की जगह पर पहुँचना कठिन और समय लेने वाला होता है।

मार्क्स का मानना था कि कोई भी व्यवस्था तब तक खत्म नहीं होती, जब तक इसकी सारी संभावनाएँ न चुक जाएँ। फिर चीन की क्रांति के बारे में क्या कहा जाएगा, जो 'क्रांति' के बाद फिर प्रतिक्रांति में बदल रही है? यह भी एक मान्यता थी कि न तो क्रांति और न क्रांति के बाद प्रतिक्रांति बिना विस्फोटक संघर्षों के संभव है। लेकिन हम देख रहे हैं कि चीन ने बहुत ही शांतिमय ढंग से 20 वर्ष में घोर हिंसात्मक संर्षों से उपजी क्रांति की उपलब्धियों को समाप्त कर ऐसी व्यवस्था कायम कर दिया है, जिसकी आत्मा पूँजीवादी है, भले ही व्यवस्था में 'समाजवादी' काल के अनेक अवशेष अब भी मौजूद हैं और सत्ता चीन की कम्युनिस्ट पार्टी के हाथ में है।

भूमंडलीकरण का बिखरता मिथक

विशाल औद्योगिक-व्यापारी प्रतिष्ठानों और उनकी सेवा में समर्पित मीडिया द्वारा जतनपूर्वक चढ़ाया गया सुनहला तबक भूमंडलीकरण की छवि से उतरता जा रहा है। पिछले कुछ वर्षों की घटनाओं ने इस कपट मृग की असली काया उघाड़कर दुनिया के सामने रख दी है। इसके विश्व-कल्याणकारी होने का भ्रम तो पूर्व एशिया के आर्थिक संकट ने ही पूरी तरह मिटा दिया है। तीन वर्ष के बाद अभी तक पूर्व एशिया की आर्थिक और राजनीतिक व्यवस्था इस झटके से उबर नहीं पाई है। रूस समेत पूर्व यूरोप के सभी देशों में इसके विघटनकारी नतीजों के कारण अनियंत्रित वैश्विक व्यापार व्यवस्था के खिलाफ लोगों का मन बनने लगा है। इसके पहले भी ब्राजील और मैक्सिको आदि लातिन अमेरिकी देश इसके विघटनकारी नतीजों को झेल चुके हैं। इस व्यवस्था को पार्श्वभूमि से सहारा देने के लिए स्थापित अंतर्राष्ट्रीय मुद्रा कोष इस काम में पूरी तरह नकारा साबित हुआ है। हाल में माइकेल कैंडेसस द्वारा अंतर्राष्ट्रीय मुद्रा कोष के महामंत्री पद से आर्थिक समस्याओं को सुलझा पाने की अपनी अक्षमता स्वीकार करते हुए इस्तीफा देने से बढ़ कर इसकी असफलता का और कौन-सा सबूत चाहिए? दरअसल यह अक्षमता एक व्यक्ति की नहीं, संसार को एक व्यापारिक समुदाय बनाने की सोच में ही निहित है।

व्यापारिक प्रतिस्पर्धा कभी भी संसार के लोगों को जोड़ने का काम नहीं कर सकती। इसका गंतव्य ही कुछ प्रतिस्पर्धियों द्वारा दूसरों को स्पर्धा से निकालना या उन्हें निगलना होता है। इससे धीरे-धीरे कुछ व्यापारिक प्रतिष्ठान फैल कर विशाल होते जाते हैं और दूसरे नष्ट होते जाते हैं या निगल लिए जाते हैं। आज दुनिया की लगभग साठ हजार बहुराष्ट्रीय कंपनियों ने संसार को अपने मकड़-जाल में बाँध रखा है। इनमें मात्र बीस विशालकाय कंपनियों का इनकी छठे हिस्से से अधिक पूँजी पर अधिकार है। अधिकांश बहुराष्ट्रीय कंपनियों और सभी विशालकाय कंपनियों के मूल स्थान यूरोप, अमेरिका और जापान में हैं। इने-गिने संपन्न देश अधिक संपन्न और बाकी गरीब देश दिनोंदिन अधिक विपन्न होते जाते हैं। गरीब देशों में भी एक अत्यंत छोटा सा समूह संपन्न देशों में उपलब्ध संपन्नता हासिल कर लेता है जबकि

विशाल जन समूह दरिद्रता, बेरोजगारी और महामारियों का शिकार बन यातनामय जीवन जीने को विवश होता है। इसका परिणाम अक्सर गृह कलह, जातीय, धार्मिक और कबायली संघर्षों और सामूहिक हत्याओं में दिखाई देता है। ये आज सभी पिछड़ी अर्थव्यवस्थाओं के जीवन के अभिन्न अंग बनते जा रहे हैं। भौतिक जगत के इस नियम के विपरीत कि दो पात्रों के तरल पदार्थ के बीच, जिनके स्तर असम हैं, अबाध प्रवाह होने पर दोनों में तरल के धरातल समस्तरीय हो जाते हैं, आर्थिक जगत में यह नियम दिखाई देता है कि जब दो अलग-अलग ऊँचाई की अर्थव्यवस्थाएँ अनियंत्रित व्यापारिक संबंध से जुड़ती हैं तो ऊँची यानी अधिक संपन्न अर्थव्यवस्थाएँ अधिक संपन्न और नीची या कम संपन्न अर्थव्यवस्थाएँ अपेक्षतया विपन्न होती चली जाती हैं। एक देश में ही इस प्रक्रिया की मिसाल एकीकृत जर्मनी है, जहाँ एकीकरण के बावजूद पूर्वी जर्मनी और पश्चिमी जर्मनी की स्थितियों में विषमता इतनी बढ़ गई है कि पूर्वी जर्मनी में बहुत सारे ऐसे लोग जो एकीकरण के उत्साही पक्षधर थे अब इस एकीकरण पर पश्चात्ताप कर रहे हैं।

भूमंडलीकरण के समर्थक व्यक्तियों और प्रतिष्ठानों की तरफ से यह झूठ एक स्वयंसिद्ध सत्य की तरह प्रचारित किया जा रहा है कि दूसरे विश्वयुद्ध के बाद से उन्मुक्त बाजार व्यवस्था के कारण दुनिया के सभी देशों में उत्पादन और लोगों का जीवन स्तर उठा है। इसमें कोई संदेह नहीं कि दूसरे विश्वयुद्ध के बाद कुछ विशेष क्षेत्रों में उत्पादन काफी बढ़ा है, खास कर नई उपभोक्ता वस्तुओं के क्षेत्र में—जैसे इलेक्ट्रॉनिक्स, प्लास्टिक, और तेल से चलने वाले वाहनों के क्षेत्र में। हालाँकि इससे आम लोगों के जीवन स्तर या इसकी गुणवत्ता में सुधार हुआ है, यह निश्चित रूप से नहीं कहा जा सकता। इसमें निहित झूठ यह है कि जो फर्क हुआ है उसका कारण उन्मुक्त बाजार व्यवस्था है। हकीकत यह है कि द्वितीय विश्वयुद्ध के बाद के काल में दुनिया की सबसे बड़ी आबादी वाला देश चीन 1948 से पूँजीवादी बाजार व्यवस्था से पूरी तरह निकल गया था और इसकी आधारभूत संरचना में जो आश्चर्यजनक सुधार हुआ, वह इस आत्मनिर्भरता के काल में ही हुआ। इस काल में दुनिया के अधिकांश देश साम्राज्यवाद के चंगुल से मुक्त होकर स्वतंत्र रूप से अपना विकास करने लगे। रूस 1917 से 1991 तक विश्व बाजार से प्रायः बाहर रहा। उन्मुक्त बाजार व्यवस्था अपनाने के उसके अनुभव बहुत सकारात्मक नहीं कहे जा सकते। भारत अपनी शुरू की पंचवर्षीय योजनाओं में एक हद तक बाहरी स्पर्धा से मुक्त और अंशतः नियंत्रित अर्थव्यवस्था के मार्ग पर चला। इसी काल में भारी उद्योगों के क्षेत्र में जैसे इस्पात, तेल शोध, बिजली और रसायन आदि के उद्योगों का विकास हुआ। मशीनों और अनेक उपभोग की वस्तुओं के उद्योग भी अस्तित्व में आए। इसी

दौर में बीमा क्षेत्र का अप्रत्याशित विकास हुआ। यह वह समय है जिसे अब कोटा-परमिट राज के नाम से बदनाम करने की कोशिश होती है। इसकी तुलना हम अँग्रेजी शासन के काल से कर सकते हैं। ब्रिटेन दुनिया भर में उन्मुक्त बाजार का हिरावल था पर उसकी उन्मुक्त बाजार व्यवस्था ने तो भारत को सभी उत्पादों के लिए परमुखी और दरिद्र ही बनाया।

लेकिन साम्राज्यवाद से मुक्त हुए देशों की त्रासदी यह थी कि उन्होंने अपने विकास का मानक वही रखा जो साम्राज्यवादी देशों का था और इस तरह उपभोक्तावादी संस्कृति की चपेट में आ गए। ऐसे देशों में जहाँ व्यापक गरीबी हो, थोड़े से लोगों के जीवन की नई चमक-दमक और आम लोगों में उकसाई गई उपभोक्तावादी ललक का सीधा परिणाम अफसरशाही का भ्रष्टाचार था। अपनी उपभोक्तावादी भूख को मिटाने के लिए छोटे-बड़े अफसर अपनी शक्ति का दुरुपयोग नाजायज ढंग से धन कमाने में करने लगे। लाइसेंस और कोटा देने में भ्रष्टाचार इसी का नतीजा था। हमें भूलना नहीं चाहिए कि विभिन्न तरह के लाइसेंस और कोटा विकसित औद्योगिक देशों में भी हैं। अमेरिका का तो सारा आयात कोटे पर आधारित है। जहाँ वस्तुओं की किल्लत होगी आवश्यकता के अनुसार उनके समुचित बँटवारे में कोटे की व्यवस्था होगी ही, लेकिन उपभोक्तावादी संस्कृति के दबाव ने इसे भ्रष्टाचार से जोड़कर एक दानव का रूप दे दिया। जो लोग उन्मुक्त बाजार के पक्षधर हैं वे इस बात को नजरअंदाज कर जाते हैं कि यह बाजार व्यवस्था उपभोक्तावादी सनक पैदा करके ही चलती है, चल सकती है। अभी किसी अरब देश में एक ऐसे होटल का निर्माण हो रहा है जिसमें एक दिन रहने का किराया पंद्रह हजार डॉलर देना होगा। इसकी विभिन्न सुविधाओं का विज्ञापन जोर-शोर से हो रहा है। ऐसी कंपनियाँ अस्तित्व में आ रही हैं जो अंतरिक्ष की सैर के लिए स्थान आरक्षित कराने का इश्तिहार कर रही हैं। इसमें एक यात्री को दसियों लाख रुपए खर्च करने होंगे। इसकी लुभाने वाली सुविधाओं के अतिशयोक्तिपूर्ण विवरण मीडिया में आने लगे हैं। इस तरह की आकांक्षाओं के जाग्रत हो जाने पर कौन सा मानवीय मूल्य बचा रहेगा।

दुनिया की अलग-अलग स्थितियों में रहने वाले लोगों को निर्बंध व्यापारिक संबंध पर निर्भर बनाना स्थायी तनाव और शोषण की स्थिति ही पैदा करेगा। हाल में सिएटल में विश्व व्यापार संगठन में कृषि के सवाल पर उन्मुक्त व्यापार का यह अंतर्विरोध स्पष्ट रूप से उभर कर सतह पर आ गया। अमेरिका, जहाँ जोतों का आकार विशाल है, यह दबाव डाल रहा था कि अगर किसी देश की छोटी जोतें स्पर्धा में नहीं टिक पातीं तो उन्हें सबसिडी से जिंदा रखने के बजाय मर जाने देना चाहिए और थोड़ी सी बड़ी जोतों को ही अस्तित्व में रहने देना चाहिए। यूरोपीय कमीशन की ओर से

फ्रांस और कुछ अन्य देशों की अपेक्षतया छोटी जोतों वाले किसानों को सबसिडी से संरक्षण देने के पक्ष में यह बात कही जा रही थी कि कृषि सिर्फ एक उद्योग नहीं है बल्कि एक जीवन पद्धति है जिसका समुदाय और पर्यावरण की रक्षा से भी संबंध है। यही दृष्टि जापान की भी थी जहाँ जोतों के आकार अत्यंत ही छोटे हैं। उनका तर्क बिलकुल सही था। लेकिन जो बात कृषि के संबंध में कही गई वह औद्योगिक व्यवस्था के संबंध में भी कही जा सकती है। गाँवों के लघु और घरेलू उद्योग भी सिर्फ उद्योग नहीं एक जीवन पद्धति के आधार होते हैं और समुदाय को भी जोड़ते हैं। लेकिन यूरोप और जापान के लोगों को यह बात दिखाई नहीं देती क्योंकि उनके यहाँ छोटे और घरेलू उद्योगों की परंपरा कब की खत्म हो चुकी है। इन दोनों में अब बहुराष्ट्रीय कंपनियों का संपूर्ण वर्चस्व है। अनेक बहुराष्ट्रीय कंपनियाँ यहीं की हैं। लेकिन पूरी दुनिया पर नजर डालने से यह साफ दिखाई देता है कि यूरोप, जापान, और अमेरिका का औद्योगिक सत्य बाकी दुनिया के जीवन का सत्य नहीं है। खुद इन औद्योगिक रूप से विकसित देशों के बीच औद्योगिक वस्तुओं का विनिमय सहज और समरस नहीं है। इन सभी को अपनी प्रतिस्पर्धा की क्षमता बनाए रखने के लिए रक्षात्मक उपाय करते रहना होता है। सिएटल सम्मेलन के ठीक पहले जर्मनी ने अपनी प्रतिस्पर्धात्मक क्षमता बनाए रखने के लिए पेंशन और बेरोजगारी भत्ते के कल्याणकारी फंड में सोलह अरब डॉलर की कटौती की है। इसी अवधि में मनीला में 'आसीआन' की एक बैठक में अपनी अर्थव्यवस्थाओं को संकट के समय समर्थन देने के लिए अंतर्राष्ट्रीय मुद्रा कोष से अलग एक बृहद् कोष बनाने का प्रस्ताव लाया गया जिसमें जापान से भारी सहयोग की अपेक्षा है। यह बाजार व्यवस्था हरतरफ से विश्रृंखलन और विखंडन की तस्वीर पेश करती है। चूँकि यह व्यवस्था संपन्न औद्योगिक देशों के हित में है, जिन्हें संसार भर के प्राकृतिक संसाधनों की उपलब्धि चाहिए, विश्व व्यापार संगठन के जरिए प्राकृतिक संपदा के मूल स्रोत गरीब देशों में एक लुभावनी संभावना की आशा जगाने का प्रयास होता रहा है।

आज दुनिया जिस जगह पहुँच गई है, व्यापार के संबंध में हमारी सोच में बुनियादी बदलाव की जरूरत है। विश्व व्यापार की मात्रा को बढ़ाते जाना प्रगति का नहीं विध्वंस का मार्ग है। व्यापार के साथ पर्यावरण के मुद्दे को भी जोड़ने की बात सिएटल में हुई। लेकिन पर्यावरण का मामला अलग-अलग औद्योगिक इकाइयों का मामला नहीं है। मामला पर्यावरण पर इनके सामूहिक प्रभाव का है। इस दृष्टि से अमेरिका संसार के प्रदूषण के लगभग आधे के लिए जिम्मेदार है। लेकिन वर्तमान व्यवस्था में इस पर रोक लगाना अमेरिकी उद्योगपतियों के लिए मौत का वारंट लगता है। दरअसल प्रगति के नाम पर आज दुनिया एक भयंकर दुश्चक्र में फँस गई है। संपन्न औद्योगिक

देश स्वयं बुरी तरह अपने फैलाए जाल में फँस गए हैं। संसाधनों और पर्यावरण के नाश से वे संसार को संहार की दिशा में ढकेल रहे हैं। इससे अल्पकालिक मोहलत के लिए वे दुनिया के अविकसित भू-भागों में फैलना चाहते हैं। लेकिन यह राहत तात्कालिक है। सीमांत दूर नहीं है। भारत जैसी पिछड़ी अर्थव्यवस्थाओं में ही यह संभावना है और उन्हीं की यह जवाबदेही भी है कि इस ताने-बाने से बाहर आकर स्वायत्त और विकेंद्रित आर्थिक और राजनीतिक व्यवस्था की नींव डालें और इस दुश्चक्र को तोड़ें।

भूमंडलीकरण में उभरता ध्रुवीकरण

हमारे शासक वर्गों के छोटे दायरे के बाहर भूमंडलीकरण की यशगाथा उन देशों में भी धीमी पड़ने लगी है जहाँ से इसकी जय-यात्रा मीडिया के तुमुल उद्घोष के बीच शुरू हुई थी। अब संपन्नता और विपन्नता के दोनों छोरों पर इसकी उपलब्धियाँ नकारात्मक दिखाई देने लगी हैं। यह प्रश्न अब अंतर्राष्ट्रीय मुद्रा कोष के प्रबंधकों के सामने भी उठाया जाने लगा है कि ऐसा क्यों हुआ कि उन्मुक्त बाजार व्यवस्था के दौर में गरीब और अमीर मुल्कों के बीच की खाई और भी चौड़ी होती जा रही है और अति गरीब देशों में गरीबी का पैमाना गहराया है। यह माँग जोर पकड़ती जा रही है कि गरीब मुल्कों की स्थिति तब तक सुधारी नहीं जा सकती जब तक उन पर लदे विदेशी कर्जे को समाप्त नहीं कर दिया जाता। यह पूँजी और महाजनी व्यवस्था की मूल स्थापनाओं पर ही आघात माना जा सकता है। लेकिन दूसरे छोर पर बहुराष्ट्रीय कंपनियों की तरफ से भी यह तथ्य उजागर किया जा रहा है कि भूमंडलीकरण के साथ उनके आकार के विस्तार से उनके मुनाफे पर नकारात्मक प्रभाव पड़ रहा है और आकार को काटने-छाँटने का दबाव बढ़ रहा है। अंतर्राष्ट्रीय स्तर पर विशालकाय कंपनियों द्वारा बड़े पैमाने पर विलय और अधिग्रहण और इससे संसार भर में विख्यात अनेक कंपनियों के सामने उनकी इकाइयों को बंद करने की मजबूरी ऐसे ही दबाव के संकेत हैं। हर विलय के बाद भारी संख्या में मजदूरों की छँटनी की जाती है ताकि कंपनियों के खर्चे में कटौती की जा सके। उत्पादक श्रमिकों की संख्या में लगातार कटौती करने का पूँजीवाद का अंतर्निहित दबाव भूमंडलीकरण के दौर में उस छोर पर पहुँच रहा है जहाँ बेकार बनाए गए श्रमिकों के सामने रोजगार का दूसरा विकल्प नहीं बच जाता क्योंकि भूमंडलीकरण अपने दायरे में कोई स्पेस खुला नहीं छोड़ता। ऐसा उन देशों में ही हो रहा है जहाँ समृद्धि अपनी पराकाष्ठा पर है।

बड़ी कंपनियों के बीच विलय और अधिग्रहण का यह खेल इतनी तेजी से चल रहा है कि इसे ध्यान में रखना मुश्किल है। कुछ दिनों पहले सूचना और मनोरंजन के क्षेत्र में कुछ विशाल कंपनियों का विलय हुआ था जो सुर्खियों में रहा। इन्हें सूचना

क्षेत्र की रफ्तार के साथ जोड़ कर कुछ विलक्षण माना जाता था। लेकिन अब पारंपरिक उद्योगों और वित्तीय संस्थाओं में भी विलय का यह सिलसिला तेजी से फैल रहा है। अभी हाल में फ्रांस की कंपनी रेनोल की स्वीडन की कंपनी एलबी वोल्वो के साथ ट्रक बनाने में साझीदारी बनी है जिससे इस क्षेत्र में ये दुनिया के नंबर दो निर्माता बन गए हैं। छँटनी की आशंका इससे इतनी प्रबल हुई कि इस कंपनी की ओर से यह बयान देना पड़ा कि उनका तत्काल छँटनी करने का कोई कार्यक्रम नहीं है। रेनोल ने कोरिया की कपंनी साम्सुंग के अधिग्रहण की भी पहल की है। जर्मनी की मोटर कंपनी बीएमडब्ल्यू ब्रिटेन में अधिगृहीत रोवर का कारखाना बंद कर रही है। कुछ कंपनियाँ इसे खरीदने की पहल कर रही हैं। इसके बंद होने से बेरोजगारी रोकने के लिए ब्रिटेन की सरकार भी इसकी खरीदारी में मदद करने के लिए तैयार होने लगी है।

इसी तरह वित्तीय क्षेत्र में स्टैंडर्ड चार्टर्ड कंपनी ने ऑस्ट्रेलिया और न्यूजीलैंड के एएनजेड ग्रिंडलेज बैंक के एशियाई कारोबार का अधिग्रहण कर लिया है। ये सब बड़ी संख्या में हो रहे विलय और अधिग्रहण के इक्के-दुक्के उदाहरण भर हैं जो भूमंडलीकरण से आर्थिक जगत में होने वाली भारी उथल-पुथल का संकेत देते हैं। इनमें से हम वैश्विक अर्थव्यवस्था किधर जा रही है, इसका कुछ अंदाज लगा सकते हैं। सबसे महत्त्वपूर्ण प्रभाव तो रोजगार घटाने की दिशा में हो रहा है। शायद यही कारण है कि काफी वर्षों बाद यूरोप में वामपंथ और मजदूरों की ओर से मई दिवस पर पूँजीवाद के विरोध में उग्र प्रदर्शन हुए और वैसे नारे जो यूरोप में अब बीते दिनों की चीज माने जाने लगे थे, लगाए गए।

भूमंडलीकरण के जो नतीजे अब साफ दिखाई दे रहे हैं उनकी संभावना बाजार के बुनियादी नियमों के आलोक में प्रारंभ में ही देखी जा सकती थी। लेकिन मनुष्य की समझ प्रायः उसकी इच्छाओं की दास हुआ करती है और अगर यह इच्छा समाज के प्रभुतासंपन्न समूहों की हो जिनके हाथ में सारे संचार माध्यम हैं तो इन इच्छाओं को सार्वभौम सत्य के रूप में समाज से कबूल करवाया जा सकता है। भूमंडलीकरण और उन्मुक्त बाजार व्यवस्था में सारे संसार के कल्याण की कल्पना विशाल औद्योगिक प्रतिष्ठानों का अपने हित को संसार के हित के रूप में देखने के रुझान की ही अभिव्यक्ति है। इसलिए अवरोधहीन प्रतिस्पर्धा के तार्किक परिणामों की ओर किसी का ध्यान नहीं गया।

भूमंडलीकरण से पहले की आर्थिक व्यवस्था में यह संभावना थी कि अलग-अलग देशों और भूभागों में उत्पादन प्रक्रिया और तकनीक अपनी अलग-अलग क्षमताओं के साथ विभिन्न स्तरों पर अस्तित्व में रहें। स्थानीय सरकारों या लोगों की परंपरा

से प्राप्त रक्षणशीलता स्थानीय उद्योगों के अस्तित्व को बचाने के लिए आवश्यक संरक्षण प्रदान करती थीं। सरकारें बाहरी वस्तुओं के आयात पर प्रतिबंध लगाकर स्थानीय उद्यमों को बचाती थीं। लोगों की पारंपरिक आदतें जैसे भोजन, लिबास और मनोरंजनों को ही प्रश्रय देती थीं जो स्थानीय रूप से उपलब्ध थे। विश्व व्यापार संगठन के दबाव ने अब दोनों ही तरह की सुरक्षा को खत्म कर दिया है। सरकारें स्थानीय उद्यमों को संरक्षण देने के लिए एक सीमा के ऊपर सीमा शुल्क या कोई दूसरा अवरोध खड़ा नहीं कर सकतीं। अब चूँकि सभी देशों के लिए पूँजी बाजार को भी खोलना है, बाहर से आयातित गैर-पारंपरिक उद्योग देश के भीतर ही उत्पादन कर सकते हैं। ये अपनी बड़ी आर्थिक क्षमता और शक्तिशाली प्रचार के बल पर इस तरह उत्पादित नई वस्तुओं की बिक्री बढ़ा पारंपरिक उद्योगों के अस्तित्व को खतरे में डाल सकते हैं।

उदारीकृत समाज का आदर्श लक्ष्य है देश के भीतर और देश के बाहर के सभी उद्योगों के बीच प्रतिस्पर्धा के आड़े आने वाले सभी अवरोधों को पूरी तरह समाप्त कर देना। फिलहाल अंतर्राष्ट्रीय मुद्रा कोष और औद्योगिक देशों की ओर से गैर-औद्योगिक देशों की उदारीकरण प्रक्रिया को और तेज करने का जो उपदेश रोज दिया जा रहा है, उसका असली उद्देश्य यही है। सूचना क्रांति ने औद्योगिक संबंधों के ताने-बाने में होने वाले बदलाव को और भी गति दे दी है। जिस तरह का मोलतोल पहले महीनों में हो पाता था, अब घंटों में हो जाता है। मनोरंजन उद्योग के क्षेत्र में तो इसका ऐसा प्रभाव पड़ा है कि स्वयं फ्रांस, जो एक विकसित यूरोपीय देश है और सांस्कृतिक दृष्टि से अग्रणी माना जाता रहा है, अमेरिका के सांस्कृतिक आक्रमण से अपनी संस्कृति के नष्ट होने का खतरा महसूस करने लगा है। भारत में अगर अपनी सांस्कृतिक अस्मिता बचाने का जबर्दस्त आग्रह नहीं है तो इसका कारण यह है कि यहाँ के संपन्न और अभिजात वर्ग ने पहले ही आत्मसमर्पण कर विजातीय पश्चिमी सभ्यता को पूरी तरह अपनाने का निर्णय कर लिया है। इस मानसिकता की झलक यहाँ की अँग्रेजी पत्र-पत्रिकाओं में स्पष्ट रूप से देखी जा सकती है। ये अमेरिका और यूरोप के वैसे सिनेमा स्टारों, मॉडलों, गायकों और मुक्केबाजों आदि के जीवन की छोटी-मोटी घटनाओं से भरे रहते हैं जिनका देश के कुछ हजार या लाख लोगों ने ही नाम भी सुना होगा। दूसरी ओर अपने देश के बड़े कलाकार, गायक, फिल्म स्टार आदि के विषय में कहीं कुछ देखने को तब मिलता है जब इनका नाम किसी सनसनीखेज अपराध के साथ जुड़ा होता है। इसका कारण है कि इन अखबारों के मालिक और इन्हें विज्ञापन देकर जिंदा रखने वाले समूह संपन्नता की एक ही पृष्ठभूमि से आते हैं। हिंदी अखबार गँवई-गँवार लोगों के हिस्से में छोड़ दिए जाते हैं।

यह सब उन्मुक्त बाजार की तार्किक परिणति है। बाजार का तर्क सीधा है :

अनियंत्रित स्पर्धा में वे ही खिलाड़ी टिक पाएँगे जो अपनी वस्तुओं और सेवाओं में कम से कम कीमत पर अधिक से अधिक गुणवत्ता प्रदान कर सकें। गुणवत्ता के मानक भी प्रचार द्वारा उत्पादक ही निर्धारित करते हैं। इस तरह आदर्श स्थिति में इस खेल में अंततोगत्वा उत्पादन के प्रत्येक क्षेत्र में एक-एक ही खिलाड़ी बचा रहेगा। इजारेदारी अवरोधहीन प्रतिस्पर्धा की स्वाभाविक परिणति है इसीलिए तमाम कानूनी बंधनों के बावजूद संसार भर में इजारेदारियाँ बढ़ती जा रही हैं। जब तक राजकीय सीमाएँ और राष्ट्रीय संस्कार इन पर सीमा लगाते रहे, उद्योग जगत में एक हद तक विविधता बनी रही। अब जब विश्व बैंक, अंतर्राष्ट्रीय मुद्रा कोष और विश्व व्यापार संगठन के त्रिदेव सारे अवरोधों को तोड़कर संसार को एकीकृत बाजार में बदलने की कोशिश में लगे हैं, सुपर इजारेदारियों के करीब हम आने लगे हैं। अभी शेयर बाजार के एकीकरण की इसी दिशा में जर्मनी के फ्रैंकफुर्ट और लंदन के स्टॉक एक्सचेंज के एकीकरण की पहल चल रही है। अब न्यूयार्क, तोक्यो और लंदन-फ्रैंकफुर्ट जैसे तीन विशाल केंद्र होंगे और फिर इंटरनेट के विस्तार के साथ शायद संसार भर के स्टॉक एक्सचेंजों को जोड़ने की कोशिश होगी। इससे सारे संसार के लोगों की बचत और निवेश के लिए उपलब्ध पैसे दुनिया के कुछ इने-गिने औद्योगिक प्रतिष्ठानों की गिरफ्त में आ जाएँगे।

इस प्रक्रिया के दो परिणाम होंगे : पहला यह कि औद्योगिक उत्पादन और विनिमय में रोजगार की संभावना इन इजारेदारियों के इर्द-गिर्द सिमट जाएगी। इसका अर्थ होगा रोजगार में भारी कटौती। चूँकि इन प्रतिष्ठानों की आय विशाल होगी, इससे जुड़े लोगों की आय भी ऊँची होगी। दूसरा परिणाम यह होगा कि इस उत्पादन-वितरण के बाहर के क्षेत्र घोर दरिद्रता में रहेंगे। संपन्न और दरिद्र क्षेत्रों का बँटवारा बहुत कुछ वैसा ही होगा जैसा आज है, यानी उत्तर और दक्षिण का विभाजन। एक फर्क यह हो सकता है कि इने-गिने इजारेदारियों के कारोबार से जुड़े कुछ दरिद्र अंचलों में भी जहाँ-तहाँ संपन्नता के द्वीप उभर आएँ। इसके दो सामाजिक परिणाम हो सकते हैं। एक तो दुनिया भर में इस व्यवस्था को बदलने का आंदोलन हो और संसार की अर्थव्यवस्था का नए ढंग से गठन हो। दूसरा यह हो सकता है कि गरीबी, बेरोजगारी और दृष्टिहीनता के माहौल में संसार भर में सामाजिक विघटन की प्रक्रिया बृहद् पैमाने पर चलती रहे—वैसी प्रक्रिया जैसी आज छोटे पैमाने पर सोमालिया, रवांडा-बुरुंडी, इंडोनेशिया, श्रीलंका, कोलंबिया और भारत के उत्तर-पूर्वी और उत्तर-पश्चिमी हिस्से में चल रही है। सूचना तकनीक के विस्तार के साथ ऊपर बतलाई गई स्थितियाँ अप्रत्याशित रूप से जल्दी हमारे सामने आने वाली हैं।

जनतंत्र पर हावी धनतंत्र

भूमंडलीकरण के आर्थिक प्रभावों की चर्चा तो पिछले दिनों काफी होती रही है लेकिन इसके राजनीतिक प्रभावों पर कम ही विचार हुआ है, हालाँकि यह उतना ही महत्त्वपूर्ण है। भूमंडलीकरण की राजनीति ने पिछले तीन सौ साल से विकसित हो रही लोकतंत्र की प्रक्रिया को पूरी तरह उलटने का काम किया है। राष्ट्रीय और अंतर्राष्ट्रीय दोनों ही स्तरों पर। जब हम राष्ट्रीय स्तर की बात करते हैं तो हमारा आशय यूरोप में सत्तरहवीं शताब्दी से विकसित हुई जनता की प्रभुसत्ता की उस अवधारणा से होता है जो आधुनिक लोकतांत्रिक व्यवस्था की जनक बनी। इसी का अंतर्राष्ट्रीय पक्ष था राष्ट्रीय आजादी के आंदोलनों का जन्म और पश्चिमी देशों द्वारा गुलाम बनाए गए देशों में राष्ट्रीय प्रभुसत्ता की स्थापना। भूमंडलीकरण जनता की दोनों तरह की प्रभुसत्ता को अप्रासंगिक बनाता जा रहा है।

यूरोप में व्यापार और उद्योग धंधों में लगे लोगों ने जिन्हें बुर्जुआ कहा जाता था, प्रारंभ में लोकतांत्रिक सत्ता के विकास में प्रमुख योगदान किया। सत्तरहवीं शताब्दी के मध्य में इग्लैंड में पार्लियामेंट के अधिकारों को लेकर जो आंदोलन हुआ उसमें इसकी प्रमुख भूमिका थी। फिर 1789 की फ्रांस की क्रांति के पहले जब वहाँ के राजा ने 'स्टेट्स जनरल' बुलाया तो इसी वर्ग के प्रतिनिधियों ने राजा की अवज्ञा कर अपने को नेशनल एसेंबली के रूप में घोषित किया और यहीं से फ्रांस की क्रांति की शुरुआत हुई। यह वर्ग लोकतंत्र का उग्र पक्षधर बन कर आगे आया। स्थानीय सामंती बंधनों को तोड़ने का इसका आग्रह मूलतः व्यापार और उद्योग के निर्बाध विकास को सुनिश्चित करने के लिए था। इसी क्रम में कुछ मूल्यों के इर्द-गिर्द राष्ट्रीय अस्मिता-बोध और राष्ट्रीय सीमाओं के भीतर जनता की प्रभुसत्ता की अवधारणा पैदा हुई। जब तक व्यापार और उद्यम को स्थानीय सामंती सीमाओं से मुक्त करने की बात थी तब तक तो इस प्रक्रिया में कोई अंतर्विरोध नहीं दिखाई दिया। स्वतंत्र व्यापार एक सर्वमान्य सिद्धांत के रूप में स्वीकृत रहा लेकिन जब औद्योगिक और व्यापारिक प्रतिस्पर्धा राष्ट्रीय सीमाओं को पार कर फैलने लगी तो एक अंतर्विरोध दिखाई देने लगा। ब्रिटेन, जहाँ औद्योगिक क्रांति शुरू हुई थी, व्यापारिक प्रतिस्पर्धा में आगे होने

के कारण स्वतंत्र व्यापार का लाभ उठा रहा था और इसलिए इसका पक्षधर था। लेकिन दूसरे देश जैसे जर्मनी और अमेरिका, जो इस होड़ में बाद में शामिल हुए, प्रतिस्पर्धा में पिछड़ जाते थे इसलिए राष्ट्रीय उद्यमों की संरक्षण की नीति को लेकर चले। इनमें राष्ट्रीय सरकारें अपने उद्यमों को संरक्षण देती थीं। अमेरिका में तो राष्ट्रीय उद्यमों को समर्थन देने की नीति 1930 तक चलती रही और परोक्ष रूप से (जैसे कोटा लागू कर) कुछ क्षेत्रों में आज भी चल रही है। द्वितीय विश्वयुद्ध के काल तक उन्मुक्त बाजार के सिद्धांत के साथ-साथ राष्ट्रीय सरकारों की इस जवाबदेही को भी स्वीकार किया जाता था कि वे उद्यमों को बचाए रखने और इनमें लगे श्रमिकों की हित रक्षा की जवाबदेही लें।

उन्नीसवीं शताब्दी से राष्ट्रीय सरकारों के दायित्व में एक और आयाम जुड़ गया था। जैसे-जैसे औद्योगिक और व्यापारी वर्ग का प्रभुत्व समाज में बढ़ने लगा, यह महसूस किया गया कि इनमें लगे श्रमिकों और समाज के उपभोक्ताओं की हित रक्षा के लिए सरकारों का हस्तक्षेप जरूरी है। सत्ता पर जनता के प्रतिनिधियों के बढ़ते दबाव का यह सीधा परिणाम था। मजदूरों के आंदोलन तो सभी उद्योग धंधों को जनता के नियंत्रण में लाने की माँग करने लगे। इसी के इर्द-गिर्द विभिन्न तरह के समाजवादी आंदोलनों का विकास हुआ। उपभोक्ताओं को बचाने के लिए इजारेदारियों को नियंत्रित करने की नीतियाँ सरकारों द्वारा अपनाई गईं ताकि इजारेदारी का फायदा उठा उद्योगपति उपभोक्ताओं से मनमानी कीमत न वसूलें। इस तरह बीसवीं शताब्दी के मध्य तक यानी द्वितीय विश्व युद्ध के अंत के कुछ साल बाद तक दो शक्तियों के बीच किसी तरह का संतुलन बनाने का प्रयास होता रहा—पहली, औद्योगिक-व्यापारिक शक्ति और दूसरी, जनता के पक्ष का विविध अनुपात में प्रतिनिधित्व करने वाली प्रभुतासंपन्न राष्ट्रीय सरकारों की शक्ति। फिर भी इस काल में अक्सर औद्योगिक शक्ति को राष्ट्रीय शक्ति का प्रतीक मानकर इनके हितों को सर्वोपरि राष्ट्रहित की तरह भी बढ़ाया जाता था। इन दोनों का सबसे सबल एकीकरण फासीवादी सरकारों की 'कॉरपोरेट स्टेट' की अवधारणा में हुआ। वे इनके हितों को बढ़ाने के मकसद से दूसरे देशों पर आधिपत्य के लिए युद्ध को एक जायज माध्यम मानते थे। इस काल में राष्ट्रहित को सर्वोपरि हित मानना कोई खास विवाद का विषय नहीं था।

द्वितीय विश्व युद्ध के बाद से स्थिति में एक गुणात्मक बदलाव आया है। 1944 में ब्रेटनवुड्स में विश्व बैंक, अंतर्राष्ट्रीय मुद्रा कोष और इसी प्रक्रिया के तहत बाद में विश्व व्यापार संगठन आदि के अस्तित्व में आने से उन्मुक्त बाजार व्यवस्था ने एक नया रूप लिया। हालाँकि द्वितीय विश्व युद्ध के बाद अमेरिका अपनी आर्थिक और सैन्य शक्ति के बल पर संसार के चौधरी के रूप में उभरा, पर अंतर्राष्ट्रीय स्तर

पर असली ताकत बहुराष्ट्रीय कंपनियों के हाथ में आई। यह बात अलग है कि इनमें ज्यादा और शक्तिशाली कंपनियाँ अमेरिका की ही थीं। इससे स्वतः बहुराष्ट्रीय कंपनियों के हित और अमेरिका के हित प्रायः एक बन जाते हैं। इनमें कई कंपनियों की आय तो दुनिया के अधिकांश देशों की राष्ट्रीय आय से अधिक है। इनके उत्पादन और व्यापार का क्षेत्र भी विश्वव्यापी है। अक्सर इनका निवेश राष्ट्रीय हितों को नजरअंदाज कर होता है। ये प्रायः उन्हीं देशों में निवेश करती हैं जहाँ संसाधनों और सस्ते श्रम की बहुलता होती है, हालाँकि आधुनिकतम उद्योगों के लायक कुशल श्रम औद्योगिक देशों में ही उपलब्ध हो सकते हैं। राष्ट्रीय सरकारों को वे अपने व्यापारिक हितों के अनुकूल नीतियाँ बनाने के लिए प्रभावित कर सकती हैं। चूँकि राष्ट्रीय आय और रोजगार दोनों ही ऐसे उद्योगों के फैलाव पर निर्भर माने जाते हैं, इसलिए सरकारों की मजबूरी हो जाती है कि वे इन कंपनियों को यथा संभव सहायता दें। अंतर्राष्ट्रीय स्तर पर स्पर्धा में समेकित हो ज्यादा प्रभावी रूप से काम करने के लिए ही अमेरिका और जापान के विशाल उत्पादन और आय के मुकाबले के लिए यूरोप के एकीकरण की पहल हुई।

लेकिन इस एकीकरण का प्रभाव यह हुआ है कि यूरोपीय यूनियन के भीतर के किसी भी राष्ट्र की जनता के हाथ में यह अधिकार नहीं रह गया है कि वे अपनी सरकार की आर्थिक नीतियों को बदल सकें। आर्थिक नीतियों को लागू करने की जिम्मेदारी यूरोपियन कमीशन की है जो काफी हद तक स्वायत्त है और अगर उस पर थोड़ा नियंत्रण है तो यूरोपीय संसद का है जो राष्ट्रीय प्रतिनिधि सभाओं की तरह प्रभुतासंपन्न नहीं है। अतः अब नीतियाँ मूलतः यूरोप के औद्योगिक प्रतिष्ठानों और विश्व व्यापार संगठन के प्रावधानों को ध्यान में रखकर ही बनाई जाती हैं। इस तरह आम लोगों के हाथों से प्रभुसत्ता खिसकती जा रही है। हमारे अपने देश में भी भाजपा के तमाम स्वदेशी के नारों के बावजूद नीतियाँ विश्व व्यापार संगठन और अंतर्राष्ट्रीय मुद्रा कोष के निर्देशों के तहत बनाई जाती हैं। इस तरह दिल्ली के शासन में देशी से ज्यादा विदेशी हितों का प्रतिनिधित्व हो रहा है। आज दुनिया धनतंत्र की आदर्श स्थिति की ओर बढ़ रही है जिसमें अति धनाढ्य समूह अर्थव्यवस्था और राज्य व्यवस्था दोनों को चला रहे हैं।

विशाल कंपनियों के उत्पादन और विनिमय के अंतर्राष्ट्रीय हो जाने से अब दूसरे देशों पर प्रत्यक्ष सैनिक अधिकार की बात अप्रासंगिक बन गई है। अब उन पर नियंत्रण के माध्यम आर्थिक व्यापारिक हो गए हैं। इसके लिए ऊपर वर्णित तीन संस्थाएँ यानी विश्व बैंक, अंतर्राष्ट्रीय मुद्रा कोष और विश्व व्यापार संगठन कारगर औजार हैं। सीधा या परोक्ष सैनिक हस्तक्षेप कुछ बुनियादी महत्त्व के प्राकृतिक साधनों, जैसे पेट्रोलियम के स्रोतों पर नियंत्रण के लिए ही होता है, जैसा पश्चिम एशिया या अफ्रीका के कुछ देशों में हुआ है। शायद ऐसा हथियारी हस्तक्षेप उन देशों में भी

हो सकता है जो वैश्विक अर्थव्यवस्था से अपने को काट कर आत्मनिर्भर आर्थिक ढाँचा बनाएँ। हथियारों का विशाल मात्रा में उत्पादन और बिक्री अब मूलतः हथियार उद्योग से मिलने वाले भारी मुनाफे के लिए ही होते हैं। इसीलिए हम यह विडंबनापूर्ण स्थिति पाते हैं कि स्वीडन जैसा देश जो युद्धों में प्रायः तटस्थ रहा है, एक महत्त्वपूर्ण हथियार निर्माता है। इसी से हथियार बनाने वाले देशों का इस बात में निहित स्वार्थ है कि पिछड़ी अर्थव्यवस्थाओं में हथियारी होड़ चलती रहे।

एक महत्त्वपूर्ण बदलाव मजदूर वर्ग की दृष्टि में आया है। बीसवीं शताब्दी के प्रारंभ में जहाँ व्यापारी वर्ग अपने हितों को राष्ट्रीय सत्ता के साथ जोड़ रहा था वहाँ मजदूर वर्ग अपनी दृष्टि में अंतर्राष्ट्रीय था और सारी दुनिया के मजदूरों के हित के साथ अपना हित जोड़ रहा था। नई विश्व व्यवस्था के उदय के साथ पूँजी और मजदूरों की दृष्टि बिल्कुल उलट गई है। पूँजी अब पूरी तरह अंतर्राष्ट्रीय हो गई है क्योंकि आज इसकी सत्ता सीमाहीन है। इसका असर यह हो रहा है कि मजदूरों की दृष्टि संकुचित होती जा रही है। वे भयभीत हैं कि पूँजी सस्ते श्रम की तलाश में पिछड़ी अर्थव्यवस्थाओं की ओर भागेगी। इससे उनकी रोजगार की संभावना घटेगी। इसी कारण सिएटल में विश्व व्यापार संगठन की बैठक के समय अमेरिका के मजदूर संगठनों ने पिछड़ी अर्थव्यवस्थाओं में श्रम मानकों को लागू करने का सवाल उग्र प्रदर्शन करके उठाया। इस तरह कुल मिलाकर भूमंडलीकरण की दिशा श्रमिकों की एकता के बिखराव, जनाधिकारों के क्षरण और लोक जीवन को विशाल बहुराष्ट्रीय कंपनियों के नियंत्रण में लाने की है।

संकट के संकेत

संसद के पिछले बजट अधिवेशन की पार्श्वभूमि में आर्थिक संकट की छाया मँडराती रही हालाँकि तहलका मुद्दे पर उठे शोर-शराबे के कारण देश की आर्थिक हकीकत पर से पर्दा उठने का मौका ही नहीं आया। बजट भी जैसे-तैसे विस्तार से बहस के बिना ही पारित हो गया। आक्रामक तेवर अख्तियार करने का नाटक करके सरकार को असली परेशानी पैदा करने वाले प्रश्नों से एक तरह से उबार ही लिया गया। सरकार की नीतियों पर असली टिप्पणी संसद से बाहर जनाक्रोश में व्यक्त हो रही है। किसानों की आत्महत्या के सिलसिले और सभा-प्रदर्शनों से सरकार की नीतियों के खिलाफ माहौल बन ही रहा था, अब मजदूर भी मैदान में आ रहे हैं। महाराष्ट्र में ज्यादातर मजदूर संगठनों और शिवसेना के बंद के आह्वान से सारे राज्य का जनजीवन पूरी तरह ठप हो गया था। बाल्को के मजदूर दो महीने तक विनिवेश के खिलाफ हड़ताल पर रहे। एनरॉन का मामला ऐसा उलझ गया है कि विदाई देने के अलावा इसके द्वारा डाले गए भारी आर्थिक बोझ से निकलने का कोई रास्ता नहीं दिखाई देता। लेकिन जाते-जाते भी यह महाराष्ट्र की अर्थव्यवस्था को दिवालिया कर जाएगा। 2002 आते-आते स्वयं एनरॉन एक दिवालिया प्रतिष्ठान घोषित हो गया है और इसके दिवाला से दुनिया के अनेक व्यावसायिक प्रतिष्ठान कंगाल हो गए हैं। सरकारी गोदामों में अनाज भरा पड़ा है, लेकिन क्रय शक्ति के अभाव में भूखे लोग अन्न खरीदने में असमर्थ हैं। देश की राजधानी 'रेशमी नगर' दिल्ली में लोग पानी और बिजली की किल्लत से तबाह हैं, जबकि सर्वोच्च न्यायालय के पर्यावरण रक्षा के आदेशों के तहत बड़ी संख्या में गरीब लोगों को नगर से खदेड़ दिया गया है। शेयर बाजार में सूचकांक लगातार लुढ़कते गए हैं। इसे शेयर दलालों की हेराफेरी का परिणाम बता असलियत को अनदेखा किया जा रहा है। तात्कालिक रूप से इसमें शेयर दलालों की भी कुछ भूमिका हो सकती है, लेकिन इसका बुनियादी कारण दुनिया भर में आर्थिक मंदी की दस्तक है।

भारत के गहराते आर्थिक संकट को हम दुनिया में दिखाई देने वाली मंदी से

अलग करके नहीं देख सकते जबकि हम पिछले कुछ वर्षों में पूरे यत्न से दुनिया के बाजार से जुड़ने में लगे हैं। दो वर्ष पहले सूचना तकनीक के क्षेत्र से ही शेयर बाजार में उछाल आया था। अब अपनी जन्मभूमि अमेरिका में ही सूचना उद्योग पर संकट है। सूचना समेत तकनीकी उद्योगों पर आधारित अमेरिकी शेयर बाजार नैस्डैक का सूचकांक मार्च 2000 में 5000 से ऊपर था, पर अप्रैल 2001 में यह 1680 पर आ गया। दुनिया के दूसरे औद्योगिक देशों में भी सूचना तकनीक से जुड़े शेयरों में मंदी आई है। ब्रिटेन में ब्रिटिश टेलीफोन के भारी घाटे के कारण उसके अध्यक्ष को इस्तीफा देना पड़ा है। टेलीफोन के क्षेत्र में ही अग्रणी स्वीडन की एरिकसन कंपनी और जापान की सोनी कंपनी भारी घाटे से उबरने के लिए विलय की प्रक्रिया में हैं और एरिकसन कंपनी अपने बाईस हजार कर्मचारियों को काम से निकालने की योजना बना रही है। पिछले कुछ वर्षों से कंपनियों के विलय और इस क्रम में मजदूरों की छँटनी औद्योगिक दुनिया में रुटीन जैसी बन गई है। इसी संकट का एक पहलू जापान में प्रधानमंत्री के पद के लिए जुनिचिरो कोइजुमी का लिबरल डेमोक्रेटिक पार्टी द्वारा चुना जाना भी है।

कोइजुमी प्रचलित अर्थ में आर्थिक सुधारों के कट्टर समर्थक हैं। दुनिया का दूसरा सबसे संपन्न देश जापान पिछले दिनों भयंकर आर्थिक गिरावट से गुजर रहा था जिसका इलाज तेज आर्थिक सुधारों में देखा जा रहा है। आर्थिक सुधारों का लक्ष्य श्रमिकों की संख्या घटा कर खर्च में कटौती ही है। माना जाता है कि ऐसी कटौती से उद्योगों की प्रतिस्पर्धा की क्षमता बढ़ेगी और जापान दुनिया के बाजार में पहले की तरह वरीयता हासिल कर लेगा। लेकिन इससे उत्तरोत्तर बढ़ने वाली श्रमिकों की बेरोजगारी पर विचार करना उद्योगों के मालिकों और उनके समर्थन पर चलने वाली सरकारों के लिए कोई महत्त्वपूर्ण बात नहीं है जबकि आर्थिक मंदी का असली सूचकांक तो बेरोजगारी का पैमाना ही रहा है। बेरोजगारी और आर्थिक मंदी का सदा एक दुष्चक्र बनता है। बेरोजगारी से क्रय शक्ति घटती है और इससे बाजार सिकुड़ता है। फिर इससे उद्योग बंद होते हैं और बेरोजगारी बढ़ती है। अपने देश में अनाज की खरीदारी ही लें। अगर भूखे लोगों के बीच अनाज की बिक्री नहीं हो रही है तो इसका बड़ा कारण व्यापक बेरोजगारी है जिससे लोगों के पास अन्न खरीदने के लिए पैसा नहीं है। सरकार ने गेहूँ का समर्थन मूल्य तो 610 रुपए कर दिया है लेकिन पंजाब छोड़ कर कहीं भी पर्याप्त मात्रा में गेहूँ की सरकारी खरीद नहीं चल रही है। नतीजतन, बिहार जैसे राज्य में तो किसानों को चार सौ रुपए प्रति क्विंटल तक में गेहूँ बेचना पड़ रहा है। अर्थव्यवस्था और प्रशासनिक व्यवस्था ध्वस्त होती दिखाई दे रही है हालाँकि

देश के वर्तमान शासक और उनके अर्थशास्त्री छह प्रतिशत और नौ प्रतिशत विकास दर के काल्पनिक विवाद में उलझे दिखाई देते हैं।

अमेरिका अपनी मंदी से निकलने के लिए दुनिया में अपने व्यापार के लिए अधिक से अधिक दरवाजे खोलने की कोशिश कर रहा है। व्यापार का एक बुनियादी नियम है कि इसमें वही टिक पाता है जो सबसे सशक्त हो। इस दृष्टि से अमेरिकी कंपनियों और कृषि उत्पादों को खुली बाजार व्यवस्था में सबसे अधिक लाभ होता है। वैश्वीकरण की प्रक्रिया को और गहरा बनाने के लिए अभी अमेरिका उत्तरी और दक्षिण अमेरिका को एक खुले बाजार में बाँधने की कोशिश में लगा है ज़िसके लिए 'फ्री ट्रेड एरिया ऑफ द अमेरिकाज' के गठन की तैयारी चल रही है। इसकी बैठक कनाडा के क्यूबेक नगर में अप्रैल के अंतिम सप्ताह में आयोजित थी जिसमें अमेरिकी राष्ट्रपति जॉर्ज बुश की भी भागीदारी थी। लेकिन खुद अमेरिकी महादेश के आम लोगों और पिछड़ी अर्थव्यवस्थाओं में इससे ऐसी आशंकाएँ थीं कि लगभग तीस हजार प्रदर्शनकारियों ने बैठक का तीव्र विरोध किया और दो दिन तक पुलिस और प्रदर्शनकारियों के बीच संघर्ष चलता रहा।

यह जानना दिलचस्प है कि उन्मुक्त बाजार की सिफारिश करने वाला अमेरिका जब भी आवश्यक होता है अपने उत्पादों को आवश्यक संरक्षण या अनुदान देने से नहीं चूकता। इस सम्मेलन में भी अमेरिका के कृषि उत्पादकों को दिया जाने वाला भारी आर्थिक समर्थन विवाद का विषय बना रहा। ब्राजील जैसे देश, जो मूलतः कृषि उत्पादक हैं, अमेरिका से माँग कर रहे थे कि वह कृषि को दिया जाने वाला भारी आर्थिक समर्थन बंद करे। लेकिन अमेरिका ऐसा कर नहीं सकता क्योंकि दुनिया के कृषि उत्पादों के बाजार में उसके हावी होने के पीछे ऐसे अनुदानों की महत्त्वपूर्ण भूमिका है। हीनभाव से ग्रस्त हमारे देश के शासक ही हैं जो हर बात में अमेरिकी दबाव के आगे झुक कर देश की अर्थव्यवस्था को बचाने के बदले अमेरिकी नीतियों का बिना सोचे-समझे समर्थन करते रहते हैं और अपनी कृषि या छोटे उद्योगों को आवश्यक संरक्षण देने से कतराते हैं। यह भी एक विडंबना ही है कि दुनिया का सबसे संपन्न और आर्थिक दृष्टि से सशक्त देश तो अपने संपन्न उत्पादों को समर्थन देता है लेकिन भारत, जहाँ सबसे बड़ी संख्या में दुनिया के दरिद्र रहते हैं, अपने छोटे उत्पादकों और छोटे किसानों को बिना किसी सहारे के वैश्विक बाजार की निर्मम स्पर्धा में झोंक देने पर आमादा है।

इस बार की मंदी पिछली मंदियों से ज्यादा व्यापक और जीवन को पंगु बनाने वाली होगी क्योंकि दुनिया की ज्यादातर अर्थव्यवस्थाएँ वैश्वीकरण की प्रक्रिया में विशाल बहुराष्ट्रीय कंपनियों के प्रभाव क्षेत्र में आ गई हैं। इसलिए जब मंदी आएगी तो पूरी दुनिया पक्षाघात का शिकार होगी। यह पूछा जा सकता है कि अगर दुनिया ऐसी मंदी की तरफ बढ़ रही है तो इसका असर साफ तौर से दिखाई क्यों नहीं देता। इसके कारण पश्चिम की संपन्न अर्थव्यवस्थाओं और बाकी दुनिया की पिछड़ी अर्थव्यवस्थाओं में अलग-अलग हैं। यूरोप में मंदी का प्रभाव स्पष्ट रूप से दिखाई न पड़ने का एक कारण वहाँ आबादी में ठहराव या ऋणात्मक झुकाव है। इसकी वजह से श्रम बाजार में नए लोगों का प्रवेश बहुत कम होता है या उससे ज्यादा नहीं होता जितना उम्र के कारण अवकाश ग्रहण करने वालों का स्थान ग्रहण करने के लिए आवश्यक है। कुछ लोग बेरोजगार इसलिए रह जाते हैं कि नए उद्योगों की जटिलता के हिसाब से प्रशिक्षित नहीं होते। कुछ दूसरे, कम आय वाले अकुशल काम करने की अनिच्छा से बेरोजगार रह जाते हैं। इस तरह आम तौर से अगर नए उद्यम खुलें तो श्रमिकों का अभाव ही बना रहता है।

इसी अभाव की पूर्ति के लिए पिछले वर्षों में समय-समय पर पश्चिमी यूरोप में आगंतुक श्रमिकों (इमिग्रैंट्स) को प्रोत्साहित किया गया। बदलती स्थिति का आभास इसमें देखा जा सकता है कि अब बाहर से आकर काम करने वाले लोगों के खिलाफ आक्रामक रवैया अख्तियार किया जा रहा है। ब्रिटेन में तो आगामी आम चुनाव में नस्लवाद एक मुद्दा बन गया है क्योंकि कंजरवेटिव पार्टी के कुछ नेता गैर-यूरोपीय मूल के और बाहर से आकर ब्रिटेन में काम करने वाले लोगों के खिलाफ नस्लवाद की भावना को उभार कर अपने पक्ष में समर्थन जुटाने में लगे हैं। इस तरह पश्चिमी यूरोप में एक दुष्चक्र बना हुआ है। जब आर्थिक गतिविधियाँ तेज होती हैं तो श्रमिकों के अभाव को पूरा करने के लिए बाहर से श्रमिकों को लेना पड़ता है। लेकिन मंदी के काल में जब ये श्रमिक स्थानीय लोगों का काम लेने लगते हैं, इन देशों के लोग आक्रामक बन जाते हैं। इस तरह यूरोप में अब स्थायी रूप से फासीवादी रुझान बना रहता है। आस्ट्रिया में तो बाजाप्ता एक नवनात्सीवादी पार्टी का सत्ता पर वर्चस्व है।

औद्योगिक दृष्टि से पिछड़े और गरीब देशों में मंदी का प्रभाव स्पष्ट रूप से इसलिए दिखाई नहीं देता कि इन देशों में आधुनिक औद्योगिक व्यवस्था से सीधा जुड़ा हिस्सा पूरी अर्थव्यवस्था के हिसाब से बहुत छोटा है। यह आधुनिक हिस्सा विपन्नता के उस बड़े हौज से घिरा रहता है जिसमें गरीबी, रोजगार की अनिश्चितता या बेरोजगारी स्थायी स्थिति बनी रहती है। संगठित क्षेत्र के चढ़ाव-उतार के प्रभाव को यह क्षेत्र जज्ब करता रहता है। इसीलिए इसका प्रभाव सीधा दिखाई नहीं पड़ता। लेकिन इन व्यवस्थाओं के दुर्दिन का दबाव परोक्ष रूप से बढ़ते अपराधीकरण और व्यक्तियों और समूहों के आपसी संबंधों में बढ़ती हिंसा में दिखाई देता है। आज

दुनिया के सभी गरीब मुल्कों में मूल, धर्म, नस्ल, जाति आदि के इर्द-गिर्द हत्याएँ, दंगे और गृहयुद्ध स्थायी स्थितियाँ बनी दिखाई देती हैं। अलगाववाद का दबाव भी इसी का एक पहलू है। इनके छोटे से आधुनिक और समृद्ध तबके के लिए यह स्थिति एक 'सेफ्टीवाल्व' का भी काम करती है। व्यवस्था परिवर्तन की बजाय लोगों का रुझान इन छोटे स्थानीय प्रतिद्वंद्वियों से निपटने का होता है। इससे यथास्थिति कायम रहती है।

भारत और पूरी दुनिया जिस भीषण भविष्य की ओर अग्रसर हैं, उसका अहसास देश के शासकों और प्रमुख विरोधी दलों को नहीं है। कभी यह सपना देखा गया था कि अपने विकास के चरम बिंदु पर पूँजीवाद एक सुंदर भविष्य के लिए जमीन तैयार करेगा जहाँ से एक शोषणविहीन समाजवादी समाज की ओर संक्रमण होगा। इसके विपरीत पूँजीवाद अपने सबसे विकसित वैश्विक रूप में एक ऐसा समाज विकसित कर रहा है जो अपने संपन्न ध्रुव पर फासीवादी ह्रास और विपन्नता के ध्रुव पर विच्छिन्नतावादी विघटन की प्रक्रिया से उन सारे मानवीय मूल्यों को लोप की ओर ले जा रहा है जिन्हें समाज की सर्वश्रेष्ठ उपलब्धियाँ माना जाता रहा है।

वामपंथी विकल्प की समस्याएँ

आर्थिक और नैतिक दोनों दृष्टियों से वर्तमान राष्ट्रीय जनतांत्रिक गठबंधन सरकार अब सत्ता में बने रहने का अपना अधिकार खो चुकी है। देश की आर्थिक स्थिति चिंताजनक है। किसान और छोटे औद्योगिक उत्पादक बरबादी के कगार पर हैं। लेकिन देश के वित्तमंत्री को विदेशी वस्तुओं के लिए देश का दरवाजा खोलने का कोई दुष्परिणाम नहीं दिखाई देता। देश का भविष्य विदेशी कंपनियों के हाथ गिरवी रखा जा रहा है। एनरॉन प्रकरण ने स्पष्ट कर दिया है कि विदेशी कंपनियाँ देश को लूटने आती हैं, इसे संपन्न बनाने नहीं। इसके बावजूद विदेशी पूँजी को लुभाने के लिए हर तरह की राष्ट्र विरोधी शर्तें कबूल की जा रही हैं। अब स्थिति यहाँ तक बिगड़ गई है कि स्वयं भाजपा के मजदूर संगठन भारतीय मजदूर संघ के नेता तक वित्त मंत्री को देशद्रोही करार दे रहे हैं। इस सरकार के घटकों की नैतिकता का स्तर क्या है इसे 'तहलका' ने पूरी तरह उजागर कर दिया है।

विडंबना यह है कि वर्तमान अधःपतन के बावजूद राजग की यह चौकड़ी न सिर्फ सत्ता में बनी हुई है, बल्कि फिलहाल विपक्ष में ऐसी शक्ति दिखाई नहीं देती जो इसका स्थान लेने का दावा पेश कर सके। विपक्ष में भी वैसा ही नैतिक और नीति संबंधी शून्य है। जयललिता और लालू प्रसाद यादव ने चरित्र का कोई ऐसा नमूना नहीं पेश किया है जिससे लोग विपक्ष की नैतिकता पर भरोसा कर सकें। कांग्रेस से लेकर वामपंथी दलों तक ने लालू प्रसाद यादव और जयललिता को ही जब-तब अपना आसरा बनाया है। कांग्रेस आज भी बिहार में लालू प्रसाद यादव से गठजोड़ कर सत्ता में साझीदार है। स्वयं कांग्रेस के अतीत पर बोफोर्स सौदे में दलाली की काली छाया मँडरा रही है। जहाँ तक आर्थिक नीति का सवाल है, राजग ने घोषित रूप से मनमोहन सिंह की नीति को ही अपना आधार बनाया है, जो कांग्रेस की विरासत है। कोई अचरज नहीं कि देश के आम लोगों में विपक्ष की पार्टियों के लिए कोई उत्साह नहीं पैदा होता और जब वे इसे समर्थन देते हैं तो किसी दूसरे विकल्प की अनुपस्थिति की मजबूरी में ही।

काफी देर से अब वाम दलों ने कांग्रेस और राजग से अलग अपना तीसरा

मोर्चा बनाने की दिशा में पहल शुरू की है। यह इस अर्थ में ज्यादा सकारात्मक लगता है कि पुरानी 'धर्मनिरपेक्ष' दलों की एकता के बाँझ और नकारात्मक बंधन से मुक्ति मिल गई है। लोगों के जीवन से जुड़ी असली समस्याओं पर जब आंदोलन होंगे और जब इसके अनुभवों से जनमानस बनेगा तो सांप्रदायिकता के पूर्वग्रह से भी लोगों को मुक्ति मिलेगी। स्थितियाँ खुद धार्मिक कठमुल्लेपन के आधार को तोड़ेंगी। आज भारतीय मजदूर संघ, जो संगठित क्षेत्र के मजदूरों का सबसे बड़ा संगठन बन चुका है, श्रमिकों के जीवन पर पड़ने वाले आर्थिक नीतियों के प्रभाव के दबाव में ही बाकी मजदूर संगठनों के साथ मिलकर संघर्ष करने को आगे आया है। जैसे-जैसे यह संघर्ष व्यापक होगा, आम आदमियों के हितों की एकता का भाव मजबूत होगा और लोग समझेंगे कि धर्मों के नाम पर आदमी-आदमी को बाँटना एक बड़ा फरेब है। अगर हम लोगों की मानसिकता में उभरते इस बदलाव पर विचार करें तो पाएँगे कि वैश्वीकरण के विरोध की यह अभिव्यक्ति मजदूर संगठनों के सामने आने वाली समस्याओं का ही परिणाम है। मजदूर संगठनों की सदस्यता का बड़ा हिस्सा सार्वजनिक और सरकारी क्षेत्रों के मजदूरों से आता है। बैंक, बीमा आदि क्षेत्रों में विदेशी कंपनियों के प्रवेश की छूट और सार्वजनिक क्षेत्र की कंपनियों के विनिवेश ने इन क्षेत्रों के मजदूरों के सामने यह स्पष्ट कर दिया है कि नई आर्थिक नीति उनके रोजगार और जीवन, दोनों की सुरक्षा के लिए सीधा खतरा है। इस नीति से बड़े पैमाने पर छँटनी और रोजगार की कटौती अनिवार्य है।

भाकपा और माकपा की नीतियों में यह परिवर्तन संभवतः इनके मजदूर संगठनों के दबाव में ही हुआ है। बैंक और बीमा क्षेत्र के मजदूर संगठनों पर तो इन पार्टियों का वर्चस्व पूरा था और इस आधार को वे नजरअंदाज नहीं कर सकती थीं। यह बात कुछ विश्वास के साथ इसलिए कही जा सकती है कि दोनों वामपंथी दल इंद्र कुमार गुजराल और देवगौड़ा की गठबंधन सरकारों के समर्थक थे। भाकपा तो बाजाप्ता सरकार में शामिल थी जबकि उन सरकारों ने भी मूलतः वही आर्थिक नीति अपनाई थी जो आज राजग की है—यानी विश्व व्यापार संगठन में बने रहना और वैश्वीकरण की नीति को लेकर चलना। ज्ञातव्य है कि माकपा के ज्योति बसु भी एक समय इस गठबंधन सरकार के प्रधानमंत्री बनने के इच्छुक थे हालाँकि उनकी अपनी ही पार्टी में उठे विवाद से उनकी यह आकांक्षा अधूरी रह गई।

अगर वाम दल वास्तव में वर्तमान नीतियों के विरोध में एक कारगर विकल्प बनाना चाहते हैं तो उन्हें पिछली फिसलन के कारणों की गहरी परीक्षा करनी होगी और अपनी दृष्टि में आमूल चूल परिवर्तन करना होगा। मार्क्सवादी पार्टियों के भटकाव का मूल कारण उनकी औद्योगीकरण और आधुनिकीकरण संबंधी मूलबद्ध प्रतिबद्धताएँ

हैं। वे मानकर चलते रहे हैं कि तकनीक के विकास की एक स्वायत्त प्रक्रिया होती है जिससे बाकी सामाजिक संरचनाएँ निर्धारित होती हैं। इसे सामाजिक विकास का दिशा निर्धारक भले ही न मानें, लेकिन पश्चिमी देशों के गैर-मार्क्सवादी समाजवादियों और दूसरे अर्थशास्त्रियों में भी तकनीक को आधुनिकतम बनाने की गहरी लालसा रही है। इसे ही प्रगति का पर्याय माना जाता रहा है। इसी दृष्टि के कारण सोवियत संघ का विघटन हुआ क्योंकि आधुनिकतम औद्योगिक प्रगति के लिए उन्हें धीरे-धीरे पूर्ण रोजगार और समता के सारे मूल्यों को तिलांजलि देनी पड़ी। जब वहाँ की तानाशाही टूट गई तो इसी दबाव में पूरी व्यवस्था ही ध्वस्त हो गई। चीन में तो कम्युनिस्ट शासन और उसकी अधिनायकशाही के तहत ही उन्मुक्त पूँजीवादी व्यवस्था को देश में ला दिया गया। कम्यूनों के 'घर-पिछवाड़े के इस्पात कारखानों' की जगह अब पश्चिमी देशों, विशेषकर अमेरिका के विविध औद्योगिक प्रतिष्ठानों और भोजन गृहों की श्रृंखला चीन में फैल गई है। वहाँ के बीमा क्षेत्र में सत्ताईस विदेशी कंपनियाँ हैं। चीन के उद्योगों का तेज आधुनिकीकरण पूँजीवादी मानकों के तहत हो रहा है। लेकिन इसकी कीमत वहाँ के लोगों को उसी तरह चुकानी पड़ रही है जिस तरह उन दूसरे देशों में, जिन्होंने पूँजीवादी मानकों को अपनाया था। यानी देश में बड़ी संख्या में मजदूरों की छँटनी हुई है और यह अनुमान किया जाता है कि लगभग दस करोड़ किसान खेती छोड़ दूसरे कामों की तलाश में भटक रहे हैं। देश में गैर-बराबरी बहुत ज्यादा बढ़ी है और भ्रष्टाचार चारों ओर फैला है जिसमें कम्युनिस्ट पार्टी के ऊँचे ओहदों पर स्थापित लोग भी संलग्न हैं।

पश्चिमी यूरोप की समाजवादी कही जाने वाली पार्टियों ने अगर पूँजीवादी नीतियों को आत्यंतिक रूप में अपनाया है तो इसके पीछे भी अपने उद्योगों को विश्व के स्तर पर आधुनिकतम और स्पर्धा में सर्वाधिक सक्षम बनाने की धुन ही है। पश्चिमी यूरोप के समाजवादियों की एक मजबूरी भी इसके पीछे है। यूरोप की सबसे विकसित अर्थव्यवस्थाएँ पूरी तरह निर्यात और आयात पर निर्भर हैं। आवश्यक मात्रा में निर्यात कर पाने के लिए उनके उद्योगों के लिए विश्व स्तर की स्पर्धा में टिक पाना जरूरी है। स्पर्धा में सक्षमता के लिए उद्योगों में खर्च की कटौती और परिणामस्वरूप रोजगार में कटौती अनिवार्य बन जाती है। इसी उद्देश्य से पूँजीपतियों को टैक्स में कटौती आदि कीं राहत दी जाती है ताकि वे अंतर्राष्ट्रीय बाजार में मजबूती से पैर जमा सकें।

यूरोप की संपन्न अर्थव्यवस्थाओं में बेकारी के दंश से लोगों को बेकारी भत्ता के प्रावधानों से बचा लिया जाता है क्योंकि उनके आर्थिक साधनों की पृष्ठभूमि में ऐसा भत्ता

देना असह्य आर्थिक बोझ नहीं डालता। लेकिन भारत जैसे गरीब देश में जहाँ पहले से ही बेकारों की विशाल फौज किसी तरह का रोजगार पाने के लिए बेचैन है, इस समस्या को और विकराल बना अराजकता को आमंत्रित करना है। इसलिए वामपंथी दलों के लिए देश को विकल्प की सरकार दे पाने की विश्वसनीयता हासिल करने के लिए सिर्फ वर्तमान नीतियों की आलोचना करना काफी नहीं होगा। उन्हें तफसील से एक वैकल्पिक अर्थ नीति की रूपरेखा तैयार कर देश के सामने पेश करनी होगी और बतलाना होगा कि वे देश की कृषि और उद्योगों को कैसे चलाएँगे। यह भी कि लोगों की बेरोजगारी और गरीबी की समस्या से कैसे निपटेंगे।

इस बात को तो मान कर ही चलना होगा कि हम पश्चिमी देशों की आर्थिक नीतियों का अंधानुकरण कर कहीं नहीं पहुँचेंगे। हमारी समस्याएँ बुनियादी रूप से भिन्न हैं। हमारी अर्थव्यवस्था अंतर्राष्ट्रीय व्यापार पर निर्भर नहीं। इस निर्भरता को जानबूझकर बढ़ाना राष्ट्रीय आत्मघात है। फिलहाल हमारा अंतर्राष्ट्रीय व्यापार तमाम अंतर्राष्ट्रीय व्यापार का मुश्किल से एक प्रतिशत के लगभग होगा। मोटर वाहनों और वायुयान सेवा को लें। हमारे जीवन की रफ्तार के हिसाब से इनका विस्तार बिलकुल जरूरी नहीं। लेकिन हम पश्चिमी देशों की नकल में इन्हें बढ़ाए चले जा रहे हैं। नतीजा है कि हमारी पेट्रोलियम पदार्थों पर निर्भरता तेजी से बढ़ती जा रही है। अकेले इन पदार्थों के आयात पर हम सालाना अस्सी हजार करोड़ के आसपास खर्च करते हैं। स्वाभाविक है कि हमें अपने निर्यात को भी इसी पैमाने पर बढ़ाना होगा। इस तरह पश्चिमी देशों की तर्ज पर अपने जीवन को ढालना न तो हमारे लिए जरूरी है और न संभव। दुनिया का सबसे संपन्न देश अमेरिका स्वयं उपभोग के सीमाहीन विस्तार में ऐसा फँसा है कि उसके लिए इससे निकलना कठिन हो रहा है। भारत से प्रति व्यक्ति चालीस गुना अधिक ऊर्जा खपत करने के बावजूद यह ऊर्जा के अभाव से जूझ रहा है। इस दबाव में पुनः परमाणु ऊर्जा संयंत्र लगाने की योजना सुझाई जा रही है जिसे कभी खतरनाक समझ कर बंद कर दिया गया था। 'क्योतो प्रोटोकॉल' के तहत पर्यावरण रक्षा के लिए ऊर्जा की खपत पर जो कटौती करना उसके लिए अनिवार्य माना गया था उससे भी वहाँ की सरकार पीछे हट रही है। यह बतलाता है कि अपने उपभोग को बेलगाम बना देने पर एक अत्यधिक संपन्न और शक्तिशाली देश भी अपनी राष्ट्रीय और अंतर्राष्ट्रीय जबावदेहियों को निभाने में असहाय बन जाता है। भारत के लिए तो वह जीवन स्तर पाना वैसे ही अकल्पनीय है।

देश के मध्य वर्ग और इससे आए हमारे देश के दक्षिणपंथी और वामपंथी तमाम नेताओं में यह भ्रम फैला हुआ है कि अधिक वस्तुओं के उपयोग से जीवन की गुणवत्ता बढ़ती है। हकीकत इसके ठीक उलट है, जिसे हमारे मनीषियों ने ठीक-ठीक समझा था। अंतर्राष्ट्रीय व्यापार दरअसल बिचौलियों का विस्तार कर जीवन को खर्चीला जरूर बनाता है, सुखकर नहीं। पड़ोस के खेत से लिए गए फ़ल या सब्जी की जगह

दूर-दराज से आयातित डिब्बाबंद साग या फल महँगे जरूर होते हैं, स्वास्थ्यवर्धक नहीं। न ठेलों पर के चाट से मैक्डोनल्ड के फ्रेंच फ्राई ज्यादा स्वादिष्ट—वे सौ गुना महँगे भले ही हों।

वामपंथ पर आधुनिकता का मोह कुछ ज्यादा ही गहरा है। इस भ्रम से मुक्त हुए बगैर वे भी सत्ता में आने पर बिलकुल वे ही नीतियाँ चलाएँगे जो कांग्रेसी या राजग की सरकारें चलाती रही हैं। सादगी पर आधारित आत्मनिर्भरता को छोड़ देश के सामने स्वस्थ जीवन का कोई विकल्प नहीं—व्यक्तिगत और सामाजिक दोनों ही अर्थ में। देश में एक कारगर राजनीतिक विकल्प के लिए यह बुनियादी समझ जरूरी है। वामपंथ की एकता का अगर यह आधार नहीं बनता तो फिर वह सत्ता में आने पर कुछ दिखावटी कलाबाजियाँ भले ही कर ले, नीतियों में परिवर्तन नहीं कर सकता। वामपंथ इस बुनियादी सवाल पर क्या सोचता है, इसे स्पष्ट रूप से घोषित करना चाहिए, तभी उसे टिकाऊ जनसमर्थन मिलेगा।

दो पाटन के बीच किसान

अभी हम एक विलक्षण आर्थिक स्थिति से गुजर रहे हैं। एक तरफ मुद्रास्फीति की दर, यानी समग्र रूप से वस्तुओं की कीमतों की सालाना बाढ़ की दर पिछले साल के तीन प्रतिशत के मुकाबले आठ प्रतिशत से अधिक हो गई है तो दूसरी तरफ कृषि उत्पादों की कीमत में भारी गिरावट आई है। खाद्यान्न के मामले में तो देश के कई भागों में किसानों को सरकार द्वारा निर्धारित खरीद मूल्य से भी आधी दर पर अन्न बेचना पड़ रहा है। यह स्थिति रूस के 1924 के उस विख्यात विवाद की याद दिलाती है जिसने नवजात कम्युनिस्ट अर्थव्यवस्था को एक निर्णायक दिशा दी। उस विवाद को 'कैंची के संकट' ने जन्म दिया था। कैंची का संकट नाम दिए जाने के पीछे स्थिति यह थी कि उस समय रूस में कृषिजन्य वस्तुओं की कीमतों का ग्राफ और औद्योगिक वस्तुओं की कीमतों का ग्राफ दो विपरीत दिशा में चल रहे थे। पहला नीचे की तरफ और दूसरा ऊपर की तरफ, जैसे कैंची के दो ब्लेड फैल कर अलग हो रहे हों। इससे यह आशंका पैदा हो गई थी कि किसान बाजार में अपनी पैदावार नहीं लाएँगे और अर्थव्यवस्था पर संकट आ जाएगा। इस संकट से उबरने के दो विपरीत रास्ते बतलाए गए। एक बुखारिन (कम्युनिस्ट नेता और अर्थशास्त्री) द्वारा बतलाया गया जिसमें वे किसानों को अधिक कीमत देना चाहते थे ताकि उनमें खुशहाली आए। उनकी स्थापना थी कि चूँकि रूस में 'कमांडिंग हाइट' (यानी समाज की दिशा निर्धारक शक्ति) समाजवादी व्यवस्था के हाथ में है, खुशहाल किसान समाजवादी व्यवस्था के तानेबाने में उलझकर इस व्यवस्था को ही संपन्न बनाएँगे। दूसरा रास्ता त्रात्स्कीवादी नेता प्रियो ब्रेजेंस्की द्वारा सुझाया गया। इसमें किसानों से सख्ती से निपटने की सलाह दी गई थी और आगाह किया गया था कि संपन्न किसान, जिन्हें वहाँ कुलक कहा जाता था, का विकास अंतर्राष्ट्रीय पूँजीवाद के समर्थन से प्रतिक्रांति का आधार बन सकता है। एक कटु अंतर्द्वंद्व के बाद अंततोगत्वा स्तालिन के नेतृत्व में कम्युनिस्ट व्यवस्था ने सामूहीकरण के द्वारा किसानों के अस्तित्व को मिटाने का निर्णय किया। किसान सामूहिक फार्मों पर मजदूर बना दिए गए। अब कृषि उत्पादों पर सरकार का पूरा नियंत्रण हो गया और कृषि के दोहन के आधार

पर तेज औद्योगिक विकास की शुरुआत हुई।

वैसे तो ऊपर दिया गया विवरण कम्युनिस्ट व्यवस्था के अतिवादी रुझान से पैदा विलक्षण स्थिति का मालूम पड़ता है लेकिन दरअसल शहरी संस्कृति और साम्राज्यों का अब तक का पूरा इतिहास यह बतलाता है कि प्राचीन काल से अब तक नगर-केंद्रित सभ्यताओं का आधार किसी न किसी तरह कृषि उत्पादकों के शोषण से प्राप्त अधिशेष ही रहा है। चाहे मिस्र के फेलाईन (राज्य के बँधुआ किसान) रहे हों, चाहे रोम के फार्मों (लातिफूंडिया) पर काम करने वाले गुलाम, चाहे 1868 से 1911 तक के मेइजी काल के जापान के किसान, चाहे यूरोप के सामंती काल के सर्फ इनका ही शोषण इन सभ्यताओं का आधार रहा है। वर्तमान औद्योगिक व्यवस्था में प्राथमिक पूँजी संचय का मूल स्रोत तो प्रत्यक्ष या परोक्ष रूप से किसानों से प्राप्त अधिशेष ही रहा है।

रूस में किसानों का अस्तित्व बहुत नाटकीय ढंग से नृशंस राजशक्ति के प्रयोग के द्वारा मिटाया गया। यही काम वर्तमान पूँजीवादी औद्योगिक व्यवस्था ने राज्य की शक्ति की जगह बाजार की शक्ति का प्रयोग कर किया है। हमारे देश में जो संकट किसानों के सामने आते रहे हैं, उसका उत्स भी यही है और इसलिए इस पर थोड़ा विस्तार से विचार करना जरूरी है।

पूँजीवादी व्यवस्था में स्पर्धा में टिके रहने के लिए उत्पादित वस्तुओं की कीमतों को कम करके रखना जरूरी होता है। इसके लिए कृषि उत्पादों का सस्ता होना महत्त्वपूर्ण है। इसके लिए औद्योगिक कच्चे माल जैसे नारियल, सोयाबीन या दूसरे तिलहन, कपास, पटसन, बाँस, यूकेलिप्टस जैसी वनोपजों, गन्ना, चुकंदर आदि का सस्ता होना जरूरी होता है। दूसरी ओर मजदूरों के जीवनयापन के खर्च को कम रखने के लिए अन्न का भाव भी कम रखना जरूरी है। अन्न का भाव बढ़ने से मजदूरी बढ़ाने की माँग शुरू हो जाती है। इसी से अन्न का भाव कम रखने के सवाल पर प्रायः मजदूर और मालिक एक हो जाते हैं। इसीलिए पिछले दशकों में भारत का वाम पंथ भी अन्न के भाव को कम रखने पर जोर देता रहा है। उद्योगपतियों और श्रमिकों का यह संयुक्त मोर्चा काफी पुराना है। औद्योगिक प्रसार के प्रारंभिक काल में स्वयं ब्रिटेन में उद्योगपति और मजदूर दोनों ही इस बात पर एक थे कि 'कॉर्न लॉ' जिसके तहत अन्न के आयात पर प्रतिबंध था, हटाया जाए और 1846 में इसे हटाना पड़ा। इस कानून के कारण ब्रिटेन में अन्न महँगा रहता था।

औद्योगिक दृष्टि से विकसित देशों में कृषिजन्य वस्तुओं की कीमतों को कम रखने का सीधा परिणाम हुआ किसानों के अस्तित्व का नाश। यहाँ किसानों से अर्थ उन छोटे किसानों से है जो अपनी छोटी जोतों पर मूलतः पारिवारिक श्रम और अपेक्षतया छोटे उपकरणों से काम करते हैं। यह जरूरी नहीं कि छोटी जोतों पर प्रति इकाई

उत्पादन कम हो। दरअसल छोटी जोतों पर पौधों की देखरेख, मौसम के अनुसार त्वरित उपचार, आदि ज्यादा अच्छी तरह हो सकता है। इसके अलावा किसान खेती से भावनात्मक रूप से जुड़ा होता है और उस पर अत्यधिक ध्यान देता है। इसके विपरीत बड़े फार्मों पर श्रमिकों और व्यवस्थापकों पर निर्भरता होती है जिनका वैसा भावनात्मक जुड़ाव नहीं होता। लेकिन विशाल आकार का लाभ दूसरी तरह से होता है। फर्ज कीजिए कि पैदावार की स्थिति छोटे और बड़े फार्मों में समान है और लागत काट कर प्रति एकड़ हजार रुपए की बचत होती है। अब इस बचत से पाँच एकड़ वाले किसान को पाँच हजार रुपए की बचत होगी जो जीवनयापन के लिए काफी कम पड़ेगी। दूसरी ओर हजार एकड़ वाले फार्मर को इसी दर से दस लाख रुपए की बचत होगी। वह चाहे तो अपनी उपज की कीमत को कम करके भी अपना और अपनी खेती का खर्च चला सकता है। लेकिन इस स्पर्धा में छोटा किसान अपना अस्तित्व नहीं बचा पाएगा।

इसी कारण औद्योगिक देशों में उन्मुक्त बाजार व्यवस्था के तहत छोटे किसान हाशिए पर जाते-जाते विलुप्त हो गए। संपन्न औद्योगिक देशों में यह नीति अपनाई गई कि छोटे किसानों को प्रोत्साहन दे वैकल्पिक कामों में लगाया जाए क्योंकि अपनी छोटी जोतों पर वे देश के लिए निर्धारित न्यूनतम जीवन स्तर पाने में अक्षम बन गए। इसी प्रक्रिया में अमेरिका में खेती में लगे लोगों की संख्या तीन प्रतिशत के लगभग रह गई और ब्रिटेन में भी पाँच प्रतिशत से कम ही।

इस संख्या में खेती में लगे भू-स्वामी और मजदूर सभी शामिल हैं। सिर्फ जापान में छोटी जोतें अब भी जीवित हैं क्योंकि राष्ट्रीय सुरक्षा को ध्यान में रख कर जापान ने अन्न के मामले में आत्मनिर्भरता की नीति अपनाई। अपने किसानों को विश्व बाजार में चालू अन्न की कीमतों से कई गुना कीमत देता रहा। यह ध्यान देने योग्य बात है कि जापान में कृषि योग्य भूमि बहुत कम है और द्वितीय विश्व युद्ध के बाद जनरल मैकआर्थर ने जापान पर अमेरिकी अधिकार के काल में सामंती प्रभाव को खत्म करने के लिए सात एकड़ की भूमि हदबंदी लागू कर दी थी। हाल के दिनों में विश्व व्यापार संगठन के दबाव में जापान को भी अल्प मात्रा में खाद्यान्न आयात करने को मजबूर किया गया है। चूँकि जापान की अर्थव्यवस्था मूलतः निर्यात आधारित है, जिसका लाभ इसकी विशाल अर्थव्यवस्था को मिलता है, वह विश्व व्यापार संगठन के प्रावधानों का तिरस्कार नहीं कर सकता था।

लेकिन आधुनिक औद्योगिक व्यवस्था के आरोहण के हर पग पर किसानों के हित की बलि चढ़ाई जाती है। चाहे नर्मदा जैसे बड़े बाँधों से हो, राष्ट्रीय राजमार्गों के लिए भूमि अधिग्रहण से हो, औद्योगिक नगर बसाने के लिए हो या महानगरों

या अभयारण्यों का प्रसार हो, सभी में किसानों का ही विस्थापन होता है। एक तरह से वर्तमान सभ्यता में विस्थापन किसानों की नियति बन गई है। जो लोग कृषि को उद्योगों का दर्जा देने की वकालत करते हैं, वे या तो इसके निहितार्थ से अनभिज्ञ हैं या जानबूझ कर बड़े उद्योगों और बड़े औद्योगिक फार्मों के विकास के लिए छोटे किसानों का अस्तित्व मिटाने का वातावरण बना रहे हैं। कृषि भूमि को हदबंदी कानून से मुक्त करने और कृषि में देशी और विदेशी पूँजीविनेश के लिए दरवाजा खोलने की पहल को इसी पृष्ठभूमि में देखा जाना चाहिए। एक बार यह शुरू हुआ तो धीरे-धीरे विपन्न होते छोटे किसान अपनी जमीन बड़े पूँजीवादी प्रतिष्ठानों के हाथ बेच देंगे और फिर आजीविका की तलाश में भटकेंगे।

कम्युनिस्ट विचारधारा में छोटे किसानों के प्रति उपेक्षा और बड़े फार्मों के प्रति आकर्षण का ही परिणाम है कि केरल और पश्चिम बंगाल जैसे राज्यों में, जहाँ वामपंथ लंबी अवधि तक सत्ता में रहा है, औद्योगिक दृष्टि से महत्त्वपूर्ण चाय, कॉफी, रबर, इलायची, नारियल, आदि के फार्मों पर कभी कोई भू-हदबंदी नहीं लागू की गई और इन दोनों राज्यों में हजारों हजार एकड़ के औद्योगिक फार्म बड़े औद्योगिक घरानों के हाथ में हैं। धान, गेहूँ जैसे कम मुनाफे वाले क्षेत्रों में ही भू-हदबंदी लागू की गई जिनमें बड़े पूँजीपतियों की दिलचस्पी नहीं थी। केरल में तो धान की खेती काफी दिनों से घाटे की हो रही है। इससे किसान इन्हें आवासीय प्लाटों, या जहाँ संभव है नारियल के फार्म में बदल रहे हैं। लेकिन छोटे किसानों के लिए अब नारियल की खेती भी घाटे की होने लगी है और संभव है कि बड़े प्रतिष्ठानों की इजारेदारी वहाँ भी कायम हो जाए। फिर किसान कहाँ जाएँगे?

हकीकत यह है कि छोटे किसान संरक्षित बाजार के भीतर ही अस्तित्व में रह सकते हैं जहाँ विशाल उत्पादकों की प्रतिस्पर्धा से उन्हें लागत से कम भाव पर अपना उत्पाद बेचने की मजबूरी न हो। लेकिन यह उन्मुक्त वैश्विक व्यवस्था के भीतर संभव भी नहीं। इसलिए छोटे किसानों के अस्तित्व—यानी इस देश की दो-तिहाई आबादी के अस्तित्व की रक्षा देश को वैश्विक बाजार की स्पर्धा से बचाने से ही संभव है। लेकिन यह तो हो नहीं सकता कि हम खेती को तो स्पर्धा से मुक्त रखें और उद्योगों को वैश्विक व्यवस्था से जोड़ें। इसके लिए हमें कृषि और उद्योग दोनों में निवेश को समस्तर बनाना होगा। यानी छोटी तकनीक अपनानी होगी। यह हमारी अर्थव्यवस्था और जीवन के प्रतिमानों को एक नई दिशा देने की माँग करती है। देश के बहुसंख्य लोगों की रक्षा के लिए हमें इस चुनौती को स्वीकार करना होगा।

अधिकता से अभाव तक

वर्तमान अर्थनीति की यह विडंबना ही है कि जो स्थितियाँ लोगों की खुशहाली का आधार बन सकती थीं वे आज अनेक लोगों के लिए विपन्नता और हताशा से आत्महत्या तक की नौबत ला रही हैं। यह स्थिति आज चारों ओर हमारे किसानों के जीवन और कृषि उत्पादकता में देखी जा सकती है। इस साल सरकार इस बात की वाहवाही लूट रही थी कि देश में रेकॉर्ड अन्न उत्पादन हुआ है। लेकिन इस उपलब्धि का नतीजा रेकॉर्ड अन्न उपजाने वाले किसानों के जीवन पर क्या हो रहा है, इस ओर वर्तमान नीति निर्धारकों का ध्यान नहीं जाता। किसानों की यह दुर्दशा सरकारी नीतियों का ही परिणाम है। ऐसे समय जब कृषि उत्पादन 'रेकॉर्ड' था, सरकार ने अन्न समेत सैकड़ों वस्तुओं के निर्बाध आयात के लिए देश का दरवाजा खोल दिया। इससे अनेक उद्यमों में लगे लोगों के उद्योग-धंधे बंद हो रहे हैं। लेकिन सबसे बुरी स्थिति किसानों की हो रही है। सोयाबीन, तिलहन और नारियल उत्पादकों के उत्पादों के मूल्य गिर गए हैं। खरीदगी के अभाव में गेहूँ और धान आदि के सरकार द्वारा निर्धारित समर्थन मूल्य से आधी कीमत पर किसान मजबूरी में अपना अनाज बेच रहे हैं। दूसरी ओर बजट घाटा कम करने के नाम पर उर्वरकों का मूल्य बढ़ा दिया गया है। डीजल का दाम बढ़ा देने से ट्रैक्टर से जुताई, दँवरी और ढुलाई का खर्च बेतहाशा बढ़ गया है। निजी या उधार पूँजी लगा खेती करने के बाद अब बिक्री के समय लागत से कहीं कम कीमत पर गल्ला बेचने की मजबूरी से किसानों के सामने घोर अंधकार है। छोटे किसानों के लिए जीवनयापन या खेती के उद्देश्य से लिए गए कर्ज की अदायगी का एकमात्र उपाय खेत बेचना या गिरवी रखना रह गया है।

यह उन्मुक्त प्रतिस्पर्धा के दर्शन और वैश्वीकरण की अर्थनीति का कमाल है कि अन्न की प्रचुरता देश में वरदान के बदले अभिशाप बनी हुई है। पूँजीवादी व्यवस्था में, जहाँ उत्पादन आवश्यकता-पूर्ति के लिए नहीं मुनाफे के लिए होता है, यह नई बात नहीं है कि अन्न का अधिक उत्पादन आर्थिक संकट पैदा कर दे। बार-बार ऐसा हुआ है कि अमेरिका जैसे धनी और बाजार के लिए अन्न पैदा करने वाले देशों में लाखों टन अनाज समुद्र में डुबा दिया गया ताकि अन्न की कीमत ऊँची

रखी जा सके। प्रायः उन देशों में जहाँ अन्न का अभाव होता है, खरीदने के लिए धन का भी अभाव होता है। इसलिए अन्न के खरीदार नहीं मिलते और इसका दाम गिरता है। अगर बाजार का दायरा सीमित यानी राष्ट्रीय हो तो कृषि उत्पादों की कीमतों को एक हद तक बचाया जा सकता है—जापान अभी तक यह नीति अपनाता रहा है। लेकिन अब जब बाजार वैश्विक है, उन देशों के कृषि उत्पादों की तुलनात्मक कीमतें सदा नीची रहेंगी जहाँ उत्पादकों को सबसे अधिक प्राकृतिक सुविधा उपलब्ध है या भारी मात्रा में सरकारी अनुदान प्राप्त है। अनुदान की सुविधा संपन्न औद्योगिक देशों के कृषि उत्पादकों को आसानी से उपलब्ध हो जाती है क्योंकि इन देशों की पूरी आय के अनुपात में कृषि की आय काफी कम होती है और अनुदान का बोझ वहन करना आसान होता है। लेकिन भारत जैसे देश में जहाँ उद्योग या दूसरे क्षेत्रों में आय काफी कम है, उद्योग धंधे कृषिजन्य वस्तुओं की कीमत कम रख अपना मुनाफा बढ़ाना चाहते हैं। इस तरह भारत के किसान आज सस्ते आयात और देश की पूँजीवादी व्यवस्था दोनों की मार से पीड़ित हैं। उन्मुक्त वैश्विक बाजार व्यवस्था के तहत इस संकट से किसानों को बचाया भी नहीं जा सकता।

हाल में चार भूतपूर्व प्रधानमंत्रियों ने किसानों को वर्तमान संकट से बचाने की दिशा में कुछ पहल की है। किसानों के संकट के प्रति उनकी संवेदनशीलता स्वागत के योग्य है। लेकिन इस पहल के लिए उन्हें कुछ पुरानी वैचारिक गठरियों को छोड़ना होगा। फिलहाल ऐसा नहीं लगता कि वे इस संकट के मूल कारणों को समझ रहे हैं या उन्हें मिटाने की बात सोच रहे हैं। विश्वनाथ प्रताप सिंह अब भी समस्या का समाधान विश्व व्यापार संगठन के प्रावधानों के भीतर ही देख रहे हैं। उन्होंने भारत सरकार पर यह आरोप लगाया है कि उसने अनावश्यक अपने बाजार को निर्धारित समय सीमा के पहले ही पूरी तरह खोल दिया है जबकि विश्व व्यापार संगठन के प्रावधानों के तहत यह अनिवार्य नहीं था। इससे ऐसी ध्वनि निकलती है कि विश्व व्यापार संगठन के प्रावधानों का लाभ उनका सही उपयोग करके उठाया जा सकता है। इस तरह के बयानों से देश में विश्व व्यापार संगठन और वैश्वीकरण के संबंध में भ्रम पैदा होता है। दरअसल विश्व व्यापार संगठन और वैश्विक बाजार व्यवस्था ही किसानों के संकट का मूल कारण है। कृषि उत्पादों की प्रचुरता देश के आर्थिक विकास में सहायक तभी बन सकती है जब हम उन्मुक्त बाजार की नीति अपनाने की बजाय देश को बाजार व्यवस्था से उन्मुक्त रखें। स्वावलंबी विकास के आदर्श को अपनाकर ही यह किया जा सकता है।

आज भारत सरकार विश्व बैंक और अंतर्राष्ट्रीय मुद्राकोष के आदेशों का पालन आँख बंद कर इसलिए कर रही है कि उसे यह मुगालता है कि इससे भारी मात्रा

में देश में बाहरी पूँजी निवेश होगा। यह भ्रम देश के पूरे मध्यवर्ग में व्याप्त है जिससे सरकार की वर्तमान नीति को समर्थन मिलता है। हकीकत यह है कि भारत में विदेशों से आने वाली पूँजी की मात्रा बहुत कम रही है और आती भी है तो प्रायः शेयर बाजार के माध्यम से जो पलक मारते ही निकल जाती है। बाकी स्थापित उद्योगों को आंशिक रूप में या पूरी तरह खरीदने के लिए अगर विदेशी पूँजी बड़ी मात्रा में आए भी तो भारत दक्षिण कोरिया या सिंगापुर जैसा छोटा देश नहीं है जिसका बाहरी पूँजी से कायाकल्प हो जाएगा।

विदेशी पूँजी के लोभ में हम अपने देश के विशाल पूँजी-स्रोत यानी श्रमशक्ति को नजरअंदाज कर रहे हैं या नष्ट कर रहे हैं। लोग भूल जाते हैं कि पूँजी का मूल स्रोत मानव श्रम ही है, विशेषकर उत्पादक पूँजी का। सड़क निर्माण, नहर निर्माण, कारखानों के लिए भवन का निर्माण या बिजली के लिए बिजलीघर बनाने से लेकर तार के खंभे या तार बिछाने का काम सारा का सारा मानव श्रम से होता है या किया जा सकता है। अगर हम नवीनतम पश्चिमी तकनीक के आग्रही हैं तो भी मशीनों पर लगी पूँजी किसी उद्योग में लगी पूरी पूँजी का छोटा हिस्सा ही होगी। गृह निर्माण के लिए आवश्यक ईंट, पत्थर या लकड़ियाँ तो पूरी तरह मानव श्रम से ही उपलब्ध होती हैं। इस तरह औद्योगिक आधारभूत संरचना तो लगभग पूरी तरह मानव श्रम से ही उपलब्ध होती है। फिर हम इसका विकास क्यों नहीं कर पाते? इसका कारण यह है कि हम यह आधारभूत संरचना भी आयातित तकनीक और पूँजी के स्वरूप और उसकी आवश्यकता के अनुसार ही करते हैं। यह पूँजी या तो बहुत कम होती है या फिर अपने ढंग की आधारभूत संरचना की माँग करती है। प्रश्न उठता है कि इस उत्पादक श्रम को क्रियाशील करके पूँजी में कैसे बदला जाए। इस सवाल पर विचार करते हुए देश के अतिरिक्त अन्न भंडार की भूमिका तुरंत नजर आने लगती है। तब यह दिखाई देने लगता है कि अन्न की प्रचुरता अभिशाप नहीं है जैसा कि आज दिखाई देता है, बल्कि वरदान है। इसी से जुड़ी होती है लघु और घरेलू उद्योगों पर आधारित स्वावलंबी औद्योगिक व्यवस्था।

निर्माण कार्यों में विशाल मात्रा में श्रमिकों को लगाने में जो समस्या सामने आती है वह यह है कि इन श्रमिकों को निर्वाह के लिए आवश्यक सामग्री कहाँ से उपलब्ध कराई जाए। इसका जवाब हे उस अतिरिक्त अन्न की उपलब्धता से, जो खाद्यान्न उत्पादन की निरंतर वृद्धि से प्राप्त हो सकती है। इस अन्न को काम के एवज में दिया जा सकता है। एक अत्यंत छोटे पैमाने पर आज भी 'फूड फॉर वर्क' योजनाओं के तहत ऐसा किया जाता है। लेकिन वह महज राहत कार्य होता है। उसके पीछे कोई बड़ा नियोजन नहीं होता। एक दूसरी तरह से, अगर देश में अन्न यथेष्ट मात्रा में उपलब्ध है तो सरकार बेहिचक नोट छाप कर निर्माण कार्य में लगे मजदूरों को दे सकती है। इससे वैसी मुद्रास्फीति की संभावना नहीं होगी जैसी आवश्यक

वस्तुओं के अभाव में मुद्रा की बहुलता से होती है। लेकिन जिन श्रमिकों की आय रोजगार पाने से बढ़ेगी वे सिर्फ अन्न पर ही खर्च नहीं करेंगे। वे आवश्यकता की अन्य वस्तुओं जैसे कपड़े, जूते, तेल, साबुन आदि पर भी खर्च करेंगे। अगर इन वस्तुओं का उत्पादन करने वाले घरेलू उद्योगों को देशी और विदेशी बड़े उद्योगों की प्रतिस्पर्धा से बचाया जा सके तो माँग बढ़ने से इन उद्योगों का भी तेजी से विकास होगा और बेकार पड़ी श्रमशक्ति इन उद्योगों में कार्यरत होगी। इसका अर्थ होगा खाद्यान्नों की और अधिक माँग। इस तरह अनाज के उत्पादन की वृद्धि के साथ-साथ उसकी माँग भी बढ़ती जाएगी और आज जैसी प्रचुरता के संकट का सामना नहीं करना पड़ेगा।

ऐसा नहीं है कि विकास की यह राह बिलकुल अजनबी हो। चीन में क्रांतिकाल में और 1948 से क्रांति के बाद लगभग दो दशक तक विकास का यही मार्ग अपनाया गया था। चीन में आधारभूत संरचना का अत्यधिक प्रसार, जो आज बाहरी पूँजी को आकर्षित करता है, इसी नीति का परिणाम है। यह सच है कि यह नीति परिस्थितिवश अपनाई गई थी। चीन में जापान विरोधी अभियान और गृहयुद्ध के काल में कम्युनिस्ट शासन के क्षेत्र ग्रामीण इलाकों में थे जो दुनिया के औद्योगिक क्षेत्रों से पूरी तरह कटे हुए थे। इस मजबूरी में कम्युनिस्ट शासन को स्थानीय लघु उद्योगों के आधार पर ही अपनी आवश्यकताओं की पूर्ति करनी होती थी। इस नीति के दो परिणाम हुए : एक तो चीन अपनी विशाल श्रम शक्ति का पूरा उपयोग अपनी आर्थिक प्रगति के लिए कर सका; दूसरा वह कृषिजन्य वस्तुओं की बढ़ती माँग के अनुरूप कृषि उत्पादन को बढ़ाता रहा। इस तरह उसे बाजार के संकट का सामना कभी नहीं करना पड़ा क्योंकि उसके छोटे उद्योगों और उनमें कार्यरत लोगों की आवश्यकता लगातार फैल रही थी। इसी का परिणाम है कि भारत से कम खेती लायक जमीन होने के बावजूद चीन में कृषि की उपज भारत से कहीं अधिक है।

आज जब चीन ने अपने को विश्व बाजार से जोड़ लिया है, इसके दुष्परिणाम दिखाई देने लगे हैं। वहाँ के करोड़ों किसान खेती छोड़ रोजगार की तलाश में भटकने लगे हैं। भारत को दुनिया के अनुभवों से सबक लेना चाहिए और वैश्वीकरण की मृग मरीचिका के पीछे भागने की नीति का परित्याग करना चाहिए जो कि बरबादी का रास्ता है। निर्बाध प्रतिस्पर्धा की नीति के कारण अमेरिका, ब्रिटेन और कई दूसरे औद्योगिक देशों में छोटे किसानों का अस्तित्व खत्म हो चुका है। विश्व स्तर पर इस नीति को बेरोकटोक चलने देने का परिणाम होगा भारत जैसे देशों की बरबादी जिनमें कुछ प्लांटेशनों को छोड़कर बाकी सारे के सारे किसान छोटी जोतों पर निर्भर हैं। इसलिए यह मामला कुछ कम या ज्यादा, जल्दी या देरी से उदारीकरण का नहीं है, बिलकुल

एक नई आर्थिक नीति लेकर चलने का है। इसमें कृषि और उद्योग दोनों में स्वायत्तता पर जोर होगा और छोटी खेती और छोटे उद्यमों को पूरा संरक्षण देना होगा।

अभी देश भर में किसानों में हाहाकार है। अन्न की खेती करने वाले किसान अपनी खेती का रकबा घटाने की बात सोच रहे हैं। अनेक किसान यह कह रहे हैं कि अगली रबी की फसल वे उतनी ही उगाएँगे जितनी उनके अपने भोजन के लिए जरूरी होगी। विकल्प के बारे में उनके सामने अंधकार है। अगर यह हताशा कायम रही तो अगले साल-दो साल में देश रेकॉर्ड अन्न उत्पादन की जगह रेकॉर्ड अन्न के अभाव का सामना करेगा। अगर इससे अकाल पड़ा तो भारत की विशाल जनसंख्या को खिलाने के लिए दुनिया में कहीं अन्न उपलब्ध नहीं होगा। किसान अपनी संख्या के बल देश की आर्थिक नीति को बदल सकते हैं। लेकिन इसके लिए उन लोगों को अपना दिमाग साफ करना होगा जो किसान शक्ति का आह्वान कर रहे हैं।

भ्रष्टाचार की जड़ कहाँ है

पिछले दिनों समाचारों पर घोटाले छाए रहे। वैसे व्यावसायिक दृष्टि से मीडिया का घोटाले या दूसरे सनसनीखेज समाचारों की ओर विशेष रुझान रहता ही है। लेकिन हवाला कांड और उससे भी दस गुना बड़ी रकम वाला बिहार के पशुपालन विभाग का घोटाला दोनों अपने चरित्र और मात्रा में वहाँ पहुँच गए हैं जहाँ पूरी लोकतांत्रिक व्यवस्था के अस्थिर हो जाने का खतरा पैदा हो जाए। जनता दल के वरिष्ठ नेता और उड़ीसा के भूतपूर्व मुख्यमंत्री बीजू पटनायक ने तो यहाँ तक कह दिया कि अब भारत में सत्ता सैनिक अफसरों के हवाले कर देनी चाहिए। जाहिर है कि बीजू पटनायक का बयान हताशा की अभिव्यक्ति थी, कोई सुविचारित सुझाव नहीं था। फौजी शासनों—स्वयं हमारे पड़ोसी देश के फौजी शासनों—के अनुभव यही बतलाते हैं कि जनप्रतिनिधियों के नियंत्रण से मुक्त और जनता की दृष्टि से ओझल, फौजी शासन कहीं अधिक भ्रष्ट होते हैं। यह भी नहीं कहा जा सकता जैसा कि कुछ लोग कहते हैं, कि यह आर्थिक खुलापन की नीति के अधूरापन से पैदा संक्रमणकालीन प्रसव पीड़ा है। यही कारण नहीं हो सकता क्योंकि कुछ पूरी तरह उन्मुक्त औद्योगिक व्यवस्था जैसे इटली और जापान में पिछले दशकों में भ्रष्टाचार के आरोपों के कारण बार-बार सरकारें गिरती रही हैं। इससे यह भी नतीजा निकालना गलत होगा कि जन्म तथा मृत्यु की तरह भ्रष्टाचार भी सरकारों के जीवन-वृत्त का अभिन्न अंग है। यह भी एक तरह का नियतिवाद होगा। इस निराशा के विपरीत हमें गहराई से इसके कारणों को समझना होगा ताकि निराकरण ढूँढ़ा जा सके।

मानव विकास का द्वंद्व

वैसे एक तात्कालिक समस्या के निदान के लिए पूरे मानव समाज और मनुष्य के स्वभाव का विवेचन सवाल को भारी भरकम दार्शनिकता में उलझाना-सा लग सकता है। लेकिन यह देखते हुए कि संसार भर के मीडिया का केंद्र बनने एवं राजनीति एवं अर्थनीति के पंडितों की माथापच्ची के बावजूद यह समस्या जाने का नाम नहीं लेती, इसके तात्कालिक परिप्रेक्ष्य से पीछे जा मानव विकास के द्वंद्व में इसे समझना जरूरी लगता है।

मनुष्य अपनी प्रारंभिक अवस्था में पचास से सौ की संख्या के छोटे समूहों में विस्तृत क्षेत्रों में रहता था। इसी में उसकी मानसिकता का विकास हुआ और इस छोटी संख्या के अनुरूप ही उसके समाज की संरचना हुई। लेकिन नये प्रस्तर युग से प्रारंभ कृषि क्रांति ने यह सब बदल दिया, जबकि उसका स्वभाव पहले जैसा ही रहा। इसके बाद अचानक जनसंख्या में बाढ़ आई और दुनिया के अधिकांश सभ्यता केंद्रों में लोग छोटे क्षेत्रों में भारी संख्या में रहने को विवश हुए। इसके बाद से मनुष्य लगातार संरचनात्मक समायोजन के जरिए नई स्थितियों में अपने समाज को संतोषजनक ढाँचा देने की कोशिश करता रहा है। लेकिन अभी तक उसे कोई बड़ी सफलता नहीं मिल पाई है। मुख्य कारण यह रहा है कि जहाँ विज्ञान और तकनीकी के क्षेत्र में आदमी चमत्कारी प्रगति करता रहा, वहाँ उसका भावनात्मक धरातल आदिम काल का बना रहा। इससे उसके समाज का कार्यकारी ढाँचा छोटे आकार का ही रहा। इससे जो भी ढाँचा बना, वैसे छोटे समूहों तक सीमित रहा जिनका समाज में वर्चस्व था। बाकी लोग इसी समहू की आवश्यकता पूर्ति के संसाधन भर बनकर रहे। मिस्र के पुरोहित वर्ग के रूप में, प्राचीन ईरान और भारत के अलग-अलग तरह की वर्ण-व्यवस्थाओं के रूप में ढाँचे का निर्माण हुआ। यूनान ने छोटे नगर राज्यों का निर्माण कर इसके नागरिकों को राजनीतिक ढाँचे के तहत बाँधने की कोशिश की, लेकिन गुलाम बहिष्कृत रहे। रोम में प्रैट्रिशियनों ने व्यवस्था को अपने अनुकूल ढाँचा दिया, जिसमें प्लेबियन (गरीब लोग) और भारी संख्या में गुलाम बहिष्कृत रहे। दुनिया के ज्यादा देशों में बड़ी अवधि में सामंती व्यवस्था के जरिए आबादी को किसी ढाँचे में बाँधने की कोशिश हुई। इसमें सुविधा यह थी कि यह सीढ़ी-दर-सीढ़ी पिरामिड की शक्ल में आबादियों को जोड़ने की व्यवस्था थी। छोटे सामंतों के ऊपर एक बड़ा सामंत होता था और फिर बड़े सामंतों के ऊपर उनसे भी बड़ा सामंत। इस तरह कई दर्जे के सामंत होते थे जिनमें प्रत्येक को एक छोटी संख्या वाले अपने से नीचे के सामंतों से सरोकार रखना होता था। सबसे निचली सीढ़ी के सामंतों को खेती या अन्य उत्पादनों में लगे नीचे के श्रमिकों से संपर्क रखना होता था। इससे हर स्तर पर एक छोटे समूह से ही संपर्क की अनिवार्यता होती थी। इन सभी व्यवस्थाओं में एक ढाँचा तो बन जाता था, पर ढाँचों का पूरा बोझ नीचे के लोगों को ढोना पड़ता था। इससे लगातार तनाव और संघर्ष रहता था। मार्क्स की यह अवधारणा कि मानव इतिहास वर्ग संघर्षों का इतिहास है, इसी स्थिति का एक स्थूल आकलन था।

पूँजीवादी औद्योगिक व्यवस्था

पूँजीवादी औद्योगिक व्यवस्था में उद्योगों में तो एक व्यवस्थित ढाँचा बन जाता था, लेकिन लगातार इसके बाहर बड़ी संख्या में ऐसे लोगों की भीड़ बनी रहती थी जिनका इस उत्पादन और वितरण प्रक्रिया में सीधा हाथ नहीं था और न ढाँचागत जुड़ाव।

उत्पादन और उपभोग दोनों की मात्रा विशाल हो गई थी और उद्योगों के साथ विकसित नगरों में भारी संख्या में लोगों का जमाव होता जाता था। इसी से 'मास सोसाइटी' जिसे हिंदी में एक 'झुंड समाज' कह सकते हैं, की अवधारणा उत्पन्न हुई। इस आकारहीन झुंड में किसी ढाँचागत नियंत्रण की प्रक्रिया नहीं थी। प्रचार-तंत्र के दबाव में यह इधर से उधर डोलता रहता था। इस व्यवस्था के विकास के क्रम में कुछ मूल्य या विचारधाराएँ जरूर विकसित हुई थीं जो एक हद तक लोगों के आचरण को प्रभावित करती थीं। लेकिन ये अपर्याप्त ही रहीं क्योंकि समाज में लोगों के व्यवहार पर सबसे बड़ा नियंत्रण इस बात का होता है कि लोग-बाग क्या कहेंगे। एक ऐसे समाज में जहाँ लोग अपने पारंपरिक परिवेश से टूटकर एक अपरिचित भीड़ का अंग बन गए हों, इस भाव का क्षय हो जाता है। पारंपरिक समाजों में इस तरह का नियंत्रण रीति-रिवाजों और धर्मों से आता था और अपने परिवेश में प्रभावी था क्योंकि समाज बिलकुल आकारहीन नहीं था।

औद्योगिक पूँजीवादी समाज मूल्यबोध की दृष्टि से दो दौर से होकर गुजरा है। एक प्रारंभिक दौर जिसमें प्रोटेस्टेंट विशेषकर काल्विन के विचारों की प्रधानता रही। इसमें मितव्ययिता एवं श्रम के आदर आदि को प्रधान गुण माना गया और इन गुणों से प्राप्त इहलौकिक विशेषकर आर्थिक सफलता को ईश्वरीय अनुकंपा का संकेत माना गया। इस दौर में पूँजी का प्रसार हुआ और पश्चिमी देशों में उद्योगों का अत्यधिक विकास हुआ। लेकिन इस काल में मजदूरों की स्थिति तो दयनीय थी ही, पूँजीपतियों में भी संचय-वृत्ति के कारण उपभोग पर नियंत्रण था। इसके अलावा पूँजीवाद के विकास के इसी काल में यूरोप के विभिन्न देशों और अमेरिका में प्रजातांत्रिक प्रणालियों का भी विकास हो रहा था जिसके तहत शक्ति का राज्य के विभिन्न अंगों में विभाजन और परिसीमन हो रहा था। इसी से जुड़ा था दल, राज्य, सरकार आदि के अधिकार क्षेत्रों का परिसीमन और इसमें प्रत्येक का कानून के द्वारा निर्धारित कर्तव्य के प्रति दायित्व। इस तरह एक नया मूल्य बोध युक्ति संगत एवं कानून का राज्य (लीगल रेशनल सिस्टम) प्रभावी हुआ। ऐसा नहीं था कि इस काल में भ्रष्टाचार नहीं था। खासकर अमेरिका में, जहाँ दलों से निष्पक्ष नौकरशाही की परंपरा नहीं थी, औद्योगिक प्रतिष्ठानों को गैरकानूनी ढंग से सुविधाएँ देने की अनेक घटनाएँ सामने आती रहीं। लेकिन ये सब सीमित थीं। इंगलैंड में जहाँ निष्पक्ष नौकरशाही की परंपरा बन चुकी थी, औद्योगिक गतिविधियों पर कुछ नियंत्रण भी था। यहाँ तक कि वहाँ के फैक्ट्री इंस्पेक्टरों की रपटों का महत्त्वपूर्ण हाथ था बाल श्रमिकों और महिला श्रमिकों के कामों की अमानवीय स्थितियों को सुधरवाने में।

द्वितीय विश्वयुद्ध के बाद

द्वितीय विश्वयुद्ध के बाद पूरा औद्योगिक परिदृश्य बदल गया। इसके बाद से विशाल बहुराष्ट्रीय कंपनियों का वर्चस्व कायम हुआ जिनके उत्पादन का ढाँचा विशाल था। इनके उद्योग दुनिया के विभिन्न देशों में फैले थे। इसी तरह इनके कच्चे मालों और बाजार के क्षेत्र भी अनेक देशों में फैले थे। इनका उत्पादन भी इतना बृहद् था कि इन्हें बाजार की शक्तियों के भरोसे नहीं छोड़ा जा सकता था। इसलिए इन उद्योगों को अक्सर सरकारी हस्तक्षेप का सहारा लेना पड़ता था—न सिर्फ अपने देशों में उत्पादन की स्थितियों को अस्थिर करने वाली शक्तियों पर काबू पाने के लिए बल्कि दूसरे देशों की राजनीति में भी हस्तक्षेप करने के लिए ताकि इनके उद्योग और संसाधन के स्रोत सुरक्षित रहें। इंटरनेशनल टेलीफोन कंपनी के ताँबे के स्रोत को सुनिश्चित करने के लिए चिली की मार्क्सवादी सरकार को खत्म करने में अमरीकी खुफिया एजेंसी सी.आई.ए. की भूमिका जग-जाहिर है। इस तरह बड़े औद्योगिक प्रतिष्ठानों और केंद्रीयकृत राजकीय सत्ता के बीच एक गहरा पारस्परिकता का संबंध इस काल में विकसित हुआ। इसी से राजनेताओं और उनकी पार्टियों को प्रत्यक्ष या परोक्ष रूप से धन दे प्रभावित करने का सिलसिला भी खूब फैला।

उपभोक्ताओं की पसंद

इसके अलावा उत्पादन के विशाल पैमाने को कायम रखने के लिए उपभोक्ताओं की पसंद को सर्वोपरि महत्त्व देकर भी जिसे कभी कंज्यूमर्स सोवेरेंटी कहा जाता था, काम नहीं चल सकता था। अब विशाल पैमाने पर विज्ञापनों के जरिए लोगों की उपभोग लिप्सा भी बढ़ाना जरूरी हो गया। इस प्रचार का इतना प्रभाव पड़ा है कि उन सारे लोगों में जो मीडिया से किसी भी रूप में प्रभावित होते हैं, अपनी हैसियत उपभोग की वस्तुओं की फेहरिस्त में वे कहाँ हैं, इससे मालूम होती है। इससे समाज में उपभोग की जाति व्यवस्था कायम हो गई है जिसमें स्वाभाविक ही सभी ब्राह्मण बनना चाहते हैं। नई औद्योगिक सभ्यता ने पुराने ध्वस्त ढाँचों की जगह यही नया ढाँचा समाज को दिया है।

गहरा अंतर्विरोध

लेकिन यहाँ एक गहरा अंतर्विरोध पैदा हो गया है। लोकतांत्रिक व्यवस्थाओं में सरकारें अल्पकाल के लिए निर्वाचन के जरिए गठित होती हैं, और प्रशासन चलाने के लिए शक्तिशाली नौकरशाही की भरती किसी निष्पक्ष चयन प्रक्रिया से होती है। इनके कार्यकाल में इन्हें आवश्यक आय और सुविधाएँ तो प्राप्त होती हैं, लेकिन अपने लिए या बाल-बच्चों के लिए अकूत धन अर्जन की सुविधाएँ नहीं जैसी उद्योग-व्यापार

के मालिकों को, जबकि उद्योगों की तकदीर बदलने का अधिकार इन्हें प्राप्त होता है। उधर विशाल औद्योगिक प्रतिष्ठान सत्ता का दुरुपयोग कर सुविधा पहुँचाने के एवज में इन्हें भारी रिश्वत देने को तैयार रहते हैं। अनेक दूसरे कारणों से जैसे संसाधनों का ह्रास, पर्यावरण प्रदूषण आदि से वर्तमान औद्योगिक व्यवस्था पर प्रश्नचिह्न लगने लगा है। ऊपर के विश्लेषण से यह लगता है कि भ्रष्टाचार को खत्म करने के लिए भी एकमात्र उपाय विकेंद्रित उद्योग एवं राज्य व्यवस्था ही लगती है जिसमें मानव स्वभाव के अनुकूल सामाजिक ढाँचा बन सके। तब तक के लिए यत्र-तत्र अग्निशमन अभियान चलते रहेंगे और मीडिया को पर्याप्त मसाला मिलेगा।

भारत और भ्रष्टाचार

तहलका डॉट कॉम से उठा शोर तत्काल शांत हो गया है। इसके रहस्योद्घाटन की जाँच के लिए आयोग भी गठित हो गया है। लेकिन भ्रष्टाचार की समस्या अधिक गहरी छानबीन की माँग करती है। तहलका के रहस्योद्घाटन को सिर्फ वाजपेयी सरकार की विश्वसनीयता से जोड़ कर देखने की कोशिश भले ही विपक्षी दलों के लिए राहत या राजनीतिक अवसर हो, दरअसल इसने उस पूरी आर्थिक-राजनीतिक व्यवस्था को कठघरे में खड़ा कर दिया है जिसमें हम रह रहे हैं। इस भ्रम का पर्दाफाश कर कि वाजपेयी सरकार पूर्व सरकारों से ज्यादा साफ-सुथरी है, तहलका ने यह सवाल उठाया है कि अब आगे हम कहाँ जाते हैं। वह सर्वग्रासी भ्रष्टाचार जिसके भीतर हमारे देशवासी जी रहे हैं, इस प्रकरण में नाटकीय ढंग से उजागर हुआ है और हमें अपनी स्थिति पर गंभीरता से विचार करने को मजबूर करता है। मीडिया ने इस प्रकरण के जरिए इस निष्कर्ष को प्रसारित करने की कोशिश की है कि सभी दलों के नेता भ्रष्ट हैं। इससे लोगों में रूढ़ यह भावना और भी पुष्ट हुई है कि राजनीति करनेवाले सभी लोग भ्रष्ट होते हैं। लोगों की ऐसी ही मानसिकता से सैनिक शासन का आधार बनता है। हमारे पड़ोसी पाकिस्तान की तरह भारत में भी तहलका की पृष्ठभूमि में सैनिक शासन की जमीन तैयार हो सकती थी।

विपक्षी दलों ने जिस तरह यह जानते हुए भी कि आज की स्थिति में वे कोई वैकल्पिक सरकार नहीं बना सकते, संसद का कामकाज ठप कर दिया, उससे इस सोच के लिए पर्याप्त आधार हो सकता था कि सैनिक शासन ही एकमात्र विकल्प रह गया है। यह साफ दिखाई देता था कि जैसी अराजकता देश के सीमावर्ती भागों में फैली थी वैसी देश के केंद्र में भी पैदा हो गई है। इससे अगला तर्क यह बनता है कि जैसे सीमावर्ती समस्याओं का एकमात्र समाधान फौज है वैसे ही केंद्र की अराजकता का भी। सैनिक शासन की त्रासदी की तरफ जाने की बात किसी के दिमाग में नहीं उठी तो इसका एक बड़ा कारण यह भी था कि तहलका में सेना के बड़े अधिकारी भी भ्रष्टाचार में लिप्त दिखाए गए हैं। इससे यह आम भ्रम दूर हो गया है कि राजनेता तो भ्रष्ट होते हैं लेकिन सैनिक अधिकारी ईमानदार। दरअसल

फौजी व्यवस्था में व्यापक भ्रष्टाचार है क्योंकि गोपनीयता सुरक्षा के लिए जरूरी बतलाई जाती है और इससे इसके कामों में सबसे कम पारदर्शिता होती है।

विडंबना यह है कि मीडिया, जिसने इस प्रकरण में भ्रष्टाचार को उजागर करने में अहम भूमिका निभाई है, कानूनी रूप से मान्यता प्राप्त भ्रष्टाचार के प्रसारण का सबसे प्रमुख माध्यम है। यहाँ हम मीडिया से जुड़े लोगों की छोटी-मोटी भ्रष्टता की बात नहीं कर रहे हैं—जैसे वैसे प्रेस सम्मेलनों में भारी संख्या में पहुँचना और उनके समाचारों को विशेष प्रमुखता देना जहाँ नाश्ते पानी का विशेष प्रबंध हो या कीमती शराब की व्यवस्था हो। इससे उन समूहों की बात लोगों की नजरों के सामने आ नहीं पाती जो साधनहीन हैं। प्रायः कम संगठित दबे-पिछड़े समूहों के आयोजनों में प्रेस वाले शिरकत करना जरूरी नहीं समझते जबकि देश की विशाल जनसंख्या ऐसे समूहों की ही बनी है। इसके विपरीत औद्योगिक प्रतिष्ठानों द्वारा आयोजित प्रेस सम्मेलन में तो प्रेस वालों की भीड़ लग जाती है क्योंकि वहाँ न सिर्फ उत्तम भोजन और पेय का प्रबंध होता है बल्कि प्रायः कुछ उपहार भी दिए जाते हैं। एक बार तो यह खबर काफी चर्चा में थी कि एक ऐसे प्रेस सम्मेलन में प्रतिनिधियों को बंद लिफाफे में नोटों के पुलिंदे भी दिए गए थे। लेकिन ये सब तो पत्रकारिता के खुदरा भ्रष्टाचार हैं।

दरअसल मीडिया का बड़ा भ्रष्टाचार तो विज्ञापनों से जुड़ा है। विज्ञापन का आधार ही झूठ और जहर के प्रचार का लाइसेंस है। इसमें कहीं कुछ छिपा नहीं होता। मोटी रकमों के एवज में सिर्फ अपनी अंतरात्मा की आवाज को दबा आप निश्चिंत हो समाज के जीवन को नष्ट कर सकते हैं—देश की अर्थव्यवस्था और युवा पीढ़ी के शारीरिक और मानसिक स्वास्थ्य को सिगरेट, शराब या अन्य खाद्य और पेय पदार्थों का आदी बनाकर बरबादी की ओर ले जा सकते हैं। इसके लिए कोई भी उँगली उठाकर आपको भ्रष्टाचारी नहीं कह सकता क्योंकि यह वर्तमान समाज को संचालित करने का मान्यता प्राप्त आधार है। यह बात दीगर है कि यह समाज को ज्यादा बुनियादी ढंग से खोखला करता है, बनिस्पत किसी घटिया हथियार के सौदे के। फिलहाल अखबार से लेकर रेडियो और टीवी तक समस्त मीडिया विज्ञापनों के सहारे खड़ा है और कोई यह दावा नहीं कर सकता कि इन माध्यमों को मिलने वाले विज्ञापनों का इनसे प्रसारित समाचारों और विचारों से कुछ लेना-देना नहीं होता। बड़े पत्रकारों की बड़ी तनख्वाहें और टीवी स्टारों को अनुबंधों में मिलने वाली भारी रकमें हवा हो जाएँ अगर लोगों को सपना बेचने वाले प्रायोजक न रहें। ये बातें यह याद दिलाने के लिए कही गई हैं कि राजनेताओं और कुछ फौजी अफसरों को निशाना बना कर हम इन घोटालों में अपनी संलग्नता से बरी नहीं हो सकते। एक टीवी चैनल पर तहलका प्रकरण पर सवाल-जवाब के क्रम में जब उपस्थित लोगों से यह पूछा गया

कि क्या आप में से कोई ऐसा है जिसने कभी घूस नहीं दी हो, तो एक भी हाथ नहीं उठा।

यह हमारी सामाजिक जिंदगी की असली सच्चाई है। दरअसल आज सारा माहौल देश की राजनीति और राजनेताओं को बलि का बकरा बना अपने अपराध बोध से निजात पा लेने का बन रहा है जबकि जरूरत इसकी है कि हम सामूहिक रूप से अपने गुनाहों पर नजर डालें। इसका उत्स कहाँ है, यह पता लगाएँ और फिर स्वच्छ सामाजिक जीवन की ओर कैसे लौट सकते हैं, उस मार्ग की तलाश करें। मर्ज जितना दिखाई देता है उससे ज्यादा गहरा है, यह तो इसी से जाहिर है कि यह सिर्फ हमारे देश की राजनीति तक ही सीमित नहीं। जर्मनी के पूर्व चांसलर कोल, इटली के पूर्व प्रधानमंत्री और कई मंत्री, फ्रांस और ब्रिटेन के कई मंत्री और जापान के कई प्रधानमंत्री और मंत्री भ्रष्टाचार के आरोपों के दायरे में आते रहे हैं। अमेरिका की राजनीति का तो भ्रष्टाचार नियमित चटखारा है। वर्तमान आर्थिक-राजनीतिक व्यवस्था में इसे न टाला जा सकने वाला 'ऑकुपेशनल हैजार्ड' (यानी पेशे से जुड़ा खतरा) मानकर ही चला जा सकता है। जब हम यह मानकर चलेंगे तो फिर कारण और उपचार की बात सोची जा सकती है।

छोटे पैमाने का पक्षपात और भ्रष्टाचार तो सदा सभ्यता का साथी रहा है। प्राचीन यूनान की तीन देवियों की सौंदर्य प्रतियोगिता में पेरिस द्वारा सुंदरी हेलेन को पाने के लोभ में ऐफ्रोडाइट के पक्ष में निर्णय देने की कहानी से तो एक महाकाव्य की कथावस्तु का ही प्रारंभ होता है। यह फर्क जरूर है कि आधुनिक सौंदर्य प्रतियोगिताओं में किसी व्यक्ति की बजाय बाजार तंत्र के हित में निर्णय लिए जाते हैं। कृष्ण का पांडवों के लिए पक्षपात और छल तो नीति प्रधान हमारे देश में आज भी आदर्श है। रोम में राजनीति का आधार ही भ्रष्टाचार बन गया था, जहाँ सत्ता के प्रत्याशी नागरिकों को मुफ्त रोटी और सर्कस का लोभ दिखा उनका समर्थन हासिल करते थे। सोलहवीं-सत्रहवीं सदी के ब्रिटेन में भी भ्रष्टाचार एक सम्मानित व्यवस्था थी। आधुनिक विज्ञान के दार्शनिक फ्रांसिस बेकन को रिश्वत लेकर निर्णय देने के लिए सजा दी गई थी। फिर भी पिछले युगों में भ्रष्टाचार के मौके विशेष स्थितियों में यदा-कदा ही आते थे।

वर्तमान पूँजीवादी व्यवस्था में भ्रष्टाचार के स्वरूप में अभूतपूर्व फैलाव आया है। पूँजीवादी व्यवस्था और व्यापार के विश्वव्यापी विस्तार के साथ व्यापार का पैमाना विशाल हो गया है और धीरे-धीरे छोटे व्यक्तिगत स्तर पर निवेश और उत्पादन करने वाले उद्यमियों का स्थान विशाल औद्योगिक प्रतिष्ठानों ने ले लिया है। ये प्रतिष्ठान अनेक देशों की सरकारों के चरित्र और उनके मिजाज का खयाल रखकर ही अपने व्यापारिक हितों की रक्षा कर सकते हैं। इसके अलावा दुनिया के बिखरे भूखंडों में फैले उत्पादकों को यह पता नहीं होता कि उनके उत्पादों के ग्राहक कौन हैं। दुनिया

में फैले ग्राहकों को पता नहीं होता है कि उनके लिए उपयुक्त वस्तुएँ कहाँ उपलब्ध होंगी। इतना ही नहीं, वर्तमान दुनिया में अनेक उद्योग ऐसी वस्तुओं के उत्पादन में लगे हैं जो आदमी की मूल आवश्यकताओं की पूर्ति नहीं करतीं और उन्हें पहले इन वस्तुओं का आदी बनाना पड़ता है, तब इनकी माँग बढ़ती है। मसलन कोका कोला या सिगरेट। इस तरह व्यापार को प्रोत्साहित करने के लिए बिचौलियों और प्रचारकों की एक फौज तैयार करना जरूरी हो जाता है। ये बिचौलिए वस्तुओं के संभावित खरीददारों की तलाश कर उन्हें वस्तुओं की उपलब्धता की जानकारी देते हैं। इसी तरह विज्ञापनों की भरमार से लोगों पर वह सम्मोहन छाता है जिससे बिलकुल बेजरूरत और हानिकारक वस्तुएँ जीवन के लिए अपरिहार्य मालूम पड़ने लगती हैं। इन्हीं स्थितियों में दलाली और भ्रष्टाचार की शुरुआत होती है।

लेकिन वर्तमान राजनीतिक संबंधों में भ्रष्टाचार का सबसे बड़ा और मूल कारण है एक तरफ बड़ी राष्ट्रीय और अंतर्राष्ट्रीय औद्योगिक इजारेदारियों का फैलाव और दूसरी तरफ संसार भर में राष्ट्रीय सरकारों के हाथों में अत्यधिक शक्ति का केंद्रित होना। राष्ट्रों की केंद्रीय सरकारें काफी हद तक औद्योगिक प्रतिष्ठानों के बाजार को नियंत्रित करती हैं। आयात-निर्यात पर नियंत्रण, देश के भीतर बहुराष्ट्रीय कंपनियों को उद्योग लगाने या व्यापार करने की इजाजत इन्हीं के अधिकार क्षेत्र में है। विशाल निर्माण कार्य जैसे रेलवे, बाँध, सड़कें, अस्पताल आदि भी प्रत्यक्ष या अप्रत्यक्ष रूप से सरकारों द्वारा ही नियंत्रित होते हैं। इस तरह इनमें विशाल निवेश का रास्ता सरकार की मर्जी से ही खुल सकता है। सबसे बढ़ कर रक्षा से संबद्ध विशाल खरीदारियाँ पूरी तरह सरकारों के हाथ में होती हैं। जहाँ अरबों-खरबों की खरीदारी या मुनाफे का मामला होता है, वहाँ कंपनियाँ कुछ लाख या करोड़ रुपए अपने सौदों की बिक्री सुनिश्चित करने के लिए देने से नहीं हिचकतीं। इसलिए राजनेताओं और प्रशासनिक अधिकारियों पर प्रलोभन का दबाव सदा बना रहता है। आधुनिक चुनाव भी अत्यधिक खर्चीले होते जा रहे हैं क्योंकि राजनीति पर संपन्न वर्गों की पकड़ है। इन चुनावों के खर्च के लिए पार्टियाँ व्यापारियों से चंदा इकट्ठा करती हैं और एवज में उन्हें सुविधाएँ मुहैया कराती हैं। तहलका में इसी का एक पहलू उजागर हुआ है। निचले स्तरों पर यह रिश्ता छोटे अधिकारी और छोटे व्यापारी और अपने छोटे-मोटे कामों के लिए सरकारी मुलाजिमों पर आश्रित दूसरे लोगों के बीच कायम होता है। इस तरह देश में भ्रष्टाचार की एक सोपानवत व्यवस्था कायम हो गई है जिसमें सभी स्तर पर शासकों-प्रशासकों और इन पर आश्रितों के बीच लेन-देन का व्यवस्थित तानाबाना स्थापित हो गया है। इसमें वैसे आश्रित बाजी मार ले जाते हैं जो रिश्वत निवेश में माहिर हैं।

संपन्न औद्योगिक देशों और भारत में फर्क इतना है कि संपन्न देशों में निचले स्तरों का भ्रष्टाचार नगण्य है। इसके दो कारण हैं। एक तो लोगों की आय ज्यादा होने से छोटी रकम लेने का प्रलोभन नहीं होता। दूसरा कारण यह है कि वर्तमान औद्योगिक व्यवस्थाओं में काम की एक ऐसी संस्कृति बन गई है कि किसी काम को निलंबित कर रिश्वत देने का दबाव नहीं बनाया जा सकता। उन देशों में इससे सारी व्यवस्था ठप पड़ने लगेगी और हंगामा खड़ा हो जाएगा। अपने देश में कार्य निष्पादन में समय संबंधी कोई ऐसा दबाव नहीं होता जिससे संस्तुतियाँ ऊपर बढ़ती जाएँ। दूसरा, संपन्न देशों में लोग शिक्षित हैं और प्रशासन में एक हद की पारदर्शिता विकसित हुई है। इससे भी आम लोगों के साथ अपने संबंधों में प्रतिष्ठानों के कर्मचारी अनुचित दबाव नहीं बना सकते। लेकिन शीर्ष के स्थानों पर ऐसा दबाव होता है और इससे निपटने के लिए विस्तृत नियम बनाए जाते रहे हैं जिससे कामों के निष्पादन पर निगरानी रखी जा सके। इसके बावजूद उन देशों में भी विशाल पैमाने पर रिश्वतखोरी और घोटाले सामने आते रहते हैं। अत्यधिक संपन्नता के कारण इससे आम लोगों का जीवन प्रभावित नहीं होता। हमारे देश में तो भ्रष्टाचार गरीब से गरीब लोगों की रोटी और नमक को प्रभावित करता है। अपने देश के सीमित संसाधनों की पृष्ठभूमि में पश्चिमी ढंग के केंद्रित आर्थिक-राजनीतिक ढाँचे के भीतर हम भ्रष्टाचार की समस्या से निजात नहीं पा सकते। भारत जैसे निर्धन देश में स्वच्छ सामाजिक जीवन के लिए भी विकेंद्रित आर्थिक और राजनीतिक ढाँचे का ही सहारा ढूँढ़ना होगा।

जीवन को हारती आधुनिकता

प्रकृति द्वारा निर्धारित सीमाओं की अवहेलना करके भौतिक विकास के आत्यंतिक प्रयास मनुष्य की जीवन प्रक्रिया के लिए अब घोर समस्याएँ पैदा करने लगे हैं। एक भयावह समस्या तो पारंपरिक परिवार और समुदाय के टूटने से पैदा हो रही है। यह समस्या अपरिहार्य इसलिए बन रही है कि आधुनिक औद्योगिक-व्यापारिक व्यवस्था के लिए परिवार और समुदाय के भावनात्मक बंधन और उनकी वफादारियाँ बाधक सिद्ध होती हैं। आधुनिक समाजशास्त्री इसे 'ऐफेक्टिविटी' यानी भावनात्मक लगाव की जगह 'ऐफेक्टिव न्यूट्रलिटी' यानी भावनात्मक तटस्थता की आवश्यकता के रूप में प्रस्तुत करते हैं। इस व्यवस्था के सुचारु रूप से चलने के लिए मानव रिश्तों का निजी (पर्सनल) की जगह कामकाजी (फंक्शनल) बन जाना जरूरी है। यह ध्यान दिलाना दिलचस्प होगा कि कार्ल मार्क्स ने आज से डेढ़ सौ वर्ष पहले कम्युनिस्ट मैनिफेस्टो में यह लिखा था कि पूँजीवादी व्यवस्था में 'कैश नेक्सस' यानी मुद्रा के लेन-देन के समीकरण बाकी सारे मानव संबंधों का स्थान लेने लगते हैं। इस व्यवस्था की सफलता के लिए जरूरी है कि आदमी परिवार और परिवेश का मोह छोड़कर व्यावसायिक सफलता के लिए अपने प्रतिष्ठान के प्रति पूरी तरह समर्पित हो जाए। वह घर-बार छोड़ संसार के किसी भी कोने में जाकर किसी भी स्थिति में काम करने के लिए तैयार हो जाए। विनिमय और निवेश के अंतर्राष्ट्रीय होते जाने के कारण अपनी क्षमता के उपयुक्त काम की तलाश में दूरदराज जगहों पर जाना उसकी मजबूरी बन गई है।

प्रायः विभिन्न स्थानों के काम और उत्पादन की अपनी विशिष्टता होती है और शिक्षा संस्थाएँ भी इसी के अनुसार विशेषज्ञ पैदा कर रही हैं। अतः वह स्थिति अब अतीत की चीज बन रही है जिसमें जरूरत की अधिकांश वस्तुओं का उत्पादन स्थानीय था और लोगों के रोजगार भी स्थानीय थे। जरूरत होने पर लोग अपने व्यवसाय को बदल सकते थे। नतीजा यह है कि लोगों को घर-परिवार छोड़ दूर-दराज ऐसी जगहों पर जाना ही पड़ता है जहाँ उनके लायक काम मिल सके। चूँकि काम का आधार पारिवारिक नहीं है और लोगों का काम और उनकी आय प्रतिष्ठान द्वारा

निर्धारित निजी योग्यता पर निर्भर करती है, एक ही परिवार के विभिन्न सदस्यों की आय में बहुत ज्यादा फर्क हो जाता है। इससे सम्मिलित परिवार का ढाँचा टूट जाता है और परिवार के सदस्य एक-दूसरे से असंपृक्त, दूर-दराज अपनी अलग दुनिया बसाने का प्रयास करते हैं। कौटुंबिक अपनत्व आर्थिक गैर-बराबरी के सामने धराशायी हो जाता है। पश्चिमी दुनिया में तो यह प्रक्रिया पूरी हो चुकी है। माँ-बाप, भाई-बहन और दूसरे सगे-संबंधियों से अलग सिर्फ पत्नी-बच्चों के साथ दूर-दराज रहना आम बात बन गई है। औद्योगिक समाज के तनाव और वैयक्तिक महत्त्वाकांक्षाओं की टकराहट से पति-पत्नी का संबंध भी अस्थायी बनता जा रहा है। बच्चे किशोरावस्था आते-आते परिवार के बंधन से मुक्त हो अपनी अलग दुनिया बनाने लगते हैं। आदमी का समुदाय तो अतीत की चीज बन ही चुका है। महानगरों में हमपेशा और इक्के-दुक्के मित्रों की मंडली के बाहर किसी समुदाय के बनने की संभावना ही नहीं होती। नगरों की भारी भीड़ के बीच अधिकतर लोग नितांत अकेले होते हैं। एकमात्र साथी सिगरेट, शराब या अन्य नशीली वस्तुएँ होती हैं जिनकी लत खतरनाक बीमारियों की चेतावनियों के बावजूद बढ़ती जा रही है। यह आदमी के अचेतन में बैठी हताशा और असहाय भाव की अभिव्यक्ति भी है। इसीलिए आधुनिक वैभव के साथ एक ऐसा दुष्चक्र बन रहा है जिससे उबरने का कोई उपाय नहीं दिखाई देता है।

अभी हाल में सिंगापुर की घटती आबादी के परिप्रेक्ष्य में इस दुष्चक्र का कुछ आभास मिलता है। सिंगापुर तीसरी दुनिया के सामने आर्थिक तरक्की के नमूने की तरह पेश किया जाता रहा है। लेकिन इस तरक्की के साथ अनेक विकसित देशों की तरह घटती आबादी की समस्या उभरकर सामने आ गई है। यह अनुमान किया जा रहा है कि वहाँ की आबादी कुछ ही वर्षों में आधी हो जाएगी और इसमें ज्यादा संख्या उन लोगों की होगी जो बूढ़े हो चुके हैं। जब हम वहाँ आबादी बढ़ाने के प्रयासों के सामने आने वाली बाधाओं पर विचार करते हैं तब आधुनिक जीवन का दुष्चक्र दिखाई देने लगता है। सरकार की ओर से वहाँ ऐसे दंपतियों को उदारतापूर्ण आर्थिक सहायता देने का प्रावधान किया गया है जो दो या अधिक बच्चे पैदा करें। लेकिन वहाँ की संपन्नता की आधुनिक व्यवस्था ही इस अभियान के आड़े आ रही है। ज्यादातर दंपति यह महसूस करते हैं कि अतिरिक्त संतान का बोझ उठाना उनके लिए दुष्कर है। वे कहते हैं कि एक बच्चे की देखरेख ही उनकी व्यावसायिक व्यस्तता के कारण मुश्किल है, एक से अधिक बच्चे की देखरेख वे कैसे करेंगे। यह समस्या अनसुलझी है।

पारंपरिक समाजों में, जहाँ परिवार बड़ा होता है। बच्चों और उनकी माताओं की देखभाल के लिए दादा-दादी, चाचा-चाची, नाना-नानी आदि का एक बड़ा समूह होता है। इसलिए परिवार का बड़ा होना कोई समस्या नहीं पैदा करता। चीन के

कम्यून की सामूहिक खेती और उद्योगों की व्यवस्था और इजराइल में किबुत्स की सामूहिक खेती की व्यवस्था में काम करने वाले दंपतियों की यह समस्या सामने आई थी। चीन के कम्यूनों में तो सामूहिक भोजनालयों और बच्चों की देखरेख की सामूहिक व्यवस्था करने की कोशिश की गई। लेकिन यह व्यवस्था लोगों को रास नहीं आई और अंततः पुराना परिवार वापस लौट आया। कृषि-आधारित ग्रामीण परिवेश में बड़े परिवारों का टूटना फिर भी उतना त्रासद नहीं होता, जितना औद्योगिक महानगरों में। गाँवों के पारंपरिक परिवेश में परिवार के अभाव की पूर्ति कुछ हद तक समुदाय करता है। चूँकि इसमें सभी पड़ोसी विविध तरह के सामाजिक संबंधों से जुड़े होते हैं, आवश्यकता होने पर एक-दूसरे की मदद करना सामुदायिक दायित्व का अंग होता है। परिवार टूटने का सबसे त्रासद रूप औद्योगिक और व्यापारिक महानगरों में दिखाई देता है।

पश्चिमी देशों के संबंध में यह खबर बार-बार देखने में आती है कि वहाँ के शिशुओं को प्रायः माँ-बाप के क्रूर व्यवहार—जैसे निर्मम पिटाई या घरों में अकेले बंद कर छोड़ देना—आदि का शिकार होना पड़ता है। इसका एक कारण तो माँ-बाप के व्यस्त जीवन में बच्चों से पैदा व्यवधान से चिड़चिड़ापन हो सकता है। लेकिन इससे भी महत्त्वपूर्ण कारण घर में दादा-दादी या नाना-नानी आदि का न होना है। जहाँ सम्मिलित परिवार होता है वहाँ एक स्वाभाविक 'पेकिंग आर्डर' यानी वरीयता का क्रम बन जाता है। ऐसे में जब माँ या बाप बच्चे को एक सीमा से अधिक दंडित करते हैं तो दादा या दादी तुरंत हस्तक्षेप कर दंड को क्रूरता की सीमा तक जाने से रोक लेते हैं। इस अकेलेपन का एक दूसरा पहलू यह है कि जब माँ-बाप अपने बच्चे के लिए अपनी व्यस्तता के कारण आवश्यक समय नहीं दे पाते तो इससे उनमें अपराध-बोध पैदा होता है। एक जर्मन इतिहासकार के अनुसार इस अपराध-बोध से उबरने के लिए वे बच्चों को खिलौने से लादा करते हैं। इसका असर बच्चे पर यह होता है कि उसमें ज्यादा से ज्यादा वस्तुओं को पाने की लालसा पैदा होती है जिसका समाज पर नकारात्मक प्रभाव पड़ता है। इस तरह की समस्या अब हमारे देश के उन परिवारों में भी पैदा हो रही है जिन्हें आधुनिकता की दौड़ में सफल माना जाता है।

पर वर्तमान औद्योगिक व्यवस्था यौवन और बचपन पर ही अपनी डरावनी छाया नहीं डालती। इससे जीवन का दूसरा छोर बुढ़ापा भी त्रासद बन जाता है। व्यावसायिक मूल्यों के सभी सामाजिक संबंधों पर हावी हो जाने से समाज और परिवार में वृद्ध व्यक्तियों का भी अवमूल्यन हो जाता है। पारंपरिक समाजों में महत्त्वपूर्ण मामलों में बड़े-बूढ़ों की राय का वजन सबसे ज्यादा होता था। अब चूँकि जीवन से संबंधित

सभी विषयों में निर्णायक भूमिका प्रतिष्ठानों की होती है, वृद्ध लोग जो प्रतिष्ठानों से बाहर होते हैं, इन निर्णयों में कोई भूमिका नहीं अदा करते। अब वे न धन अर्जित करने में कोई भूमिका निभाते हैं और न समाज को दिशा देने में। इस तरह वे उच्छिष्ट वस्तु बन जाते हैं। घर-परिवार और समाज से बहिष्कृत ये बूढ़े लोग अपमान और निराशा की जिंदगी बिताते हैं। अपने परिवारों से कटे वृद्धों का जीवन प्रायः इतना अर्थहीन और असुरक्षित हो जाता है कि वृद्धों को कष्टहीन मौत (यूथेनेसिया) प्रदान करने के धंधे को मान्यता प्रदान करने की माँग विकसित औद्योगिक समाजों में चारों ओर उठने लगी है।

कोई अचरज नहीं कि भारत के सबसे शिक्षित और आधुनिक राज्य केरल में भी वृद्ध लोगों की स्थिति इतनी दयनीय हो गई है कि वहाँ के उच्च न्यायालय में उनके लिए कष्टहीन आत्महत्या को कानूनी मान्यता देने की अपील की गई है। वैसे मौत तो मौत ही है, फिर भी जैसी मौत की तलाश फिलहाल आधुनिक मनुष्य कर रहा है उसमें और जो पारंपरिक समाजों में होती थी उसमें एक गुणात्मक भेद जरूर है। पारंपरिक समाजों में मृत्यु की प्रतीक्षा परिजनों के बीच दीर्घकालिक विदाई का एक पर्व बन जाता है, जिसमें बिछुड़ने की पीड़ा के साथ स्नेह की सांत्वना भी है। आधुनिक समाज में अधिकतर सफल लोगों के लिए मृत्यु एकाकीपन औरं सन्नाटे की एक दुनिया से सीमाहीन शून्य की ओर दूसरी एकाकी यात्रा है। एकाकीपन की इस स्थिति को पूर्णता प्रदान करने के लिए आधुनिक अस्पताल भी ऐसे बनाए जा रहे हैं जहाँ मानव स्पर्श और निगरानी का स्थान कंप्यूटर और रोबोट ले लें और मरने के पहले ही आदमी का मन सभी मानव संसर्गों से रिक्त हो जाए : एक जीवित समाधि की स्थिति।

क्या अत्याधुनिक समाज बनाने की आकांक्षा का, जो हम पर एक हवस की तरह सवार होती जा रही है, जीवन की बुनियादी जरूरतों के लिहाज से कोई औचित्य है? जीवन की बुनियादी जरूरतों से मतलब है बचपन से लेकर मृत्यु तक जीवन को कष्टदायी शारीरिक और दिमागी श्रम और तनावों से मुक्त रखना और उस हद तक जीवन की आवश्यकताओं की पूर्ति करना जिससे आदमी जीवन से संतुष्ट हो। एक उक्ति है, परिणाम से ही माध्यम की सार्थकता सिद्ध होती है। इस दृष्टि से आधुनिकता के पीछे की दौड़ कहाँ तक खरी उतरती है?

उन असंख्य गरीबों की बात हम छोड़ दें जिनके हितों की बलि देकर आधुनिकता के लिए आवश्यक आधार जुटाए जाते हैं। ऊपर जो चर्चा है वह उन थोड़े से लोगों के जीवन से संबंध रखती है जो एक तरह से आधुनिकता की दौड़ में सफल माने

जाते हैं जो प्रतिष्ठानों के मध्यम और ऊँचे पदों तक पहुँच गए हैं। यह विशेषकर उनकी और उनके बाल-बच्चों की स्थिति का ही विवरण है। इसमें बचपन में वर्जना और प्रताड़ना है, जवानी में स्पर्धा और असुरक्षा का तनाव और बुढ़ापे में अर्थहीनता का अवसाद। इस तरह आधुनिक सभ्यता हासिल करने का अभियान हमें एक ऐसे मुकाम पर ला रहा है जहाँ हम संसार को जीत कर जीवन को हार रहे हैं।

(च) अलगाव, आतंक, बर्बरता, हिंसा

भूमंडलीकरण से उपजा अलगाववाद

देश के राजनेता, सैनिक अधिकारी और सुरक्षा विशेषज्ञ पिछले वर्षों में लगातार देश के विभिन्न भागों में होने वाली अलगाववादी हिंसा को समाप्त करने के नुस्खे निकालते रहे हैं और सरकारें उनके अनुसार अमल करने की कोशिश करती रही हैं, लेकिन लगातार नई तरह के अलगाववाद उभर रहे हैं और इनका विस्तार ही हो रहा है। उनकी असफलता का मूल कारण समस्या को समझने की उनकी अक्षमता ही है। यह साफ दिखाई दे रहा है कि देश छोटे-मोटे गृहयुद्धों और विघटन के कगार पर खड़ा है जिनमें विविध जाति, मूल, धर्म और क्षेत्रों के लोग एक-दूसरे के खिलाफ अंतहीन हिंसा में उलझते रहेंगे। अगर हम दुनिया की तरफ निगाह दौड़ाएँ तो ऐसी अलगाववादी हिंसा सारे संसार में दिखाई देती है—चाहे युगोस्लाविया हो, रूस हो, लातिन अमेरिका और अफ्रीका हो, चाहे आस्ट्रेलिया (जहाँ के मूल निवासी अब अपना अधिकार माँगने लगे हैं), इंदोनेशिया और फिलिपींस हो या पड़ोस का म्यामां, श्रीलंका और पाकिस्तान। दरअसल यह वैश्विक समस्या बन गई है और वर्तमान विकास पद्धति और वैश्वीकरण का सीधा परिणाम है। जब हम इस स्थापना की पृष्ठभूमि में विचार करेंगे तो यह भी समझ पाएँगे कि ऐसी अलगाववादी हिंसा संपन्न पूँजीवादी अर्थव्यवस्थाओं में क्यों नियंत्रित है—कनाडा के क्यूबेक, आयरलैंड और स्पेन के बास्क का अलगाववाद थोड़ा भिन्न है। उनका उत्स उनके विशेष इतिहासों में है।

वैश्वीकरण के वर्तमान विस्तार की तुलना अगर हम प्राचीन काल के साम्राज्यों और राष्ट्रवाद के उदय के परिप्रेक्ष्य में यूरोपीय देशों के प्रारंभिक साम्राज्य विस्तार से करें तो उनकी बुनियादी भिन्नता साफ दिखाई देगी और वैश्वीकरण से अलगाववाद को क्यों प्रोत्साहन मिलता है यह भी समझ में आएगा। प्राचीन काल के साम्राज्यों के विस्तार के क्रम में ज्यादतियाँ और लूटपाट काफी हुईं। लोगों को गुलाम बनाया गया और विभिन्न तरह के कर लगा अधीनस्थ इलाकों के लोगों का शोषण हुआ। गुलामी की अनिवार्यता, शासकों की विलासिता और फैलते प्रशासन के खर्च के

अतिरिक्त बोझ को ढोने के लिए ही बनती थी। इन साम्राज्यों में अर्थव्यवस्था, सामाजिक संरचना और लोगों के धार्मिक विश्वासों के साथ छेड़छाड़ नगण्य रही। रोम ने अपने पश्चिम एशिया के साम्राज्य में यहूदियों के धर्म से छेड़छाड़ नहीं की जबकि रोम के शासक मूर्तिपूजक थे और यहूदी मूर्तिपूजा को घोर अधर्म मानते थे। जूडिया में रोम के गवर्नर पिलात ने यहूदियों के दबाव में ईसा को क्रॉस पर लटकाने के बाद यह वाक्य कहा कि 'मैं इससे हाथ धोता हूँ।' यानी उसका इस निर्णय से कुछ भी लेना-देना नहीं था। बुनियादी तौर से उत्पादन के आधार शासकों के अपने देश और शासितों के देश में समान थे। वे एक-दूसरे से हुनर तो सीखते थे लेकिन इससे समाज की आर्थिक संरचना पर कोई प्रभाव नहीं पड़ता था। नगर तो ग्रामीण उत्पादों पर काफी हद तक निर्भर थे, लेकिन गाँव अधिकांश मामलों में आत्मनिर्भर थे। केंद्रीय राज्य तो थे, लेकिन राष्ट्र-राज्य की अवधारणा नहीं थी। दुनिया भर में छोटी स्वायत्त इकाइयाँ थीं जो आर्थिक दृष्टि से आत्मनिर्भर थीं। साम्राज्य ऊपरी छतरी थे जो कभी संरक्षण देते थे तो कभी ग्रामीण व्यवस्था के लिए आर्थिक बोझ बन जाते थे। साम्राज्य बनते थे, फैलते थे और बिखरते थे, नीचे की व्यवस्थाएँ पूर्ववत चलती रहती थीं। पंद्रहवीं शताब्दी के अंत से इस स्थिति में बदलाव आना शुरू हुआ जब से स्पेन, पुर्तगाल, इंग्लैंड, फ्रांस, नेदरलैंड आदि देशों ने बड़े पैमाने पर अफ्रीका, एशिया, अमेरिका और आस्ट्रेलिया आदि महादेशों की खोज कर उनसे व्यापार और लूट का रिश्ता जोड़ा। इसमें व्यापार और लूट दोनों एक-दूसरे से जुड़े थे।

समुद्री लुटेरे-व्यापारियों को उनके यहाँ के सम्राटों की सहायता मिली। इससे प्राप्त संपन्नता से यूरोप के सम्राटों की शक्ति बढ़ी और इसी क्रम में विकेंद्रित 'फ्यूडल' व्यवस्था की जगह विविध कबीलों के इर्दगिर्द राष्ट्र-राज्य की केंद्रित व्यवस्थाओं का विकास हुआ। इसी संपन्नता से अट्ठारहवीं और उन्नीसवीं सदी में यूरोप में औद्योगिक क्रांति हुई और आधुनिक अर्थ में औद्योगिक पूँजीवाद का विकास हुआ। धीरे-धीरे इसने यूरोप में व्यापार की स्वतंत्रता के लिए 'फ्यूडल' व्यवस्था द्वारा लगाए गए छोटे घेरों को तोड़ा और उन्मुक्त व्यापार के सिद्धांत को प्रस्थापित किया। अब यूरोप के नए उद्योगों के लिए बाजार और कच्चे माल दोनों ही के लिए एशिया, अमेरिका और आस्ट्रेलिया के भूभागों पर सीधा अधिकार आवश्यक लगने लगा। इसी अधिकार के लिए स्थानीय शासकों के अलावा इंग्लैंड, स्पेन, फ्रांस, पुर्तगाल और नेदरलैंड आदि जल और स्थल दोनों पर आपस में युद्ध करते रहे। अंततोगत्वा उन्नीसवीं शताब्दी तक दुनिया के सभी महादेश यूरोपीय शक्तियों के कब्जे या प्रभाव में आ गए। यूरोपीय शासकों ने अपनी प्रशासकीय सुविधा के अनुसार स्थानीय व्यवस्थाओं और कबीलाई या दूसरी भिन्नताओं को नजरअंदाज कर इन क्षेत्रों को विशाल भौगोलिक इकाइयों या देशों में बाँट दिया।

बाद में पश्चिमी देशों के प्रभाव में और उनकी देखा-देखी जब राष्ट्रीय आजादी की भावना इन देशों में जगी तो पश्चिमी देशों द्वारा आरोपित भौगोलिक देश को ही राष्ट्र मान लिया गया। धीरे-धीरे इन्हीं के साथ उनकी भावना जुड़ गई। पश्चिमी देशों की तर्ज पर ही राष्ट्र-राज्य स्थापित करने की लालसा से आजादी के आंदोलन इन देशों में शुरू हुए। चूँकि यूरोपीय शासकों का हित इन देशों में पारंपरिक विभाजन को कायम रखने में था—विभाजित कर शासन करो की नीति के तहत—उन्होंने मूलों, क्षेत्रीय अस्मिताओं, जातियों आदि के भाव को लुप्त नहीं होने दिया। इस तरह राष्ट्रीयता की भावना सतही रही और इसके प्रभाव से पारंपरिक विभाजन समाप्त नहीं हुए, तात्कालिक रूप से गौण भले ही हो गए हों। अंग्रेज स्वयं भारत में दलित, हिंदू, मुस्लिम, द्रविड़, नगा, सिख आदि समूहों की पृथकता की भावना को हवा देकर राज कायम रखने में सफल रहे। इसके विपरीत पश्चिमी यूरोप में औद्योगीकरण का प्रभाव इतना व्यापक था कि विभिन्न इकाइयाँ आर्थिक-प्रशासनिक व्यवस्था में समेकित हो गईं। चूँकि वहाँ के राष्ट्र-राज्यों का गठन भी मूलतः एक या दो कबीलाई समूह के इर्द-गिर्द हुआ था।

द्वितीय विश्वयुद्ध के बाद जब पश्चिमी साम्राज्य का अंत हुआ तो आजाद हुए नए राष्ट्र-राज्यों में बिखराव की प्रक्रिया शुरू हुई। पारंपरिक स्वायत्त आर्थिक-राजनीतिक व्यवस्था के नष्ट होने से अपनी स्थिति को अपने प्रयासों से सुधारने और अपने साधनों के भीतर रहने की पुरानी प्रवृत्ति नष्ट हो चुकी थी। पश्चिमी औद्योगिक समाज से संपर्क ने अपनी स्थिति की दूसरों से तुलना करने का एक उपभोक्तावादी मानक भी प्रदान कर दिया था जिसके आलोक में लोग विविध मूलों, जातियों, धर्मों आदि की स्थिति से अपनी तुलना करते थे और अगर स्थिति कमजोर दिखी तो असंतोष होता था। राष्ट्रीय सरकारें अगर सक्षम होतीं और देश के नियोजन पर उनका अधिकार होता तो वे नियोजन को ऐसी दिशा दे सकती थीं जिससे विभिन्न क्षेत्रों और समूहों के बीच विषमता मिटती। हालाँकि सीमित संसाधनों के कारण नए आजाद देशों में यह काम काफी मुश्किल था, फिर भी प्रारंभिक दिनों में जब दुनिया भर में समाजवाद और नियोजन आदर की वस्तु थे, राष्ट्रीय सरकारों द्वारा आंतरिक विषमताओं को मिटाने के कुछ प्रयास हुए। लेकिन पूँजीवादी वर्चस्व के कारण उनकी सफलता शुरू से ही संदिग्ध थी।

बीसवीं शताब्दी के आखिरी दिनों में स्थिति और गंभीर हो गई, जब से वैश्वीकरण की लहर ने संसार को अपने भीतर समेटना शुरू किया। इसका नतीजा यह हुआ है कि जनप्रतिनिधियों और उनकी सरकारों पर से जनता का नियंत्रण घटता गया है। राष्ट्रीय सरकारों को सदा विश्व व्यापार संगठन, विश्व बैंक और अंतर्राष्ट्रीय मुद्रा कोष के आदेशों के अनुरूप अपनी नीतियाँ निर्धारित करनी होती हैं। अक्सर सुधारों (यानी 'उदारीकरण' की नीति) को लागू करने में 'दृढ़ इच्छाशक्ति' के अभाव की

चर्चा होती है। यहाँ दृढ़ **इच्छाशक्ति** का अर्थ होता है जन भावनाओं के विपरीत नीतियाँ लागू करने में दृढ़ता–कृषि पर सब्सिडी कम करना या भारत अल्यूमिनियम कंपनी जैसे प्रतिष्ठानों का छत्तीसगढ़ की जनता की भावनाओं या राष्ट्र हित के विपरीत विनिवेश आदि ऐसी नीतियों में आते हैं। इस तरह दूरदराज इलाके और पिछड़े समूह पूँजीनिवेश के लाभ से वंचित हो जाते हैं।

इससे उत्तरोत्तर देश की सामाजिक-आर्थिक और भौगोलिक परिधि पर स्थित लोगों में बेगानेपन और अलगाव का भाव बढ़ता है। स्वयं यूरोप के देशों में जहाँ लोकतंत्र जीवंत था और लोक कल्याणकारी नीतियाँ काफी विकसित थीं, यह दबाव महसूस किया जा रहा है। नई वैश्विक व्यवस्था की दुर्दांत प्रतिस्पर्धा में अमेरिका और जापान की विशाल आर्थिक शक्तियों के मुकाबले टिकने के लिए यूरोप का एकीकरण हुआ। लेकिन इससे जो कार्यकारी व्यवस्था यूरोपीय कमीशन बनी वह वहाँ के विभिन्न राष्ट्रों के लोगों के प्रभाव से काफी हद तक मुक्त हो गई है। लोग इसे उस तरह प्रभावित नहीं कर पाते जैसे राष्ट्रीय सरकारों को प्रभावित कर सकते थे, जबकि सभी महत्त्वपूर्ण आर्थिक निर्णय अब इस कमीशन द्वारा ही लिए जाते हैं। ये निर्णय यूरोप के औद्योगिक प्रतिष्ठानों के हित में ही किए जाते हैं। आम लोगों का हित दूसरे नंबर पर होता है। इससे लोगों में जब-तब असंतोष फूट पड़ता है।

वैश्वीकरण की नीति से सभी देशों में हाशिए पर स्थित लोगों का समेकन के बदले विलगाव हो रहा है। वर्तमान बहुराष्ट्रीय कंपनियों का औद्योगिक-व्यापारिक तानाबाना रासायनिक प्रक्रिया में रवों (क्रिस्टल) की भाँति विशेष तरह से उपयोगी न्यूनतम मानव और गैर-मानव तत्त्वों को अपने भीतर समेकित करता है और बाकी वस्तुओं और मनुष्यों को उच्छिष्ट बना बाहर छोड़ देता है। दुनिया के विभिन्न हिस्सों में जो विघटनकारी स्थितियाँ दिखाई दे रही हैं, दरअसल इस आंतरिक प्रक्रिया की अभिव्यक्तियाँ हैं और इसका अंत इस व्यवस्था के अंत से ही हो सकता है। व्यवस्था में बेगानापन महसूस करने वाले हर समूह को आसपास के उन समूहों से शिकायत होती है जो अपेक्षतया बेहतर स्थिति में दिखाई देते हैं।

इससे यह भाव भी पैदा होता है कि ऐसे समूह सरकार की केंद्रीय व्यवस्था के कृपा पात्र हैं या उस पर हावी हैं। चूंकि राष्ट्रों की लोकतांत्रिक व्यवस्थाएँ स्वयं ऐसी शिकायतों को दूर करने में लगातार असमर्थ बनती जा रही हैं, ऐसे समूह इस व्यवस्था से अलग हो अपने ढंग से रहने का संकल्प करते हैं। इन समूहों के कुलीन लोग इसी भावना के आधार पर अलग व्यवस्था में प्रभुता हासिल करना चाहते हैं। यह बात दीगर

है कि वर्तमान केंद्रीकृत ढाँचे में उनकी समस्या का समाधान अलगाव में भी नहीं है। जहाँ भी उपेक्षित महसूस करने वाले धार्मिक, कबीलाई या भाषाई समूह बहुलता में होते हैं, अलगाववादी गतिविधियाँ बढ़ने लगती हैं। वर्तमान व्यवस्था में लोगों के उपभोग में समता लाई भी नहीं जा सकती क्योंकि दुनिया भर की बहुराष्ट्रीय कंपनियाँ नित्य नई आवश्यक-अनावश्यक और जहरीली वस्तुओं के ईजाद और उत्पादन में लगी हैं जो एकबारगी सबों की पहुँच में नहीं आतीं। राष्ट्रीय सरकारें पक्षाघात का शिकार बन जाती हैं और कुछ कर नहीं सकतीं। जब लोगों का असंतोष अलगाववादी हिंसा में भड़कता है, तब वे पुलिस और फौज के बल पर आग बुझाने के काम में लगती हैं। जन उभार के सामने दमन अंततः विफल होते हैं। अलगाववाद वर्तमान वैश्वीकरण की नीति का अनिवार्य पहलू है। इस तरह हम एक अपरिहार्य दुष्चक्र में फँसे हैं।

भूमंडल को अमेरिकी चुनौती

जुलाई महीने के चौथे सप्ताह में दो महत्त्वपूर्ण अंतर्राष्ट्रीय सम्मेलन हुए और उनके नतीजे संसार के भविष्य पर डरावनी छाया छोड़ गए। एक सम्मेलन इटली के जेनोआ नगर में हुआ और दूसरा जर्मनी के बॉन में। पहला दुनिया के सबसे संपन्न आठ देशों का शिखर सम्मेलन था। दूसरा सम्मेलन दुनिया के एक सौ अठहत्तर देशों के प्रतिनिधियों का था जिसका मुख्य मुद्दा था 1997 में क्योतो के पर्यावरण रक्षा समझौते को लागू करना ताकि दुनिया को धरती के बढ़ते तापमान से नष्ट होने से बचाया जा सके। जेनोआ के शिखर सम्मेलन के समय पचास हजार से अधिक प्रदर्शनकारी, जो विभिन्न देशों और संगठनों से आए थे, यह माँग करते रहे कि गरीब देशों की बढ़ती बदहाली को देखते हुए भूमंडलीकरण की प्रक्रिया समाप्त की जानी चाहिए और गरीब मुल्कों पर अमीर मुल्कों के पिछले कर्ज को खत्म करना चाहिए जिसकी अदायगी के बोझ से इन देशों की अर्थव्यवस्थाएँ उत्तरोत्तर कमजोर होती जा रही हैं।

प्रदर्शन का एक भाग अति उग्र था और इसके खिलाफ पुलिस द्वारा की गई हिंसक वारदातों में एक प्रदर्शनकारी की मृत्यु भी हो गई। इस शिखर वार्ता का एक मुद्दा यह भी था कि संबद्ध देश ताप बढ़ाने वाले औद्योगिक उत्सर्जन को 'क्योतो प्रोटोकॉल' के प्रावधानों के अनुसार घटाएँ। इस हकीकत के बावजूद कि भूमंडलीकरण के दौर में दरिद्रतम देशों की संख्या 25 से बढ़कर 49 हो गई है, यह निर्णय लिया गया कि भूमंडलीकरण प्रक्रिया को और प्रभावी बनाया जाए। कर्ज माफी की माँग खारिज की गई और इस बात के बावजूद कि आठ में सात देशों के राज्याध्यक्ष 'क्योतो प्रोटोकॉल' को लागू करने के पक्षधर थे, अमेरिका ने इसे लागू करने से साफ मना कर दिया। यह ज्ञातव्य है कि दुनिया में तापं बढ़ाने वाली गैसों का सबसे अधिक उत्सर्जन—25 प्रतिशत से ज्यादा—अकेला अमेरिका करता है और दुनिया के दूसरे देशों में होने वाले उत्सर्जन में भी अमेरिकी बहुराष्ट्रीय कंपनियों का खासा हिस्सा है। इसलिए अगर दुनिया के दूसरे देश इन गैसों का उत्सर्जन कम भी कर दें तो भी अमेरिका अकेले ही दुनिया को ताप-मृत्यु की ओर ढकेलने के लिए काफी है।

बॉन में हुए 178 देशों के सम्मेलन में अमेरिका को छोड़ बाकी सभी देशों

ने एक स्वर से क्योतो में अपनाए गए प्रावधानों को लागू करने का संकल्प दुहराया। लेकिन अमेरिकी प्रतिनिधि पॉला दोब्रियांस्की ने इसे अमेरिकी हितों के विपरीत बतला कर इसको लागू करने से इनकार कर दिया।

इन सम्मेलनों में अपनाई गई नीतियों को युद्ध आयुधों के क्षेत्र में अमेरिका की दो दूसरी नीतियों के साथ जोड़ कर देखने से अमेरिकी नीति के निहितार्थ को समझा जा सकता है। अमेरिका ने दुनिया के दूसरे देशों और स्वयं अपने नाटो सहयोगी देशों की भावनाओं की अनदेखी करके मिसाइल रक्षा प्रणाली विकसित करना शुरू कर दिया है जिससे परमाणु शस्त्रों को नियंत्रित करने का तीन दशक पहले का समझौता अर्थहीन बन जाता है। यह माना जाता था कि जब तक विभिन्न शक्तियों के बीच परमाणु युद्ध के आतंक का संतुलन रहेगा—यानी जब तक सभी देश यह महसूस करेंगे कि परमाणु युद्ध करने वाले दोनों प्रतिद्वंद्वियों का विनाश हो जाएगा, युद्ध पर रोक लगी रहेगी। अब अमेरिका ऐसी अवरोधक प्रणाली विकसित कर रहा है जिससे वह तो दुनिया के दूसरे देशों को नष्ट कर सकता है, लेकिन बाहर से होने वाले प्रक्षेपास्त्रों के किसी हमले को वह आसमान में ही निरस्त कर देगा। इससे पुरानी संधियाँ अर्थहीन हो जाती हैं। इसी से मिलाजुला एक दूसरा अमेरिकी निर्णय है कि वह 1972 से चल रहे जैविक हथियारों के निर्माण और प्रयोग पर रोक लगाने संबंधी प्रक्रियाओं से भी अलग रहेगा। उसका तर्क है कि इस रोक को लागू करने के लिए जो तहकीकात होगी उससे जैविक क्षेत्र में लगे उसके उद्योगों की गोपनीयता पर असर पड़ेगा। इस सदंर्भ में यह गौरतलब है कि जैविक हथियारों को गोपनीय ढंग से निर्माण के संदेह पर ही अमेरिका इराक के लोगों को तरह-तरह की यातनाएँ देता रहा है।

इन सब निर्णयों पर विचार करने से यह साफ है कि अब अमेरिका अपने पूँजीवादी प्रतिष्ठानों की हित-रक्षा में धरती का विनाश कबूल करने के लिए मानसिक रूप से तैयार हो गया है। परमाणु या जैविक युद्ध न हो तो भी अमेरिका अपने औद्योगिक प्रदूषण से ही संसार को नष्ट कर देगा। यह ठीक है कि स्वयं अमेरिका भी इससे प्रभावित होगा। लेकिन वह आश्वस्त है कि वह अपनी संपन्नता और भौगोलिक स्थिति के कारण इससे कुछ कम प्रभावित होगा। इस नीति को जॉर्ज डब्ल्यू. बुश के प्रशासन की विशिष्टता के रूप में नहीं, बल्कि पूरे अमेरिका की मनीषा में व्याप्त मृत्यु-कामना के रूप में ही देखा जा सकता है। अमेरिका की काँग्रेस में डेमोक्रेटिक और रिपब्लिकन पार्टी की शक्ति लगभग समान है और सीनेट में डेमोक्रेटों का ही हाथ ऊपर है। इसलिए ऐसी नीतियाँ तभी लागू की जा सकती हैं जब बुश आश्वस्त हों कि उन्हें इन मुद्दों पर काँग्रेस यानी अमेरिका की जनता का समर्थन मिलता रहेगा।

धरती का ताप बढ़ने से वे भूभाग जैसे बांग्लादेश, कोलकाता के आसपास

के इलाके या कच्छ, जो समुद्र तल से थोड़ा ही ऊँचा हैं, जलमग्न हो जाएँगे। इसके अलावा उष्ण कटिबंध में पड़ने वाले स्थानों पर अत्यधिक ताप और सूखे से रेगिस्तान की स्थिति हो जाएगी। भारत में हिमालय के ग्लेशियरों के पिघल जाने से शुरू में भयंकर जल प्लावन होगा और फिर बाद में उत्तर भारत और पाकिस्तान की नदियाँ सूख जाएँगी। इसका एक असर यह भी होगा कि शीत कटिबंध में पड़ने वाले क्षेत्रों की जलवायु समशीतोष्ण हो जाएगी और वहाँ जीवन आसान हो जाएगा, अगर इसके साथ दूसरी आपदाएँ न जुड़ें। चूँकि अमेरिका का बड़ा हिस्सा और दुनिया के दूसरे संपन्न देशों—जैसे आस्ट्रेलिया, यूरोपीय देश और जापान का बड़ा हिस्सा—या तो समशीतोष्ण कटिबंध में है या शीत कटिबंध में। इससे इन स्थानों पर जीवन वैसा विकराल नहीं होगा जैसा ग्रीष्म कटिबंध वाले हिस्सों में शायद इसीलिए अमेरिका निश्‍चिंत है कि अंततोगत्वा वह यूरोप के अपने संपन्न सहयोगियों को संभावित प्रलय की स्थिति को कबूल कर लेने के लिए तैयार कर लेगा।

इस प्रलयंकारी स्थिति का खमियाजा मुख्य रूप से दुनिया के गरीब मुल्कों को ही भुगतना होगा जो प्रायः उष्ण कटिबंध में स्थित हैं। वे ही धीरे-धीरे रेगिस्तान में तब्दील हो जाएँगे। हालाँकि मनुष्य के प्रभाव में धरती का पर्यावरण पहली बार इतना बदला है, ऐसा पहली बार नहीं होगा कि धरती के अनेक भागों में अति ताप या अति शीत के प्रभाव में जीवन असंभव बन गया हो। धरती पर बार-बार ऐसी स्थितियाँ मानव के अस्तित्व में आने के बाद से प्राकृतिक कारणों से आई हैं। हिमयुग (आइस एज) तो कई बार आए। कभी जंगल की आग के धुएँ से अनेक वर्ष तक सूरज के छिप जाने से भी जीवन समाप्त होने के कगार पर आ गया था, ऐसा अनुमान किया जाता है। ऐसी ही प्राकृतिक आपदाओं से छुटकारा पाने के लिए मनुष्य अफ्रीका की अपनी प्रारंभिक भूमि से संक्रमण कर सुदूर उत्तरी यूरोप, भारत, चीन, जावा, अमेरिका और आस्ट्रेलिया तक कभी पाँव से चलकर तो कभी बेड़े बना सागर पार तक फैलता रहा। पर उन प्रारंभिक युगों में पूरी धरती पर मनुष्यों की संख्या कुछ लाख से अधिक नहीं थी। ऐतिहासिक काल में भी बहुत से 'विदेशी' आक्रमण दरअसल किसी प्राकृतिक आपदा के दबाव में हुए ऐसे ही संक्रमण का परिणाम थे। इसमें सरदार या राजा की फौज के साथ पूरी आबादी कूच कर देती थी। आपदा न रहने पर भी लोग ऐसे स्थानों की ओर पलायन करते रहे हैं जहाँ भूमि अधिक उपजाऊ हो, आबोहवा अधिक माफिक या जीवनयापन के साधन अधिक आसान हों। आज भी दुनिया में लोगों का एक स्थान से दूसरे स्थान या एक देश से दूसरे देश में आना-जाना जारी है हालाँकि अब राष्ट्रीय सीमा रेखाओं के कठोर हो जाने से यह एक मुश्किल काम हो गया है।

राष्ट्रीय सीमा रेखाओं के कठोर हो जाने के संदर्भ में तापमान के बढ़ने के परिणामों का थोड़ा अंदाज हम कर सकते हैं। दुनिया की बड़ी संख्या फिलहाल उष्ण कटिबंधों के इर्दगिर्द ही निवास करती है। जब इन स्थानों पर रेगिस्तान की स्थिति होगी और ताप अत्यधिक हो जाएगा, तब लोग किसी भी कीमत पर शीत कटिबंधों की ओर, जो अब समशीतोष्ण हो चुके होंगे, पलायन करेंगे। लेकिन इन भूभागों के लोग जिनके पास युद्ध-आयुध और संपत्ति दोनों की प्रचुरता होगी, पूरी शक्ति से बाहरी अतिक्रमण को रोकने की कोशिश करेंगे। इससे चारों ओर भीषण युद्धों का सिलसिला जारी होगा। और चूँकि जीवन की तलाश में बढ़ती हुई पूरी आबादियों को, जिनकी संख्या अरबों में होगी, पारंपरिक हथियारों से रोकना मुश्किल होगा, नाभिक और जैविक हथियारों का खुल कर इस्तेमाल होगा। शीत युद्ध की समाप्ति के बाद आज जब अमेरिका का कोई सामरिक प्रतिद्वंद्वी नहीं बन गया है, उसकी अत्याधुनिक परमाणु और जैविक युद्ध की तैयारी के पीछे भविष्य की कुछ ऐसी ही अस्फुट आशंका देखी जा सकती है। ऐसी स्थिति पैदा न हो, इसका एकमात्र उपाय ऐसी औद्योगिक और जीवन की व्यवस्था विकसित करना है जिससे पर्यावरण के लिए संकट न हो, लेकिन अमेरिका किसी ऐसे विचार पर गौर करने को भी तैयार नहीं। दुनिया एक ऐसी स्थिति में आ गई है कि या तो वर्तमान अमेरिकी औद्योगिक व्यवस्था अस्तित्व में रहेगी या संसार अस्तित्व में रहेगा। अब दोनों का सह-अस्तित्व संभव नहीं लगता। इसलिए धरती की रक्षा के लिए अमेरिकी औद्योगिक व्यवस्था का नष्ट होना जरूरी है।

यह कैसे संभव होगा? एक तरीका तो ओसामा बिन लादेन की तर्ज पर आतंकवाद का हो सकता है जिसके जरिए अमेरिका के औद्योगिक और दूसरे प्रतिष्ठानों को नष्ट कर दिया जाए।[1] लेकिन यह इसलिए संभव नहीं क्योंकि अमेरिका के विशाल औद्योगिक ढाँचे को इस तरह नष्ट करने के लिए स्वयं अमेरिका में लाखों ऐसे प्रतिबद्ध लोगों की जमात पैदा करनी होगी जो जान पर खेल कर बड़े पैमाने पर तोड़-फोड़ कर सकें। यह हो नहीं सकता। दूसरा रास्ता यह हो सकता है कि गरीब देश मिलकर अमेरिका पर हमला करके उसके औद्योगिक ढाँचे को नष्ट कर दें। अमेरिका की वर्तमान सामरिक शक्ति और गरीब मुल्कों की सामरिक स्थिति को देखते हुए ऐसा सोचना भी हास्यास्पद ही होगा। दुनिया को बचाने का एकमात्र संभव और मानवीय रास्ता यह हो सकता है कि गरीब मुल्क, जिन्हें आज विकासशील देश कहा जाता है, अमेरिका से सभी व्यापारिक संबंध तोड़ लें। यह तभी संभव है जब वे पश्चिमी पूँजीवादी ढंग के विकास और भूमंडलीकरण से अपने को पूरी तरह से अलग कर लें और स्वावलंबी अर्थव्यवस्था विकसित करें। कुछ वैसे निर्धन देशों को जो आज आर्थिक दृष्टि से अमेरिका पर पूरी तरह निर्भर हो गए हैं, प्रारंभ में कुछ कठिनाइयों

1. यह लेख अगस्त 2001 में प्रकाशित हुआ था।

का सामना करना पड़ सकता है। लेकिन जहाँ लोगों का अस्तित्व ही दाँव पर लग गया हो वहाँ कुछ कठिनाइयों को झेलने की तैयारी होनी चाहिए।

जहाँ तक भारत का सवाल है हम अमेरिका से अपने व्यापारिक संबंध बिना भारी कीमत चुकाए खत्म कर सकते हैं। अमेरिका से भारत का आयात दस प्रतिशत से ज्यादा नहीं होता और हमारा निर्यात भी अमेरिका को हमारे पूरे निर्यात के बीस प्रतिशत से ज्यादा नहीं है। भारत का आयात इसकी अपेक्षा कहीं अधिक यूरोपीय संघ, तेल उत्पादक देशों और दूसरे गरीब मुल्कों से है। यही स्थिति निर्यात की भी है। इसलिए एक अत्यंत ही छोटे, अति संपन्न वर्ग को छोड़ इसका प्रभाव देश के बाकी लोगों के जीवन पर नगण्य होगा। बल्कि आर्थिक स्वायत्तता की दिशा में पहल से उनकी स्थिति में सुधार ही होगा। अगर अमेरिका की सीमा पर अनेक दबावों के बीच रहने वाला छोटा-सा देश क्यूबा अमेरिका से संबंध विच्छेद के बावजूद अस्तित्व में रह सकता है तो भारत क्यों नहीं रह सकता? भारत को इस दिशा में दुनिया के बाकी गरीब देशों का नेतृत्व करना चाहिए और विश्व व्यापार संगठन से बाहर आकर अमेरिका के बहिष्कार की दिशा में पहल करनी चाहिए। आज यह आत्मरक्षा और राष्ट्रीय स्वाभिमान दोनों की माँग है।

बर्बरताओं का संघर्ष

सैम्युएल पी हंटिंगटन की 'सभ्यताओं का संघर्ष' की स्थापना को लेकर काफी दिनों तक चर्चा होती रही थी। इसमें सभ्यताओं को मूलतः धार्मिक समूहों से जोड़ा गया था। हाल में न्यूयार्क के वर्ल्ड ट्रेड सेंटर और वाशिंगटन के पेंटागन पर हुए आतंकवादी हमलों के बाद ऐसे संघर्ष की एक छवि उभरती दिखाई देने लगी है। यह छवि मूलतः ईसाई-पश्चिमी दुनिया और इस्लामी दुनिया के संघर्ष की बन रही है। अमेरिकी राष्ट्रपति जॉर्ज डब्ल्यू बुश ने आतंकवाद के खिलाफ अपने संघर्ष को 'क्रूसेड' का नाम देकर इस छवि को विश्वसनीय बना दिया है। क्रूसेड शब्द को लेकर अमेरिका के चोबदार ब्रिटेन में भी चिंता जताई जा रही है। क्रूसेड (धर्म युद्ध) की शुरुआत यरुशलम को मुसलमानों से मुक्त कराने के लिए सन् 1085 में पोप अर्बन द्वितीय के उत्तेजक भाषण और प्रतीक के रूप में क्रॉस बाँटने से हुई थी। यह धर्मयुद्ध लगभग तीन शताब्दी तक दक्षिणी यूरोप और पश्चिमी एशिया के बड़े भूभाग पर चलता रहा। क्रूसेड शब्द ईसाई अचेतन में दबे ऐतिहासिक बैर को फिर प्रज्वलित कर सकता है। इधर दुनिया के अनेक कट्टरपंथी और आतंकवादी इस्लामी समूहों ने आसन्न अमेरिकी हमले के खिलाफ जेहाद (धर्मयुद्ध) की घोषणा कर दी है। अमेरिकी राष्ट्रपति के उत्तेजक भाषण से पूरे अमेरिका में उन्माद छा गया। इस उन्माद की पहली बलि एक प्रवासी भारतीय बना।

अभी तो इस युद्ध की पैंतरेबाजियाँ ही शुरू हुई हैं इसलिए यह कहना कठिन है कि अपनी पूर्णता में यह कौन-सा रूप लेगा। लेकिन दोनों तरफ के योद्धाओं के चरित्र और उद्देश्यों को देखते हुए कहा जा सकता है कि यह सभ्यताओं का नहीं 'बर्बरताओं' का युद्ध होने जा रहा है। दरअसल आधुनिक हथियारों की पृष्ठभूमि में युद्ध या तो बर्बर होंगे या अधिक बर्बर। आतंकवादी हिंसा का स्वरूप और उसकी शक्ति की सीमाएँ ऐसी होती हैं कि किसी बड़े पैमाने की कार्रवाई में अनिवार्य रूप से निर्दोष लोग ही अधिक संख्या में मारे जाते हैं। वर्ल्ड ट्रेड सेंटर के हमले को ही लें। इसमें विमानों के यात्री और ट्रेड सेंटर में काम करने वाले लोगों का अमेरिकी आक्रामक नीतियों में सीधा हाथ नहीं था। ट्रेड सेंटर जरूर अमेरिकी पूँजीवाद और

इसके विश्व वर्चस्व का प्रतीक बन गया था। लेकिन इसमें काम करने वाले लोग आजीविका के लिए इसमें काम करते थे। उनके पीछे उनके परिवार के लोग और परिजन थे जिन्हें अमेरिकी विस्तारवाद से कुछ लेना-देना नहीं था। लेकिन ट्रेड सेंटर पर हमले से एक साथ हजारों परिवारों के जीवन के सपने बिखर गए। अनेक बच्चे मातृ-पितृहीन और बेपनाह हो गए। हर आतंकवादी हमले में ऐसी निर्ममता निहित होती है। हम अपने ही देश में रोज होने वाली आतंकवादी हत्याओं का यह चरित्र देख सकते हैं चाहे वह जेहादी हिंसा हो, 'क्रांतिकारी' हिंसा या प्रतिक्रांतिकारी हिंसा।

लेकिन आतंकवादी हिंसा आतंकवादी समूहों की उस विवशता को व्यक्त करती है जहाँ उनका मुकाबला ऐसी स्थापित शक्ति से होता है जिसकी वैचारिक पकड़ और आतंक लोगों पर इस कदर होता है कि बराबरी का राजनीतिक या सशस्त्र प्रतिरोध लगभग असंभव होता है । एक स्थिति वह भी होती है जहाँ दबाया गया समूह अल्पसंख्यक होता है और बहुसंख्यक लोगों में अपनी बहुलता का उन्माद होता है। ऐसी ही स्थितियों में अलग-अलग काल में विभिन्न देशों में क्रांतिकारी समूह आतंक का रास्ता अपनाते रहे हैं। ऐसी स्थितियों में प्रतिरोध का एक दूसरा रास्ता भी हो सकता है—अहिंसक प्रतिरोध का। लेकिन यह अवधारणा नई है और मनुष्य में निहित आक्रामकता की स्वाभाविक अभिव्यक्ति से इसका मेल न बैठने से स्वतःस्फूर्त रूप से लोग इसकी ओर मुखातिब नहीं होते। यह रास्ता लंबी अवधि के निरंतर प्रशिक्षण की माँग करता है। महात्मा गाँधी के प्रभाव में अमेरिका में मार्टिन लूथर किंग द्वारा अश्वेतों के उत्पीड़न के खिलाफ इसका सफल प्रयोग अभी तक के कुछ अपवादों में ही गिना जाएगा।

आतंकवादी हिंसा को जो बात प्रभावी बनाती है वही इसे लोगों की निगाह में बर्बरतापूर्ण भी बनाती है। यह प्रभावी तभी हो पाती है जब इसमें अचंभित (सरप्राइज) करने का गुण हो। यानी यह वहाँ और उस रूप में हो कि इसका होना अप्रत्याशित लगे—जैसा अभी न्यूयार्क के वर्ल्ड ट्रेड सेंटर में हुआ। लेकिन इसी से लोग इसे फेयर-प्ले (खेल के नियम) के विपरीत मानते हैं और इससे तिलमिला उठते हैं। इसके विपरीत नीति सम्मत युद्धों में नगरों या महानगरों पर होने वाली बममारी या फौजों की लड़ाई के क्रम में उजाड़े गए नगर और गाँव लोगों को मर्यादित हिंसा का परिणाम लगते हैं। जरा ट्रेड सेंटर के पाँच हजार के लगभग मृत या लापता लोगों की तुलना द्वितीय विश्वयुद्ध के मृतकों के आँकड़ों से करें जो चार करोड़ अनुमानित हैं जिनमें सैनिकों से अधिक असैनिक लोग थे। लेकिन चूँकि यह युद्ध की स्वाभाविक परिणति मानी जाती है, इस पर विचार करने में कोई उत्तेजना नहीं पैदा होती।

ट्रेड सेंटर के इस हमले को मानवता के खिलाफ सबसे जघन्य अपराध बतलाया

जा रहा है। इसकी तुलना अमेरिकी राष्ट्रपति ट्रूमैन द्वारा जापान के हिरोशिमा और नागासाकी के नागरिकों पर गिरवाए गए परमाणु बमों की विभीषिका से करें जिसमें न सिर्फ लाखों लोग मारे गए, बल्कि अनेक अजन्मी पीढ़ियाँ विकलांग होने को अभिशप्त हो गईं। राष्ट्रपति ट्रूमैन ने बिना किसी मजबूरी के ह्वाइट हाउस की सुरक्षा में बैठे यह किया। न्यूयार्क हादसे के लिए जिम्मेदार आतंकवादियों ने कम से कम इन हत्याओं की कीमत खुद अपनी जिंदगी देकर चुकाई। हमारे हिंदुत्ववादी मानस में झट जवाब आएगा, 'समरथ को नहिं दोष गोसाईं।' लेकिन आज की दुनिया की जटिल स्थितियों में अच्छाई और बुराई का पक्ष निर्धारित करने में ऐसी जल्दबाजी की कोई गुंजाइश नहीं।

जॉर्ज डब्ल्यू बुश द्वारा घोषित अंतर्राष्ट्रीय आतंकवाद के खिलाफ निर्णायक युद्ध का अर्थ भी बिल्कुल साफ नहीं है। अभी तक जो कुछ सामने आया है उसका अर्थ सिर्फ इतना है कि अंतर्राष्ट्रीय आतंकवाद का अर्थ अमेरिका और इसके पश्चिमी मित्रों के हितों के खिलाफ होने वाला आतंक भर है। न्यूयार्क हादसे के बाद लगातार कश्मीर में आतंकवादी हत्याएँ होती रही हैं लेकिन अमेरिका के राष्ट्रपति या किसी अधिकारी की ओर से इनकी निंदा में एक शब्द भी नहीं निकला। पश्चिमी मीडिया का रुख भी इससे भिन्न नहीं है। अपेक्षाकृत निष्पक्ष माना जाने वाला बीबीसी इसका सबसे अच्छा नमूना है। बीबीसी की हिंदी सेवा के एक साक्षात्कार में जब पुष्पेश पंत ने यह कहा कि अमेरिका के खिलाफ आतंक को मानवता के खिलाफ अपराध हम कैसे कह सकते हैं, जब भारत ऐसी आतंकवादी कार्रवाइयों को पिछले दस वर्ष से झेल रहा है लेकिन इसे मानवता के खिलाफ अपराध नहीं बताया गया, तो बीबीसी ने बड़ी चालाकी से साक्षात्कार के बीच में कोई दूसरा कार्यक्रम देकर उसे अत्यंत संक्षिप्त कर दिया। वैसे तो बिल्कुल भोले-भाले लोग ही बीबीसी को निष्पक्षता का प्रमाणपत्र दे सकते हैं। उसका पक्षपात कोसोवो के मामले में यूगोस्लाविया पर नाटो की बममारी के समय बिलकुल खुलकर सामने आ गया था। लेकिन इसके लिए बीबीसी को दोष देना उचित नहीं है।

यह भी ब्रिटेन के पैसे से पोषित एक संचार माध्यम है जिसका मूल उद्देश्य पश्चिमी देशों का हित साधन है। इस बात की ओर इशारा करना इसलिए जरूरी लगता है कि हम भारतवासी, विशेषकर यहाँ का मध्य वर्ग, पश्चिमी प्रचार माध्यमों के प्रवाह में अक्सर बह जाता है। दरअसल अंतर्राष्ट्रीय आतंकवाद कोई एकात्मक चरित्र वाली चीज नहीं है जिसके खिलाफ युद्ध की बात की जा सके। विभिन्न देशों की विभिन्न स्थितियों में यह अलग-अलग रूप में उभरता है और प्रत्येक मामले में इसके विशेष चरित्र को ध्यान में रख कर ही इसके संबंध में निर्णय लिया जा सकता है। क्यूबा, निकारागुआ आदि में कम्युनिस्ट मानी जाने वाली व्यवस्थाओं के खिलाफ

आतंकवादी कार्रवाइयों को सदा अमेरिकी समर्थन मिला। अमेरिकी राष्ट्रपति जब अंतर्राष्ट्रीय आतंकवाद की बात करते हैं तो उनके दिमाग में मोटा-मोटी पश्चिमी साम्राज्यवादी हितों के खिलाफ फिलहाल उभरा इस्लामी आतंकवाद ही है। इसे ही अलग-थलग करने के लिए मुस्लिम बहुल देशों की सरकार के साथ अमेरिका साँठगाँठ की कोशिश कर रहा है, चाहे वह पाकिस्तान हो, सऊदी अरब हो या कोई अन्य देश। वजह यह है कि इन सभी देशों की जनता अमेरिका विरोधी बन रही है।

इस सारे प्रसंग में हमारे प्रधानमंत्री और उनके परामर्शदाताओं ने अपने अति उत्साह में संसार भर में भारत को मजाक का विषय बना दिया है। अमेरिका ने भारत से किसी तरह की मदद की माँग नहीं की। लेकिन हमारे प्रधानमंत्री ने देशवासियों को संबोधित कर अंतर्राष्ट्रीय आतंकवाद के खिलाफ युद्ध में शामिल होने के संकल्प की घोषणा कर दी। सभी विपक्षी दलों को इस निर्णय में शामिल करने की कोशिश हुई मानों अमेरिकी हादसा भारत का राष्ट्रीय संकट हो।

जिस तरह की मानसिकता अमेरिका में है, उससे वहाँ अरबों और मुसलमानों के खिलाफ उन्माद फैलेगा। अमेरिका में ऐसे उन्माद अत्यंत ही अमानवीय रूप ग्रहण करते रहे हैं। प्रारंभ से अश्वेत लोगों के खिलाफ (कू-क्लक्स क्लान की हिंसा) और पचास-साठ के दशक के शीत युद्ध के काल में 'छिपे कम्युनिस्टों' के खिलाफ उनके उन्माद का घिनौना रूप हम अरसे से देखते रहे हैं। जिस तरह राष्ट्रपति बुश ने इसे क्रूसेड नाम दिया है, उससे अरब, मुसलमान और बाद में सभी गैर-यूरोपीय मूल के लोग उन्माद के शिकार होंगे। मानवता की दुहाई देने के बाद अमेरिका ने सीआईए पर से विभिन्न देशों के नेताओं और अन्य लोगों की गुप्त रूप से हत्या कराने की नीति पर कुछ वर्षों से लगा प्रतिबंध फिर हटा दिया है। ओसामा बिन लादेन पर अपने संदेह को सबूत मान लेना और उसे जीवित या मृत हाजिर करने का आदेश और सीआईए को गैर-कानूनी हत्याओं की छूट, दोनों ही अमेरिकी सोच में निहित आतंकवादी स्वेच्छाचारिता की अभिव्यक्ति हैं।

दूसरी ओर इस्लामी कट्टरपंथी जेहाद के नाम पर सभी मुसलमानों को एकजुट करने का प्रयास करेंगे। जैसे-जैसे अमेरिकी आक्रामकता बढ़ेगी, मुसलमानों का बड़ा हिस्सा इस ध्रुवीकरण से प्रभावित होगा। भारत में नागरिकों का एक बड़ा और महत्त्वपूर्ण हिस्सा मुसलमानों का है, इसलिए हमें कुछ भी जल्दबाजी में नहीं करना चाहिए जिससे यह लगे कि हम इस धर्मयुद्ध में अमेरिका की तरफ से शामिल हो रहे हैं। भारत विभाजन के काल से ही इस देश के मुसलमानों में बेगानेपन का भाव रहा है जो बाबरी मस्जिद ध्वंस के बाद ज्यादा गहराया है। हमें ऐसा कुछ भी नहीं करना चाहिए जिससे यह भाव और गहरा हो। यहाँ हमारी साझी राष्ट्रीयता दाँव पर है।

अमेरिकी उन्माद और इस्लामी कट्टरपंथ दोनों का चरित्र ऐसा है कि इस संघर्ष में मानव अधिकारों की ही बलि चढ़ाई जाएगी। ग्यारहवीं सदी से शुरू हुए क्रूसेड और इस नए क्रूसेड में एक बुनियादी अंतर होगा। पहले क्रूसेड के समय अरब और इस्लाम की दुनिया ज्ञान, विज्ञान और सहिष्णुता की दुनिया थी। जब यूरोप के बर्बर और धर्मांध योद्धा मुस्लिम इलाकों में गए तो वहाँ के संपर्क से नई रोशनी लेकर आए जिससे यूरोप का रेनासां (पुनर्जागरण) शुरू हुआ। वर्तमान इस्लामी दुनिया रक्षण शील है और पश्चिमी प्रभाव से अपनी अस्मिता को बचाने के लिए अतीत की कुंठित करने वाली परंपराओं में पनाह ढूँढ़ रही है। इससे अब जो संघर्ष होगा यह शक्ति के मद में चूर पश्चिमी शक्तियों और अंधविश्वास में आधार ढूँढ़ने वाले इस्लामी समूहों के बीच होगा और इस संघर्ष में पश्चिमी देशों के वे लोकतांत्रिक मूल्य भी, जिन्हें उन्होंने पिछली दो शताब्दियों में अर्जित किया है, नष्ट हो सकते हैं। अमेरिका में फिलहाल जैसे हमले अरब या मुस्लिम दिखने वाले लोगों पर हो रहे हैं, वे भयावह भविष्य के संकेत हैं। बाहरी सजधज से घिरे मानव मन में भी शैतानी आक्रामकता दूसरों जैसी ही होती है। इसी के निर्बाध खेल का रंगमंच तैयार हो रहा है।

बर्बरता की उभरती छाया

अमेरिका के आतंक-विरोधी अभियान से जुड़ी कुछ घटनाएँ दरअसल आतंकित करने वाली हैं। अभी दुनिया भर के मानवाधिकार संगठनों के बीच क्यूबा के पास ग्वातनामो बे में अमेरिका द्वारा अल कायदा के बंदियों के साथ किया जाने वाला व्यवहार चर्चा का विषय बना हुआ है। खबर थी कि इन बंदियों को आठ फुट लंबे और छह फुट चौड़े तारों के पिंजरों में खुले आसमान के नीचे बंद कर रखा गया है। अब अमेरिकी सरकार द्वारा प्रसारित एक चित्र में इन बंदियों को हथकड़ियों और बेड़ियों में घुटने के बल झुका दिखलाया गया है। इनकी आँखों पर पट्टियाँ लगी हैं, कानों को रुई से पूरी तरह सील कर दिया गया है, हाथों में ऐसे दस्ताने और पाँवों में मोजे डाल दिए गए हैं जिससे उन्हें कोई स्पर्श बोध न हो सके। मनोवैज्ञानिकों का मानना है कि सभी शारीरिक संवेदनों से वंचित रखे गए ऐसे लोग थोड़े ही समय में विक्षिप्ता की स्थिति में आ जाते हैं। पश्चिमी देशों के लोगों का कहना है कि पहले सिर्फ कम्युनिस्ट तानाशाही के सबसे भयावह दिनों में पूर्वी यूरोप के कुछ राजनीतिक बंदियों के साथ ऐसा व्यवहार हुआ था। यह क्रूरता मध्ययुगीन बर्बरता को भी मात करती है जिसमें बंदियों को शारीरिक यातनाएँ तो दी जाती थीं, फिर भी उन्हें मानसिक रूप से नष्ट करने की कोई सुनियोजित व्यवस्था नहीं होती थी। इस दृष्टि से विचार करने पर वर्तमान अमेरिकी शासक संभवतः दुनिया के सबसे क्रूर और बर्बर शासकों में गिने जाएँगे। इस लेखक ने इन्हीं स्तंभों में 'बर्बरताओं का संघर्ष' यह आशंका व्यक्त की थी कि इस संघर्ष में पश्चिमी देशों द्वारा पिछले दो सौ वर्षों में अर्जित सभी मानवाधिकार नष्ट हो सकते हैं। बंदियों के साथ ऐसे व्यवहार नई बर्बरता की ही दस्तक हैं।

आधुनिक दुनिया के सबसे पुराने प्रजातांत्रिक गणतंत्र की ऐसी बर्बरता पहली निगाह में हैरत में डालने वाली लगती है। लेकिन अमेरिका की विरासत पर नजर डालने से इसमें कुछ भी अचरज का नहीं लगेगा। हमें यह नहीं भूलना चाहिए कि वर्तमान अमेरिकी राष्ट्र की नींव यूरोप, विशेषकर ब्रिटेन से आकर यहाँ अपना उपनिवेश कायम करने वालों द्वारा पड़ी थी, जिन्होंने यहाँ के लगभग संपूर्ण मूल निवासियों

(इंडियनों) की आबादी को नष्ट कर दिया और जो थोड़े से बचे उन्हें खदेड़कर कुछ संरक्षित क्षेत्रों में रहने को विवश कर दिया। अपने फार्मों पर श्रमिकों के अभाव को पूरा करने के लिए दसियों लाख अफ्रीका के रंगीन मूल निवासियों को पकड़ कर गुलामों के रूप में लाया। इस प्रक्रिया में पकड़े गए लगभग आधे लोग यात्रा की यातनाओं में दम तोड़ देते थे। यहाँ लाए गए अफ्रीकी मूल के इन लोगों को पहले नागरिकता से वंचित रखा गया और उसके बाद हाल-हाल तक अनेक तरह के हमलों और भेदभाव का शिकार बनाया जाता रहा है। आम अमेरिकियों के चरित्र निर्माण में और उनकी मान्यताओं को बनाने में निश्चित रूप से इन अमानवीय परंपराओं का हाथ है। मार-पछाड़ वाली प्रतिस्पर्धा के पूँजीवादी मूल्यों से मिलकर निर्मम जीवन का एक परिपाक आज अमेरिकी जीवन को पोषित करता है। सुप्रसिद्ध अमेरिकी उपन्यासकार जैक लंडन ने बीसवीं सदी के प्रारंभिक वर्षों में अपने उपन्यास 'आयरन हील' में वहाँ के पूँजीवाद में निहित फासीवादी मनोवृत्तियों का डरावना चित्र प्रस्तुत किया था।

यह ध्यान में रखना जरूरी है कि लोकतंत्र में बहुमत के वर्चस्व की पूर्ण मान्यता से नागरिकों के मानवाधिकारों को भी सुरक्षा मिलेगी, यह जरूरी नहीं। विशेष स्थितियों में, खासकर तब जब किसी कारण से लोगों पर कोई उन्माद छाया हो तो बहुमत का शासन उतना ही अत्याचारी हो सकता है जितना कि किसी स्वेच्छाचारी राजा या तानाशाह का। अलेक्सी द तौक्वील ने उन्नीसवीं शताब्दी के पूर्वार्ध में अमेरिका के अपने अध्ययन 'डेमोक्रेसी इन अमेरिका' में यह आशंका व्यक्त की थी कि लोकतंत्र में भी लोगों की स्वतंत्रता घोर खतरे में पड़ सकती है। उसने यह विचार दिया था कि राजनीतिक क्षमता का विचार लोकतांत्रिक क्रांति के द्वारा एकाएक नहीं आया, बल्कि यह प्रक्रिया तो सदियों से राजतंत्र के विकास के साथ चल रही थी। स्वेच्छाचारी राजाओं ने बाकी प्रजा के अधिकारों को खत्म करके उन्हें अधिकारहीनता की समानता के एक ही साँचे में ढाल दिया था। जब स्वयं राजा की सत्ता समाप्त हुई तो सत्ता का सर्वाधिकार समान हैसियत वाली जनता के हाथ आ गया। इससे स्थिति में एक मौलिक बदलाव आया। राजा के शासन में लोग शारीरिक रूप से राजा के अधिकार को कबूल करने को बाध्य थे लेकिन मानसिक रूप से इसे कबूल नहीं करते थे क्योंकि यह एक बाहरी आरोपित सत्ता थी।

लोकतंत्र में व्यक्तियों पर न सिर्फ बाहरी नियंत्रण रहता है बल्कि एक आंतरिक नियंत्रण भी रहता है क्योंकि सत्ता स्वयं लोगों की अपनी सत्ता होती है। लोकतंत्र के संबंध में संपूर्ण सत्तावादी ऐसे रुझान को रूसो जैसे पूर्ववर्ती विचारकों से भी बल मिला था। रूसो ने 'जनरल विल' (आम इच्छा) के नाम से अलग व्यक्तियों की इच्छा

से ऊपर एक ऐसी अमूर्त्त इच्छाशक्ति को सर्वोपरि मान लिया था जो अलग-अलग व्यक्तियों के अनुभूत विवेक से परे उनके असली विवेक का प्रतिनिधित्व करती है। इस तरह यह प्रत्येक व्यक्ति का कर्तव्य बन जाता है कि वह इस जन-इच्छा के सामने सिर झुकाए। एक तरह से यह इस कथन को मान्यता प्रदान करता था कि 'जन-इच्छा भगवदिच्छा है।' रूसो ने इस इच्छाशक्ति को जनता की किसी प्रतिनिधि सभा से भी ऊपर मान्यता दी थी। इस विचार में उन्माद और भीड़तंत्र के बीज मौजूद थे। इस मान्यता के कारण फ्रांस की क्रांति के एक दौर में, खासकर जौकोबिन शासन में असली सत्ता पेरिस की भीड़ के हाथ में चली गई थी।

लेकिन लोकतंत्रों के बाद के अनुभवों से इस अतिवादी विचार पर तो रोक लगी, क्योंकि इसके तहत किसी भी बड़े राज्य की व्यवस्था नहीं चलाई जा सकती थी, लेकिन जो बहुमत से सत्ता में चुनकर आ जाएँ उनके अनियंत्रित अधिकार की धारणा जनतांत्रिक सरकारों पर छाई रही है। इसके अधिनायकवादी परिणामों को देखते हुए ही लगातार मानवाधिकारों की अक्षुण्णता यानी नागरिकों के बुनियादी अधिकारों की सुरक्षा को बनाए रखने की भी एक मुहिम लोकतंत्रों में सदा चली। लेकिन प्रायः जनता द्वारा चुनी गई सरकारों ने इन अधिकारों को नजरअंदाज करने की कोशिश की है, खासकर तब जब जनता में किसी मुद्दे को लेकर उन्माद छाया हो या पैदा किया गया हो। ऐसे में 'पॉपुलर मैंडेट' को सर्वोपरि मानने की मजबूरी एक अच्छा बहाना बन जाता है।

वर्तमान समय में ऐसा उन्माद प्रायः राष्ट्रीयता के सवाल से जुड़ा रहा है, खासकर तब जब राष्ट्रबोध किसी खास नस्ल, मूल, धर्म आदि के साथ जुड़ा हो। तौक्वील ने अपनी पुस्तक में अमेरिका में भीड़तंत्र के अंतर्निहित दबावों का दहलाने वाला विवरण प्रस्तुत किया है। वे लिखते हैं, 'अमेरिका में बहुमत लोगों के विचारों की स्वतंत्रता पर भयंकर सीमाएँ लगाता है। इन सीमाओं के भीतर एक लेखक जो कुछ चाहे लिख सकता है लेकिन उसे पछताना पड़ेगा अगर वह इन सीमाओं को तोड़े। ऐसा नहीं कि उसे जिंदा जला दिए जाने का भय हो, लेकिन उसे रोजाना कटाक्षों और अपमानों को सहन करना पड़ेगा। उसका राजनीतिक भविष्य खत्म हो जाएगा क्योंकि उसने उस सत्ता का तिरस्कार किया है जो सत्ता ही अकेले उसकी सफलता सुनिश्चित कर सकती हैं।...अंत में अपने रोजाना के निष्फल प्रयासों से थक कर वह हार मान लेता है और सच्ची बात कहने के पश्चात्ताप के कारण मौन धारण कर लेता है।'

अमेरिकी उन्माद को उत्तेजित करने में एक नया तत्त्व जुड़ गया है। अब अमेरिका में जिसे 'अमेरिकन वे ऑफ लाइफ' यानी अमेरिकी जीवन पद्धति कहा जाता है,

अमेरिकी स्वत्व का प्रतीक बन गया है। इसका आधार वहाँ की निर्मम पूँजीवादी व्यवस्था और उससे जुड़े विशाल औद्योगिक प्रतिष्ठान हैं, जिनमें कुछ दुनिया की सबसे बड़ी बहुराष्ट्रीय कंपनियाँ हैं। अमेरिका में एक कथन प्रचलित है कि 'जो जेनरल मोटर्स के हित में है वही अमेरिकी हित में है'। यानी अमेरिका के हितों के प्रतीक वहाँ के सबसे बड़े औद्योगिक प्रतिष्ठान हैं। इस भावना से अमेरिकी जनमत का समर्थन सरकार द्वारा विदेशों में किए जाने वाले उन अमानवीय हमलों और अतिक्रमणों को बेहिचक मिल जाता है जिनसे इन पूँजीवादी प्रतिष्ठानों की हित रक्षा हो। क्यूबा में अमेरिकी चीनी हितों की रक्षा के लिए हस्तक्षेप, चिली में अमेरिकी टेलीफोन कंपनी की हित रक्षा में सी.आई.ए. द्वारा मार्क्सवादी सरकार का तख्ता पलटा जाना, जिसमें हजारों चिली वासी मौत के घाट उतारे गए, इसकी मिसाल हैं। मध्य अमेरिका में आए दिन होने वाले अमेरिकी हस्तक्षेप के खिलाफ कभी अमेरिकी जन भावना उत्तेजित नहीं होती। यह चुपचाप कबूल कर लिया जाता है कि यह सब दोषहीन है क्योंकि इससे अमेरिकी अर्थतंत्र मजबूत होता है। वियतनाम युद्ध के खिलाफ जन भावना तब उभरी जब पचास हजार से अधिक अमेरिकी वहाँ मारे गए। इसके विपरीत जब अफगानिस्तान में हजारों निर्दोष अफगान नागरिक मारे गए और कुछ लोग रोज मारे जा रहे हैं तो अमेरिका में कोई स्पंदन नहीं होता क्योंकि ये हत्याएँ अमेरिकी हवाबाज कर रहे हैं। अमेरिकी क्रूरता के इतिहास में सबसे घिनौना कर्म अमेरिकी राष्ट्रपति ट्रूमैन द्वारा जापान के दो नगरों नागासाकी और हिरोशिमा के निर्दोष नागरिकों को परमाणु बमों से मरवाने की घटना थी। इससे भी अमेरिकी लोगों की संवेदना पर खरोंच नहीं आई। अमेरिका आज एक नई बर्बरता की ओर इतने सहज रूप से अग्रसर हो रहा है तो इसके पीछे उसके अतीत और उस व्यवस्था का बड़ा हाथ है जो उसके निर्णयों को निर्धारित करती है।

अफगानिस्तान में अमेरिकी अभियान के पीछे भी अमेरिकी पूँजी की अपनी छिपी कार्यसूची है। पूर्व सोवियत यूनियन के एशियाई भूभाग में, जहाँ पेट्रोलियम और गैस का प्रचुर भंडार है, अभी तक अमेरिकी प्रभाव नहीं था। शायद यह दुनिया का एकमात्र तेल क्षेत्र था जो पश्चिमी देशों की व्यापारिक पकड़ से बाहर था। अब अल कायदा के खिलाफ अभियान ने अमेरिका को अफगानिस्तान में नियंत्रण कायम करने का मौका दिया है। तुर्कमेनिस्तान, उजबेकिस्तान और ताजिकिस्तान आदि अफगानिस्तान के उत्तर में इससे सटे हैं। इन स्थानों पर पैर फैलाने का मौका पहली बार अमेरिका को मिल रहा है। इससे ईरान भी अमेरिकी प्रभाव क्षेत्र से घिर जाएगा। दबाव बढ़ाने के उद्देश्य से फिलहाल अमेरिका ने यह इल्जाम लगाना शुरू किया है कि ईरान छिपे रूप से अफगानिस्तान के कुछ क़बायली समूहों को हथियार भेज रहा है। ईरान ने इस बात

का पूरी तरह प्रतिवाद किया है। उसने साफ किया है कि तालिबान की पराजय के बाद से उसने जो भी सहायता दी है वह केंद्र में स्थापित सर्वमान्य सरकार को दी है। लेकिन अमेरिका जो स्वयं अब भी बममारी में लिप्त है और अपनी पकड़ अफगानिस्तान में बढ़ा रहा है, यह इल्जाम लगाए चला जा रहा है जबकि कोफी अन्नान ने भी ईरान की बात की पुष्टि की है। दरअसल अपने दूरगामी व्यापारिक हितों के लिए अमेरिका किसी भी सीमा तक जा सकता है। इन घटनाओं से एक निष्कर्ष यह भी निकाला जा सकता है कि अपने विकास के चरम बिंदु पर पूँजीवाद, जिसका अगुआ आज अमेरिका है, बर्बर हिंसा के आधार पर ही फलफूल सकता है।

बर्बरता का यह नवोन्मेष हम भारतीयों के लिए भी चिंता का विषय है। भारत आज जिस तरह अपने को अमेरिका से जोड़ने की कोशिश कर रहा है और आतंकवाद से लड़ने के नाम पर अपनी खुफिया एजेंसियों को एफबीआई से जोड़ रहा है उससे वह दिन दूर नहीं जब हमारे जीवन पर अमेरिकी नियंत्रण पूरी तरह कायम होगा। चूँकि 'हिंदुत्व' का दर्शन भी बुनियादी रूप से बर्बरता का ही दर्शन है, जो अपनी संकीर्ण मान्यताओं को दूसरे धार्मिक और सांस्कृतिक समूहों पर छलबल से लादना चाहता है, उसे अमेरिकी बर्बरता से कोई परहेज नहीं। जितनी तेजी से भाजपा सरकार देश की सार्वजनिक संपत्तियों को मिट्टी के मोल देशी-विदेशी पूँजीपतियों के हाथ सौंप रही है उससे स्पष्ट है कि उसे अमेरिकी पूँजीवाद के सर्वग्रासी अभियान से कोई परहेज नहीं है। इससे भारत में भी देशी-विदेशी बर्बरता को खुला मैदान मिलेगा। हमारी अपनी परंपरा में भी जातीय और धार्मिक असहिष्णुता का अभाव नहीं रहा है। देश के विभाजन के समय के दंगे, सिखों के खिलाफ 1984 के खूनी दंगे और बाबरी मस्जिद ध्वंस के बाद के देशव्यापी दंगे ऐसी बर्बरता की प्रच्छन्न उपस्थिति के प्रमाण हैं जिनका सहारा बर्बरता के इस नए उभार को मिल सकता है। अमेरिका से आधुनिकता के प्रमाणपत्र के साथ जो नई बर्बरता आ रही है वह हमें भी निगल लेगी, यह आशंका स्वाभाविक है क्योंकि आज के सत्ता प्रतिष्ठान उसे आत्मसात करने के लिए तैयार बैठे हैं।

हथियार और शांति

मार्क्स के द्वंद्वात्मक तर्क की एक स्थापना यह भी है कि एक सीमा के बाद मात्रा गुण में बदल जाती है। हिंसा और युद्ध आयुधों के क्षेत्र में अब यह स्थिति आ गई है कि हिंसात्मक संघर्ष का अगला कदम मानव वंश और मनुष्य की सारी उपलब्धियों को नष्ट कर देगा। 11 सितंबर का अमेरिका के वर्ल्ड ट्रेड सेंटर का हादसा और उसके बाद से अमेरिका द्वारा अपनाई गई बदले की कार्रवाई स्पष्ट रूप से बतलाती है कि अब हिंसा के आयोजन से न्यायपूर्ण लक्ष्यों की प्राप्ति या शांति और सुरक्षा की आशा करना व्यर्थ है। जहाँ एक ओर अमेरिका अफगानिस्तान के बच्चों, बूढ़ों और महिलाओं पर आसमान से मृत्यु और अपंगता बरसाकर उन्हें आतंक से घरबार छोड़कर पालयन के लिए बाध्य कर रहा है वहीं स्वयं भी आतंकवादी हमलों के भय से आतंकित है। फिलहाल वहाँ एंथ्रेक्स का आतंक छाया है। कल किसी दूसरे घातक हथियार का भय इस पर हावी होगा।

आज की दुनिया में जहाँ सभी संपन्न देश परमाणु बिजलीघरों के निर्माण में लगे हैं, देर-सवेर आतंकवादी गुटों के हाथ में परमाणु बम बनाने के लिए प्रचुर मात्रा में यूरेनियम और प्लूटोनियम का आना लगभग निश्चित है। अंदाज लगाया जाता है कि अकेले जापान के परमाणु बिजली से संबद्ध संयंत्रों से इतना प्लूटोनियम उपलब्ध होता है कि चार से पाँच हजार परमाणु बम बनाए जा सकते हैं। यह बात दीगर है कि जापान परमाणु हथियारों का विरोधी है। फ्रांस, ब्रिटेन, भारत आदि में भी इसी तरह बम बनाने लायक बड़ी मात्रा में यूरेनियम या प्लूटोनियम रोज तैयार होते होंगे। इन सब पर दोष रहित चौकसी कठोरतम तानाशाही में ही रखी जा सकती है। और वह भी एक सीमा के भीतर ही, जब तक आतंकवादियों में आत्मघाती संकल्प का अभाव है। लेकिन हाल के वर्षों में आतंकवादी समूहों में आत्मघाती संकल्प व्यापक बनता जा रहा है।

यह भी दरअसल सिर्फ नजरिए का मामला है कि हम किसी समूह विशेष को आतंकवादी कहते हैं कि कर्त्तव्यनिष्ठ क्रांतिकारी। जिन्हें हम आतंकवादी कहते हैं वे किन्हीं दूसरों की निगाह में और उससे भी बढ़ स्वयं अपनी निगाह में क्रांतिकारी

होते हैं। ऐसे प्रतिबद्ध लोगों में संशय सिर्फ हिंसा की नीति से मोहभंग या वितृष्णा से ही संभव है। स्वयं हमारे क्रांतिकारी खुदीराम बोस या भगत सिंह अँग्रेज शासकों की निगाह में आतंकवादी थे।

हमारे समय में आक्रामकता के सबसे महत्त्वपूर्ण अध्येता कोनराड लौरेंत्स ने आदमी के मानसिक विकास की एक स्थिति को 'मिलिटेंट एंथ्युजिआज्म' कहा है। इस मानसिकता का विकास किशोरावस्था में होता है। इसकी तुलना उन्होंने पशुओं में बाल, सींग आदि के विशेष उम्र में झड़ने और फिर उनके नवीकरण से की है। उनके अनुसार इसी काल में किशोरों में कुछ व्यक्तियों, वस्तुओं या विचार से गहरा लगाव पैदा होता है। इतना गहरा कि वे इसके लिए जीवन उत्सर्ग कर देने को तैयार हो जाते हैं। यह मानव जीवन की हकीकत है कि हम लोक गाथाओं, इतिहास लेखन और अनेक सामाजिक-राष्ट्रीय प्रतीकों से ऐसी भावनाओं को बालकों और किशोरों में भरते रहते हैं जो उन्हें अमूर्त चीजों, जैसे अपना धर्म, अपना राष्ट्र, अपना कबीला आदि के प्रति पूर्ण समर्पित होने की प्रेरणा देती है। आज दुनिया जैसे बनी है उसकी कठिनाई यह है कि ये अमूर्त अस्तित्व विविध देशों, क्षेत्रों और समूहों में परस्पर विरोधी भाव लोगों में भरते हैं। अपनों के प्रति प्रेम अनिवार्य रूप से दूसरों—जो प्रायः पड़ोसी होते हैं—के प्रति नफरत से जुड़ा होता है। इसमें प्रायः हिंसक वारदातों से जुड़ी आत्म बलिदान की कहानियों के आदर्श लोगों के मन में भरे जाते हैं। यूनान का थर्मोपिले, ब्रिटेन का चार्ज ऑफ द लाइट ब्रिगेड, राजपूतों के जौहर की कहानियाँ और मुसलमानों की कर्बला की आत्मबलिदानी वीरता आदि ऐसे ही प्रेरणा स्रोत बनते रहे हैं। इन सबमें आत्मबलिदान के ऊँचे आदर्श के साथ हिंसा भी अनिवार्य रूप से जुड़ी है। हकीकत में ये घटनाएँ क्या थीं, यह न हम जानते हैं न वे किशोर जिनके मन पर ये गाथाएँ अंकित होती हैं। लेकिन अपने समुदायों की कल्पना से स्फीत ये छवियाँ उदात्त रूप में युवा मन पर छाती हैं। इससे उन्हें अपने विशेष समूह के लिए आत्मन्योछावर की सीख मिलती है। दुर्भाग्य से वर्तमान समय में यह आत्मबलिदान का भाव प्रतिद्वंद्वियों के प्रति नफरत से जुड़ा होता है।

दो सौ साल पहले तक की दुनिया ऐसी थी कि अपना पड़ोस अपना होता था, लोगों के लड़ाई-झगड़े स्थानीय होते थे और हिंसा-प्रतिहिंसा का चक्र एक छोटे दायरे में समाप्त हो जाता था। जो इससे प्रभावित होते थे उनकी त्रासदियाँ कम दुखदायी नहीं होती थीं, लेकिन काफी कुछ इस दायरे से बाहर रह कर अक्षुण्ण बच जाता था। अब मनुष्य ने पारस्परिक संबंधों के तानेबाने को सार्विक बना लिया है और हथियारों को इतना घातक कि सारे संसार को चंद घंटों में राख के ढेर में बदल डाले। इसलिए कोई भी युद्ध स्थानीय या ऐसा नहीं हो सकता जिसकी चपेट में सारा

संसार न आ जाए। संघर्षों के बढ़ते दायरे को नियंत्रित करने के लिए उन्नीसवीं शताब्दी से स्थानीय सत्ता संतुलन की नीति नवोदित यूरोपीय शक्तियों द्वारा अपनाई गई। लेकिन राष्ट्रों पर हथियारी जखीरे का अपना मनोवैज्ञानिक दबाव होता है जो आनुपातिक दबदबे की अपेक्षा रखता है। इस तरह सर्बिया की एक छोटी घटना प्रथम विश्व युद्ध की जनक बनी। इस युद्ध के भयंकर नरसंहार से तात्कालिक रूप से भयभीत यूरोपीय शक्तियों ने लीग ऑफ नेशंस की स्थापना की ताकि आगे से राष्ट्रों के बीच के संघर्षों पर काबू पाया जा सके। लेकिन हथियारी ताकत पर नियंत्रण की कोशिश नहीं हुई और न बड़ी शक्तियों के शक्ति विस्तार पर।

इस तरह लीग ऑफ नेशंस अपने जन्म से ही पक्षाघात का शिकार बना। इसे धता बता जापान ने 1931 में मंचूरिया पर कब्जा कर लिया। 1922 से इटली में फासीवादी हुकूमत बनी। इसने फौजी ताकत और साम्राज्य विस्तार को अपना आदर्श बनाया। 1935 में इटली ने अबीसीनिया (वर्तमान इथियोपिया) पर कब्जा कर लिया। लीग ऑफ नेशंस हस्तक्षेप करने में असमर्थ रहा। इसी बीच 1933 में फौजी ताकत और सीमा विस्तार का दर्शन लेकर जर्मनी में हिटलर की नात्सी पार्टी सत्ता में आई। उसने पहले ऑस्ट्रिया को जर्मनी की एकता के नाम पर अपने अधीन किया। फिर सुडेटनलैंड की जर्मन आबादी का मामला उठाकर चेकोस्लोवाकिया पर कब्जा जमाया। अंततोगत्वा जर्मनी के विस्तार से आतंकित यूरोप की स्थापित साम्राज्यवादी शक्ति ब्रिटेन ने तब जर्मनी के खिलाफ युद्ध की घोषणा कर दी जब हिटलर ने पोलैंड में अपने पैर फैलाने शुरू किए। इस तरह दूसरे विश्व युद्ध का सूत्रपात हुआ। लीग ऑफ नेशंस को चुपचाप दफना दिया गया था। इस युद्ध के अंतिम दौर में मित्र राष्ट्रों ने संयुक्त राष्ट्र संघ की स्थापना की पहल की और इसके मानव अधिकार और राष्ट्रों के अधिकार संबंधी उद्देश्यों की घोषणा की। लेकिन सबसे बुनियादी बात यानी पूर्ण निरस्त्रीकरण पर किसी ने विचार करना भी जरूरी नहीं समझा जिसके बिना स्थायी शांति असंभव है।

इसके दो कारण थे। एक तो यह कि दुनिया की बड़ी शक्तियाँ स्वयं अपने साम्राज्यों पर आधारित थीं जिन्हें नियंत्रण में रखने के लिए बड़ी फौजों का होना जरूरी था। दूसरा यह कि युद्ध आयुधों का निर्माण खुद सबसे लाभदायक व्यवसाय था। अमेरिका उत्तरी और दक्षिणी अमेरिका के विशाल भूखंड पर अप्रत्यक्ष आधिपत्य जमाए बैठा था। वह सारे संसार में युद्ध के विध्वंस से बची अकेली आर्थिक शक्ति था। उसे अपने भूमंडलीय हितों की रक्षा के लिए हथियारों की जरूरत थी। ब्रिटेन, फ्रांस आदि को अपने साम्राज्यों में उभर रहे मुक्ति आंदोलनों से जूझना था। सोवियत यूनियन रूस के विशाल पुराने साम्राज्य के दायरे को फैला कर पश्चिमी यूरोप में आधे जर्मनी तक में आधिपत्य कर चुका था। इन सबकी रक्षा के लिए उसे विशाल

हथियारी शक्ति बनना था। चाहे-अनचाहे उसकी जवाबदेही और भी बढ़ गई क्योंकि पुराने साम्राज्यों से मुक्ति के प्रयास में लगे एशिया, अफ्रीका और दक्षिण अमेरिका के मुक्ति आंदोलनों ने कम्युनिस्ट विचारों और संगठनों का सहारा लेना शुरू किया। इस तरह कुछ दिनों तक दुनिया कम्युनिज्म और कम्युनिज्म विरोध के छद्म संघर्ष में फँसी रही और दोनों ओर हथियारों का विस्तार होता रहा। अब जो दुनिया बन रही थी वह मानव अधिकारों और लोकतंत्र के लिए सुरक्षित बनने की बजाय (जो संयुक्त राष्ट्र का घोषित उद्देश्य था) सर्वाधिक संपन्न आर्थिक और सामाजिक शक्तियों के लिए सुरक्षित बन रही थी। इस तरह द्वितीय विश्वयुद्ध के बाद से दुनिया में हथियारों का जितना निर्माण हुआ है वह उसके पहले के सारे इतिहास में निर्मित हथियारों से लाखों गुना अधिक मारक क्षमता वाला है।

दुनिया का अमेरिकी और सोवियत दो शक्तिशाली खेमों में बँटने का सीधा नतीजा यह हुआ कि लीग ऑफ नेशंस की तरह ही संयुक्त राष्ट्र संघ भी अपनी प्रासंगिकता खोता रहा। 1948 से आज तक दुनिया में जितने बड़े विवाद हुए हैं उनका हल इन बड़ी शक्तियों की सुविधा और सामर्थ्य से ही निर्धारित होता रहा है। सोवियत यूनियन अपनी मर्जी से अपनी फौज बेरोकटोक 1956 में हंगरी और 1968 में चेकोस्लोवाकिया में भेज सका। अमेरिका दस वर्ष से अधिक अपनी ताकत आजमा अपनी ही थकावट से वियतनाम से वापस आया। संयुक्त राष्ट्र संघ सिर्फ वाक् युद्ध का मंच बना रहा।

द्वितीय विश्व युद्ध के बाद केंद्रित राष्ट्र-राज्य की भावना उन तमाम देशों में भी विकसित हुई जो पहले साम्राज्यवादी शक्तियों के अधीन थे। इसके अलावा वर्तमान भूमंडलीकरण के दौर में देशों के भीतर आदमी-आदमी के बीच ही नहीं, विभिन्न क्षेत्रों के बीच भी घोर विषमता बढ़ी है। इसका एक परिणाम हुआ है वंचित समूहों में बेगानेपन और अलगाव की भावना की बाढ़। इसी से हिंसात्मक संघर्ष की शुरुआत होती है। लेकिन बड़ी केंद्रित शक्ति के खिलाफ सीधी हिंसात्मक लड़ाई कोई भी छोटा समूह नहीं लड़ सकता। इससे हिंसात्मक संघर्ष अनिवार्य रूप से 'आतंकवादी' गतिविधियों में बदल जाते हैं। ऐसी गतिविधियों का परिणाम यह होता है कि उत्तरोत्तर लोगों के अधिकारों को नियंत्रित करने का दबाव सरकारों पर बढ़ता है। यह छोटे समूहों के लिए लोकतांत्रिक ढंग से अपनी बातों को प्रभावी बनाने की संभावना को और भी सीमित करता जाता है। इस तरह एक दुश्चक्र बनता है जिसमें केंद्रित स्थापित सत्ता और विद्रोही समूहों के हिंसक विरोध एक-दूसरे को लगातार निर्मम और अनियंत्रित हिंसा की ओर ढकेलते रहते हैं।

ओसामा बिन लादेन के अल कायदा और अमेरिका के बीच का संघर्ष इसका सबसे ताजा उदाहरण है। वर्ल्ड ट्रेड सेंटर पर हमला कर अल कायदा (अगर यह इसी का काम हो) अमेरिकी सत्ता के एक बड़े प्रतीक को ध्वस्त करने की कोशिश करता है। लेकिन इसमें हजारों निर्दोष लोग हर रोज मारे जा रहे हैं। इनमें निरपराध अफगान मर्द, औरतें, बूढ़े और बच्चे भी शामिल हैं। विडंबना यह है कि अमेरिका बमबारी कर अफगान नागरिकों को देश छोड़ पलायन करने को मजबूर करता है और संयुक्त राष्ट्र संघ की एजेंसियाँ उन्हें राहत कैंपों में भोजन और दवा देने की कोशिश करती हैं। यह भी आशा नहीं है कि बिन लादेन और तालिबान के पराभव के बाद सब कुछ ठीक हो जाएगा। अफगानिस्तान इसके बाद फिर एक लंबी लड़ाई या गृहयुद्धों का ही इंतजार कर सकता है।

आज की दुनिया में हिंसक संघर्ष सिर्फ ऐसी त्रासदियों या संसार की मौत का पैगाम ही ले आ सकते हैं, किसी तरह की आजादी या मुक्ति का नहीं। लीग ऑफ नेशंस या संयुक्त राष्ट्र संघ की मौत या पक्षाघात का कारण यह था कि शक्तिशाली राष्ट्रों को नियंत्रित करने लायक किसी फौज का संयुक्त राष्ट्र के हाथ में होना असंभव है। विभिन्न राष्ट्रों पर विश्व जन भावना का नियंत्रण तभी संभव है जब संसार में पूर्ण शस्त्र नियंत्रण हो और राष्ट्रों के पास सामरिक ही नहीं ऐसी आर्थिक शक्ति भी नहीं हो जिससे छोटे राष्ट्रों या राष्ट्रों के भीतर के छोटे समूहों पर नाजायज दबाव बनाया जा सके। वैसे ही अगर छोटे समूह अपने हितों या अधिकारों के लिए बड़े समूहों के खिलाफ हिंसा की राह अपनाएँगे तो राज सत्ता को भी अपने आतंक के पक्ष में दलील मिलती रहेगी। आज की दुनिया में हिंसक संघर्षों से किसी अच्छे लक्ष्य की प्राप्ति की कल्पना असंभव लगती है। किसी संतोषप्रद सामाजिक जीवन के लिए अहिंसक समाज की स्थापना का प्रयत्न ही एकमात्र मार्ग दिखाई देता है। यह उम्मीद करना कि एकबारगी ऐसा कुछ हो जाएगा, एक यूटोपिया ही है। लेकिन आज आदमी के सारे प्रयास इसी दिशा में होने चाहिए।

हिंसा-प्रतिहिंसा की अंधी गली

इक्कीसवीं सदी के बीते हुए पहले वर्ष की कुछ घटनाओं ने मानव जीवन को एक ऐसे दोराहे पर खड़ा कर दिया है जहाँ उसे तय करना है कि नई सदी में उसका कोई मानवीय अस्तित्व रहेगा या यह अंतहीन कलह से हॉब्स की कल्पना का वह आदिम रूप ग्रहण कर लेगा जिसमें प्रत्येक व्यक्ति दूसरे से संघर्षरत होकर दरिद्र, पशुवत और अल्पायु बन जाएगा। ग्यारह सितंबर 2001 के बाद की घटनाएँ तो सभ्यता की हजारों वर्ष की हिंसात्मक विरासत का ही परिणाम थीं जिसकी पराकाष्ठा बीसवीं शताब्दी के युद्ध आयुधों का विस्तार रहा है। विडंबना है कि बीसवीं शताब्दी ने ही महात्मा गाँधी को भी पैदा किया जिन्होंने अन्याय के प्रतिकार के लिए मौलिक और मानवीय हथियार सत्याग्रह और असहयोग का आविष्कार किया। बीसवीं शताब्दी में अपनी मुक्ति के लिए जहाँ-तहाँ लोगों ने इस हथियार का आंशिक, पर सक्षम प्रयोग भी किया। लेकिन उस समय तक हिंसात्मक प्रतिरोध की राह बंद नहीं लगती थी। अब अहिंसा को छोड़ कर मानव मुक्ति के सारे दूसरे प्रयास अर्थहीन दुराग्रह लगते हैं। पिछले वर्ष की अंतर्राष्ट्रीय घटनाएँ बतलाती हैं कि मानव सभ्यता एक मरणांतक उलझन में फँसी हुई है जिससे निकलने में हिंसात्मक उपाय असहाय हैं।

न्यूयार्क के वर्ल्ड ट्रेड सेंटर पर हमले के बाद प्रारंभ में अमेरिकी राष्ट्रपति बुश 'क्रूसेड' के योद्धा की भूमिका में दिखाई देते थे, अब वे उस भूमिका के हास्यास्पद विद्रूप दिखाई दे रहे हैं। उनका अफगान अभियान पूरा हो चुका है और वहाँ अब तालिबान की जगह कबीलाई युद्ध सरदारों की हुकूमत कायम हो चुकी है। लेकिन इस अभियान में हजारों निर्दोष लोगों की मौत और लाखों लोगों के विस्थापन से भी मुख्य लक्ष्य यानी ओसामा बिन लादेन की गिरफ्तारी नहीं हो पाई। यह भी कोई नहीं जानता कि ओसामा जीवित है या नहीं। अमेरिका के लिए यह जानकारी महत्त्वपूर्ण भी नहीं रह गई है। बिन लादेन अमेरिका के लिए उसके हिमालयी अहं को चोट पहुँचाने के दुस्साहस का एक प्रतीक है। उसे अहं को लगे इस आघात का प्रतिकार करना है जो आत्यंतिक विध्वंसक शक्ति प्रदर्शन से ही संभव है। अफगानिस्तान के बाद शायद उसका दूसरा निशाना इराक बनेगा, और उसके बाद कोई और। लेकिन

इससे उसे चैन नहीं मिलेगा क्योंकि उसे नई चुनौतियों के भूत घेरे रहेंगे। असली समस्या अमेरिका का यह बढ़ता हुआ अहसास है कि आज पश्चिमी यूरोप के गोरे लोगों को छोड़ दुनिया में सभी उसे ईर्ष्या और नफरत से देखते हैं। इस कारण वह चारों ओर दुश्मनों से घिरा महसूस करता है। वह काल्पनिक दुश्मनों के इस घेरे को तोड़ने के लिए अपनी विशाल आर्थिक और सामरिक शक्ति का प्रयोग करना चाहता है। इससे आक्रांत लोगों की संख्या बढ़ती ही जाती है और उससे नफरत करने वालों की भी। पश्चिमी दुनिया में मुसोलिनी, हिटलर और आज बुश का उदय कोई काल्पनिक गाथा नहीं, शक्ति उपासना से पैदा मनोवैज्ञानिक हकीकत है।

बुश अगर अंतर्राष्ट्रीय आतंकवाद को खत्म करने के संकल्प की घोषणा करते हैं तो भारत के सत्तासीन लोग भी आतंकवाद से 'आर-पार की लड़ाई' की घोषणा करते हैं—चाहे इसका जो भी अर्थ हो। असल में ऐसी घोषणा मात्र किसी दबे अहं का विस्फोट होती है। अर्थ क्या दिया जाएगा, यह तो स्थितियाँ निर्धारित करेंगी। समस्या इससे पैदा होती है कि राजनेता अपने उन्माद से आम लोगों को संक्रमित करते हैं और इसके बाद नेता और जनता दोनों ही एक-दूसरे में यह उन्माद बढ़ाते चले जाते हैं—एक ऐसे बिंदु तक, जहाँ राजनेता के लिए जनमत की तुष्टि के उद्देश्य से कुछ साहसिक कार्रवाई करने की मजबूरी बन जाती है। अगर प्रतिद्वंद्वी बिलकुल काल्पनिक नहीं तो वहाँ से भी आवश्यक उत्तेजना प्राप्त होती रहती है क्योंकि यह मनोवैज्ञानिक प्रक्रिया प्रतिद्वंद्वी मानव समूहों में भी सक्रिय रहती है। एक विख्यात शांतिवादी नार्मन एंजेल ने प्रथम विश्वयुद्ध के बाद तीस के दशक में अपनी चर्चित पुस्तक 'द ग्रेट इल्यूजन' में लिखा था कि 'नेता वह होता है जो साधारण भ्रमों से असाधारण रूप से ग्रसित होता है।' इसलिए ऐसे विस्फोटक मुकाम पर देश के स्थापित नेताओं से संघर्ष निवारण के किसी बुद्धिसंगत उपाय की कल्पना नहीं की जा सकती। चूँकि मीडिया मूलतः व्यवसाय-बुद्धि और मुनाफे की इच्छा से संचालित होता है, वह भी आग में घी डालने का ही काम करता है। इससे रसायन की 'आटो कैटेलिसस' जैसी प्रक्रिया जनमानस पर हावी होती है जिससे उत्तेजना उत्तरोत्तर बढ़ती चली जाती है। नतीजतन पूरा राष्ट्र एक उन्मादी भीड़तंत्र में बदल जाता है। इस स्थिति में युद्ध, गृहयुद्ध या व्यापक दंगे होते हैं। हमारे देश में तो स्थिति और भी खतरनाक है क्योंकि देश की सत्ता पर ऐसे लोगों का वर्चस्व है जिन्होंने प्रारंभिक जीवन शाखा प्रचारकों के रूप में अंधविश्वासों के आधार पर जनमानस को उभारने में बिताया है, और बाहरी दुनिया की हकीकत से कभी रूबरू नहीं हुए।

आज अमेरिका, यूरोप और जापान जैसे गिने-चुने अत्यंत संपन्न देशों को छोड़ कर लगभग सारी दुनिया में किसी न किसी तरह के हिंसक विद्रोही आंदोलन चल

रहे हैं जिनके लिए आतंकवादी शब्द का इस्तेमाल होता है। ऐसे आंदोलनों के उदय के पीछे दुनिया का केंद्र और परिधि के बीच कई स्तरों पर आर्थिक आधार पर विभाजन है। मूल केंद्र संपन्न देशों का है और सारे संसार के गरीब देश इसकी परिधि पर हैं। लेकिन परिधि पर अवस्थित सभी देशों में अपेक्षतया संपन्न केंद्र और विपन्न परिधि हैं। प्रायः केंद्र और परिधि का फर्क मूल, नस्ल और भाषाओं के भेद से भी जुड़ा है। अगर परिधि पर अवस्थित विशेष मूल या भाषा वाले लोग विशेष क्षेत्रों में रहते हैं तो क्षेत्रीय तनाव पैदा होता है। राष्ट्रीय प्रभुसत्ता को लगभग देवत्व के रूप में स्वीकार करने वाले समाज में केंद्रीय राष्ट्र मानी जाने वाली राज्य सत्ताओं का परिधि पर उभरती स्वायत्तता की भावना से टकराहट होती है। केंद्र के लिए राष्ट्रीय अखंडता को कायम रखना राष्ट्रीय आत्मसम्मान का मुद्दा बन जाता है। दूसरी ओर क्षेत्रों में उभरते आंदोलनों के लिए अपनी अस्मिता की रक्षा जीवन-मरण का मसला बन जाता है। अपनी-अपनी जगह पर दोनों ही भावनाएँ अकाट्य तर्क पर आधारित होती हैं अतः अपने लक्ष्य की पूर्ति के लिए कोई भी कीमत चुकाना बड़ा नहीं लगता। इससे सर्वत्र एक गतिरोध की स्थिति बनी हुई है और आर्थिक दृष्टि से पिछड़े सभी देश अंतहीन आंतरिक संघर्षों में उलझे हुए हैं।

दरअसल आतंकवादी आंदोलनों को लंबी अवधि तक ऊर्जा इसी बात से मिलती है कि गलत या सही, ऐसी गतिविधियों में लगे लोगों को यह विश्वास होता है कि वे किसी उदात्त उद्देश्य की पूर्ति में लगे हैं। इनमें प्रत्येक की रणनीति के पीछे समान मान्यता है कि वे अपनी हिंसक गतिविधियों से प्रतिद्वंद्वियों को इस बात के लिए मजबूर कर देंगे कि वे उनकी माँगों को मान लें या निर्णायक पराजय का सामना करें। आतंकवादी कार्रवाइयों को पीछे से ऐसे तत्त्व या सरकारें भी सहा.. दे सकती हैं जिनका कोई अपना स्वार्थ इनसे सधता है। यह आतंकवादी शक्ति का एक अतिरिक्त स्रोत बन सकता है, लेकिन इसकी शक्ति का मूल आधार नहीं बन सकता। आतंकवादी समूह घोर दमन के बावजूद अगर अपना कार्यकलाप जारी रखते हैं तो इसलिए कि उसके पीछे एक अदम्य विश्वास होता है कि उनका लक्ष्य सही है और अंततोगत्वा उनकी सफलता निश्चित है। यह बात दीगर है कि ऐसे विश्वास अक्सर गलत साबित होते हैं। लेकिन अपने लक्ष्य के लिए स्वयं को बलिदान कर देने वालों का उत्साह इससे ढीला नहीं पड़ता। हाल के दिनों में आत्मघाती हमलों की बढ़ती वारदातें इसका सबूत हैं। चूँकि मृत लोग अपने बलिदान का परिणाम देखने नहीं आते इसलिए मृत्यु का वरण आत्मबलिदानी के लिए इसकी सार्थकता का अंतिम प्रमाण बन जाता है। कभी-कभी आत्म-बलिदान का यह संकल्प स्थापित सत्ता के द्वारा किए जा रहे घोर दमन का परिणाम भी होता है—ऐसा दमन, जिससे जीवन मृत्यु से अधिक दुखदायी

लगे। अगर धार्मिक विश्वास से मृत्यु के बाद स्वर्ग या किसी विचारधारा से इतिहास में अंतिम विजय की आश्वस्ति मिले तो इससे मर मिटने का संकल्प ज्यादा मजबूत बनता है।

लेकिन संघर्ष की इच्छा शक्ति को दृढ़ बनाने वाले इन तमाम तत्त्वों के बावजूद अगर विद्रोही समूह का मुकाबला प्रबल राज्य शक्ति से होता है, तब सफलता लगभग असंभव बन जाती है। अपवाद वे होते हैं जहाँ गतिविधियाँ फैलकर व्यापक जनआंदोलन का रूप ग्रहण कर लेती हैं। प्रायः ऐसा तब होता है जब मुकाबला किसी बाहरी शक्ति से हो या ऐसा विश्वास हो कि स्थापित शक्ति किसी बाहरी शक्ति की एजेंट है। यह आनुवंशिकी और परंपरा से पोषित क्षेत्रीय भाव (टेरिटोरियल सेंस) का परिणाम होता है। यह भाव अब तक कहीं पराजित हुआ नहीं दिखा है। वियतनाम में अमेरिका की पराजय और अफगानिस्तान में रूसियों की पराजय के पीछे इस भाव का प्रबल योगदान था। एथोलॉजिस्ट कहे जानेवाले जीव वैज्ञानिकों ने अपने अध्ययनों से यह पाया है कि लगभग सभी पशु और पक्षियों में स्थानीयता का भाव होता है और वे अपने विशिष्ट क्षेत्र पर किसी दूसरे जीव का अतिक्रमण बर्दाश्त नहीं कर सकते। यह भाव मनुष्यों और मानव समूहों में भी होता है जिससे वे हर कीमत पर उस क्षेत्र पर अपना वर्चस्व बनाए रखना चाहते हैं जिसे वे अपना मानते हैं।

जमीन के अत्यंत छोटे टुकड़ों के लिए अपने भाइयों और संगे-संबंधियों के कत्ल की समय-समय पर होने वाली घटनाओं को हम इसी रोशनी में समझ सकते हैं। जैसा ऊपर बतलाया गया है, वियतनाम और अफगानिस्तान के निवासियों में अपने से अत्यंत शक्तिशाली शक्तियों से लोहा लेने की क्षमता ऐसी ही अदम्य स्थानीयता के भाव से आई। जहाँ क्षेत्रीय या राष्ट्रीय भाव दो संघर्षरत समूहों पर हावी हैं, वहाँ निर्णायक युद्ध असंभव बन सकता है। पराजित समूह अपने उद्देश्य की पूर्ति के लिए प्रारंभिक पराजय के बावजूद लगातार सक्रिय रहते हैं। इससे जीत के बावजूद विजयी लोगों का जीवन निरापद नहीं रहता।

इन विद्रोही समूहों के प्रयासों को विफल बनाने के लिए लोगों की गतिविधियों को नियंत्रित करने वाले तरह-तरह के कायदे कानून बनाने पड़ते हैं और लोगों के बुनियादी मानव अधिकारों का हनन होता है। अमेरिका में हाल में बने ऐसे कानूनों के तहत लगभग हजार लोग जेलों में बेमुद्दत नजरबंद हैं और उन्हें अपने घर-परिवार से भी संपर्क रखने की आजादी नहीं। ब्रिटेन, जो सैकड़ों वर्षों से दुनिया की सरकारों द्वारा सताए जाने वाले लोगों की पनाहगार था, अब स्वयं लोगों को बिना निश्चित आरोप के नजरबंद कर रहा है। इन देशों के सभी रंगीन लोग अब संदेह की निगाह से देखे जा रहे हैं। अरब मूल के लोगों का तो अब अमेरिका में निरापद रहना मुश्किल है। भारत, जहाँ मानव अधिकार का रिकार्ड पहले भी बहुत अच्छा नहीं था, **'पोटो'** जैसे कानूनों के तहत पुलिस राज में तब्दील हो रहा है। इस स्थिति में राज्य अधिक

अधिनायकवादी और दमनकारी बनते जाएँगे। विद्रोही समूह अधिक गोपनीय, आम लोगों से अलग-थलग और सनसनीखेज हिंसात्मक कार्रवाइयों की ओर अग्रसर होंगे। इनसे निरपराध लोगों का जीवन ही खतरा में पड़ेगा। इस तरह शासक और शासित दोनों ही आतंक में रहेंगे। और ज्यादातर राज्य कैदखानों में बदल जाएँगे। लोकतंत्र और तानाशाही का भेद महज औपचारिक रह जाएगा।

चूँकि राज्य का आधार ही मान्यता प्राप्त हिंसा (लेजिटिमेट वायलेंस) है, राज्य एकबारगी अहिंसक हो जाएँ, यह तो संभव नहीं लगता लेकिन इसे ऐसे समूहों की वैधता कबूल करनी होगी जो अहिंसक तरीके से राष्ट्र से अलग होने का भी आंदोलन चलाते हैं। उनके लिए अलगाव के मुद्दे पर भी निर्विघ्न चुनाव प्रचार करने और चुनाव लड़ने का अधिकार मान्य होना चाहिए। दूसरी ओर इन अलगाववादी समूहों को अपने संघर्षों को पूर्ण रूप से अहिंसक रखना चाहिए। हिंसक कार्यक्रमों में जो समूह आत्मोत्सर्ग का विलक्षण परिचय देते रहे हैं, अगर उसी बलिदान की भावना से अहिंसक संघर्ष करें तो न सिर्फ अपने लक्ष्य को आसानी से हासिल करेंगे, बल्कि बहुत सारी समस्याओं पर लोगों के नजरिए को भी बदल देंगे। हिंसक आंदोलन, विशेषकर तब जब इससे निर्दोष लोग प्रभावित होते हैं, तीव्र प्रतिहिंसा की भावना पैदा करता है, और इस टकराहट से आहत और हताहत होने वाले लोगों का चक्र फैलता जाता है। 11 सितंबर का हादसा और इससे निकले आज तक के परिणाम से बढ़कर इस सच्चाई का प्रमाण क्या हो सकता है। ये घटनाएँ चीख-चीख कर माँग करती हैं कि हिंसा के रास्ते का परित्याग करो। इस रास्ते सारे संसार को मुर्दों से पाट देने से भी कोई नतीजा नहीं निकलेगा। ओसामा बिन लादेन का विकल्प बुश नहीं, महात्मा गाँधी हैं।

जहाँ सब मुजरिम हैं

यूगोस्लाविया के भूतपूर्व राष्ट्रपति स्लोवोदान मिलोसेविच पर इंटरनेशनल ट्राइब्युनल में मुकदमा चलाया जाना एक से अधिक अर्थों में ऐतिहासिक सिद्ध होगा। एक तो इस अर्थ में कि द्वितीय विश्वयुद्ध के बाद हिटलर के सहयोगियों पर न्युरेंबुर्ग में चलाए गए मुकदमे के बाद पहली बार किसी राज्याध्यक्ष को मानवता के खिलाफ अपराध के लिए किसी अंतर्राष्ट्रीय अदालत में मुजरिम के रूप में पेश किया गया है। इस मुकदमे में मुख्य अभियोगकर्ता कार्ला देलपोंते ने अदालत के सामने अभियोगों को पेश करते हुए यह दावा किया कि यह मुकदमा इतिहास बनाएगा। कार्ला देलपोंते के अनुसार मिलोसेविच के कार्यकाल में एक आधुनिक राज्य का भयंकर स्खलन देखा गया जिसमें मध्ययुगीन क्रूरता सामने आई और जातीय उन्मूलन (एथनिक क्लिजिग) नाम से एक नया पद प्रचलन में आया। इसमें संदेह नहीं कि पूर्व यूगोस्लाविया के विघटन के क्रम में, जिसमें क्रोएशिया, बोस्निया-हर्जेगोविना आदि अलग हुए और फिर कोसोवो का अलगावादी संघर्ष शुरू हुआ, लोगों का निर्मम दमन किया गया। इस दमन में सर्बियाई मूल के लोग अपने को यूगोस्लाव राष्ट्र के संरक्षक के रूप में पेश करते रहे। लेकिन इस मुकदमे में मिलोसेविच ने बिना वकील स्वयं अपना बचाव करना शुरू किया है और नाटो में सम्मिलित राष्ट्र और उनके शासन भी दुनिया की निगाह में अभियुक्त के रूप में सामने आएँगे, यह साफ हो गया है।

मिलोसेविच ने अदालत के सामने यह माँग रखी है कि वह बिल क्लिंटन, टोनी ब्लेयर आदि नाटो के वर्तमान या निवर्तमान राज्याध्यक्षों से अदालत में पूछताछ कर इन घटनाओं में उनकी भूमिका को उजागर करना चाहते हैं। शायद अदालत के लिए इस माँग को अस्वीकार करना मुश्किल होगा। ऐसा करने से यह हकीकत उजागर हो जाएगी कि यह अदालत दरअसल एक पक्ष (यानी नाटो) द्वारा स्थापित की गई है और इसलिए पक्षपातपूर्ण है। यह तो जगजाहिर है कि संयुक्त राष्ट्र की सुरक्षा परिषद्, जिसने इस अदालत को गठित किया है, फिलहाल पूरी तरह अमेरिका और उसके सहयोगी राष्ट्रों के नियंत्रण में है। अतः यह विडंबनापूर्ण स्थिति बनी है कि अदालत उन्हीं की है जो इल्जाम लगाने वाले हैं। अभियोग पत्र के इनेगिने जिन

गवाहों से मिलोसेविच ने जिरह की है उससे अभियोग पक्ष के दावे कमजोर पड़ते दिखाई देते हैं।

एक महत्त्वपूर्ण बात इस मुकदमे से यह उभरकर सामने आ रही है कि कोसोवो से लोगों का विस्थापन सर्बियाई सैनिकों द्वारा अलगाववादी अल्बानियाई मूल के लोगों के खिलाफ कार्रवाई से ही नहीं हुआ, बल्कि बड़ी संख्या में नाटो की बमबारी के कारण भी हुआ। बमबारी में मारे गए लोगों के जले-कटे शरीरों के फोटो प्रस्तुत कर मिलोसेविच ने दूसरे पक्ष के युद्ध अपराधों को भी उजागर कर दिया जो निरपराध नागरिकों को यातनाओं और मौत का शिकार बना रहे थे। संयुक्त राष्ट्र की फौजों की कोसोवो में तैनाती के बाद वहाँ के सर्बियाई लोगों पर अल्बानियाई मूल के लोगों द्वारा ठीक वैसे ही अत्याचार हुए, जैसे सर्बियाई लोगों ने अलगाववादी अल्बानियाई मूल के लोगों के खिलाफ किए थे। इस क्रम में कुछ ऐसे सबूत भी पेश किए गए हैं कि इन ज्यादतियों को रोकने का कोई प्रयास संयुक्त राष्ट्र के सैनिकों द्वारा नहीं किया गया। यह भी आरोप है कि संयुक्त राष्ट्र की फौज ने अपनी सहानुभूति सर्बियाई लोगों पर जुल्म करते अल्बानियाइयों के साथ जताई। इससे तो नाटो के नेता इनकार ही नहीं कर सकते कि उनके वायुयानों ने मनमाने ढंग से बमबारी की क्योंकि यूगोस्लाविया की ओर से हवाई सुरक्षा का न कोई प्रयास हुआ और न उनके पास इसकी कोई सामरिक क्षमता थी। यह एक तरह से निहत्थे लोगों पर मौत और बर्बादी बरसाना था। ऐसी बमबारी कभी ठीक निशाने पर नहीं हो सकती। इसका सबूत इसी क्रम में चीनी दूतावास पर हुआ हवाई हमला था जिससे पैदा विवाद में नाटो को अंततः चीन से क्षमा याचना करनी पड़ी। लेकिन सर्बियाई लोग नाटो के सामने बिलकुल शक्तिहीन थे इसलिए वे अपने पर ढाए गए जुल्मों का कोई मुआवजा भी नहीं माँग सकते थे।

मिलोसेविच पर खुली अदालत में चल रहे मुकदमे का महत्त्वपूर्ण पहलू यह है कि शायद पहली बार किसी अंतर्राष्ट्रीय मामले में मुद्दई और मुद्दालह दोनों ही मुजरिम के रूप में खड़े दिखाई देते हैं। नाटो शक्तियों द्वारा अस्तित्व में लाई गई अदालत का फैसला क्या होगा, इसका अनुमान तो पहले ही लगाया जा सकता है। यूगोस्लाविया की सरकार के अपराध न सिर्फ दुनिया की नजर के सामने रहे हैं, बल्कि उन्हें उजागर करने में दुनिया के सबसे शक्तिशाली राष्ट्र-समूह नाटो और पश्चिमी देशों का मीडिया रहा है। वर्षों से लोग यूगोस्लाविया सरकार द्वारा बोस्निया और कोसोवो में किए जा रहे अत्याचारों के समाचारों से परिचित रहे हैं। अदालत में दिए गए मिलोसेविच के बयान से पहली बार यह बात सामने आई है कि नाटो की शक्तियाँ, जो इस संदर्भ में मानव अधिकारों के रक्षक के रोल में अपने को पेश करने की कोशिश

कर रही थीं, स्वयं भी मानवता विरोधी वैसे ही अपराधों में संलग्न रही हैं जिनके लिए वे सर्बियाई शासकों को दोषी साबित करना चाहती हैं। उन पर लगाए जा रहे अभियोगों की विश्वसनीयता हाल में अफगानिस्तान में दिखलाई गई अमेरिकी क्रूरता की पृष्ठभूमि में असंदिग्ध बन जाती है। मजारे शरीफ के एक किले में बंद अल कायदा और तालिबान के लोगों को जिस तरह न सिर्फ गोलियों से भून दिया गया बल्कि कमरे में पनाह लेने की कोशिश करते लोगों को पेट्रोल छिड़क आग लगा कर भून दिया गया, वह नात्सियों की सर्वाधिक क्रूर कारगुजारियों से कम लोमहर्षक नहीं है। इसके अलावा अफगानिस्तान पर एक सुंदर नाम से अलंकृत 'डेजी केटर्स' (डेजी एक खूबसूरत वन फूल है) बम गिराए गए जो तीन सौ से चार सौ मीटर की लंबाई-चौड़ाई में सब कुछ जला डालता है। हाल के युद्धों और संघर्षों से निर्विवाद रूप से यही सिद्ध होता है कि आधुनिक युद्धों में कोई भी पक्ष मानवीय नहीं हो सकता। विजय अंततः मौत, यातना, उत्पीड़न और मानव जीवन के विस्थापन की ही होती है।

अंतर्राष्ट्रीय मंच पर वादी और प्रतिवादी दोनों ही तरह के राष्ट्रों के कामों का ऐसा लेखजोखा करने का मौका शायद ही कभी मिलता है। समकालीन इतिहास की पुस्तकों से भी हम कोई तटस्थ विवरण राष्ट्रों की भूमिका का नहीं जान सकते क्योंकि ऐसे इतिहास सदा विजयी पक्ष के इतिहासकारों द्वारा तैयार किए जाते हैं जिसमें सारे के सारे दोष विजित राष्ट्रों के मत्थे मढ़ दिए जाते हैं। द्वितीय विश्वयुद्ध के बाद एक अंग्रेज इतिहासकार ए.जे.पी. टेलर ने अपनी पुस्तक 'ओरिजिंस ऑफ द सेकेंड वर्ल्ड वार' में यह लिखकर एक खासा विवाद पैदा कर दिया कि द्वितीय विश्वयुद्ध के लिए सिर्फ हिटलर को दोषी मान लेना ऐतिहासिक सत्य नहीं है, ब्रिटेन-फ्रांस आदि मित्र राष्ट्रों की पूर्ववर्ती नीतियाँ भी इसके पीछे थीं। यह उस परंपरा का सीधा उल्लंघन था जिसमें विजयी लोग देवदूत और विजित सदा शैतान की औलाद के रूप में चिह्नित किए जाते रहे हैं।

अभी तक शक्तिशाली राष्ट्रों द्वारा लड़े गए सभी युद्धों में उनके घोषित लक्ष्य उनके असली उद्देश्यों पर पर्दा डालने का ही काम करते रहे हैं। ताजा उदाहरण अमेरिका है। आतंकवाद विरोधी अमेरिकी अभियान के पीछे उसका सारे संसार पर अपना आधिपत्य कायम करने का इरादा साफ दिखाई देने लगा है। इससे अमेरिका के मित्र देशों में भी खासी परेशानी पैदा होने लगी है। ईरान, इराक और उत्तर कोरिया को बुराइयों की धुरी घोषित करके उसने ब्रिटेन, जर्मनी आदि के सामने बड़ी समस्या पैदा कर दी है जो ईरान के साथ अपना संबंध सुधारना चाहते हैं। ऐसी ही समस्या उसने दक्षिण कोरिया के सामने खड़ी कर दी है जो उत्तर कोरिया से अपना संबंध सुधारने और अंततः एकीकरण के प्रयास में लगा है। दक्षिण कोरिया के नागरिकों का गुस्सा अमेरिकी राष्ट्रपति बुश की दक्षिण कोरिया की यात्रा के समय लोगों के क्रुद्ध प्रदर्शनों से साफ जाहिर था।

दुनिया पर अपना आधिपत्य जमाने के लिए अमेरिका ने अपनी सामरिक शक्ति को अंधाधुंध बढ़ाना शुरू कर दिया है। अमेरिका के नए बजट में बीस हजार अरब डॉलर का प्रावधान है, जिसमें तीन हजार अरब डॉलर सिर्फ प्रतिरक्षा पर खर्च किया जाना है। यह प्रतिरक्षा पर अब तक का सबसे बड़ा बजट प्रावधान है। यह तब हो रहा है जब फिलहाल दुनिया में अमेरिका को किसी देश से कोई सामरिक चुनौती नहीं है। शीतयुद्ध अब इतिहास बन चुका है। इसका एक पहलू यह हो सकता है कि अपनी अर्थव्यवस्था को वर्तमान आर्थिक मंदी से बचाने के लिए युद्ध आयुधों पर खर्च कर उत्पादन और विपणन को प्रोत्साहित किया जा रहा हो। एक धुर पूँजीवादी व्यवस्था, जो जनकल्याण या सार्वजनिक योजनाओं पर सरकारी खर्च को कुफ्र मानती है, युद्ध और सैनिक तैयारियों के जरिए ही मंदी से आक्रांत अपनी अर्थव्यवस्था को गति देने को मजबूर लगती है। हिटलर ने जर्मनी को मंदी और बेरोजगारी से उबारने का यही उपाय निकाला था। दुनिया पर नियंत्रण के लिए हथियारी युद्ध की तैयारी के साथ-साथ अमेरिका प्रचार युद्ध की तैयारी में भी लग गया है।

शीतयुद्ध के काल में सीआईए ने दुनिया के तमाम प्रसार माध्यमों को तरह-तरह से प्रभावित करने की कोशिश की थी। कभी-कभी तो वह यह सब इतना गुप्त और परोक्ष रूप से करता था कि इससे आर्थिक सहायता प्राप्त करने वालों को यह पता भी नहीं चलता था कि सहायता का स्रोत कहाँ है। एक अत्यंत प्रतिष्ठित पत्रिका 'एनकाउंटर' के संबंध में जब यह रहस्य सामने आया कि इसके पीछे भी सीआईए का अनुदान है तो स्टीफन स्पेंडर समेत कई लोगों ने इससे अपना संपादकीय संबंध तोड़ लिया। अब संसार के लोकमानस को गुमराह करने की मुहिम पेंटागन ने अपने हाथ में ली है। इसके लिए हॉलीवुड के कुछ प्रसिद्ध फिल्म निर्माताओं को तैयार किया गया है कि वे डॉकुमेंट्री के द्वारा दुनिया में यह प्रचारित करें कि अमेरिकी फौजियों ने कितना मानवीय और जोखिम भरा काम अफगानिस्तान में किया है। जॉर्ज आरवेल ने जिस 'मिनिस्ट्री ऑफ ट्रुथ' की कल्पना अपने उपन्यास 'उन्नीस सौ चौरासी' में की थी, उसे अमेरिकी सरकार साकार करने में लगी है।

यह विडंबना ही है कि आज दुनिया का सबसे शक्तिशाली आतंकवादी राष्ट्र अमेरिका, जो सभी राजनायिक बारीकियों को दरकिनार कर खुले आम उन सब देशों को धमकियाँ दे रहा है जिन्हें अपने वर्चस्व के लिए बाधक मानता है, दुनिया में आतंकवाद विरोधी मुहिम का अगुआ बना हुआ है। लेकिन इसके लिए अकेले अमेरिका को ही दोष देना अनुचित होगा। पश्चिमी देशों से आई राष्ट्र-राज्य की अविच्छिन्न सत्ता की अवधारणा और पूँजीवादी व्यवस्था के विकास के साथ इसका 'मिलिट्री-इंडस्ट्रियल कांप्लेक्स' (यानी वह अर्थतंत्र जिसमें शक्तिशाली औद्योगिक कार्पोरेशन प्रतिरक्षा प्रतिष्ठानों से गुंफित हो जाते हैं) से विवाह अनिवार्य रूप से वैश्विक वर्चस्व की कामना को जन्म देता है। लेकिन आज अकेले अमेरिका अपनी विशाल

आर्थिक और सामरिक शक्ति से इस महत्त्वाकांक्षा को अंजाम देने की स्थिति में है। यूरोप के बाकी राष्ट्र इसके पीछे वैसे ही चलने को विवश हैं जैसे शेर के पीछे गीदड़ उसके द्वारा मारे गए शिकार के अवशेषों के लालच में चलते हैं। इससे पीड़ित समूहों के लोग अपनी रक्षा में छोटे आतंकों का घेरा बनाते चलते हैं जो अशक्त होने के कारण अधिक निर्मम बन जाता है।

असल में राष्ट्र-राज्य की अवधारणा और इसके साथ विशेष मूल, नस्ल, धर्म, भाषा आदि की भावना का जुड़ना लोगों में एक ऐसा उन्माद पैदा करता है कि वह दूसरे समूहों की भावनाओं और जान को नजरअंदाज करता है। निहित स्वार्थ वाले इस भावना को हवा देते रहते हैं। इसी के फलस्वरूप लोग राष्ट्र-राज्य की एक अमूर्त सत्ता के लिए हजारों वर्षों से अर्जित दया, सहिष्णुता आदि की मानवीय परंपराओं के बंधन से मुक्त महसूस करते हैं। चाहे वह यूगोस्लाविया हो, चाहे अमेरिका, चाहे तुर्की, भारत या श्रीलंका--सभी जगह अपने-अपने लघु या बृहत देवताओं की तुष्टि के लिए नरबलि को क्षम्य मान लिया जाता है। मिलोसेविच के मुकदमे के तथ्यों से दुनिया के तमाम लोगों को अपने भीतर झाँकने का संदेश मिलता है। क्या हम सारे के सारे लोग राष्ट्र, धर्म, जाति जैसी अमूर्त हस्तियों के लिए असली मनुष्य को महज बाधा या माध्यम मान कर उसे और इस प्रक्रिया में अपने आपको नष्ट करने में नहीं लगे हैं?

(छ) विकल्प की दिशा

नई सदी की चुनौती

आदमी का अहम् अजेय है। इसीलिए वह अपनी मर्जी से संसार पर काल-खंडों को निरूपित करता चलता है—राजवंशों, धर्मगुरुओं या मसीहों के नाम पर, जबकि संसार की घटनाएँ हमारी सदियों और सहस्राब्दियों से निर्लिप्त घटती चली जाती हैं। इन घटनाओं की अपनी समय सारणी होती है जो उनके अपने कार्य-कारण प्रवाह से निर्धारित होती है। इसलिए बहुत मोटा-मोटी तौर से ही हम नई सदी की घटनाओं को बीती सदी की घटनाओं से अलग कर देख सकते हैं। फिर भी वर्तमान मानसिकता को देखते हुए इसकी अटकलें जरूर लगाई जा सकती हैं कि नई सदी में आदमी समाज को क्या दिशा दे सकता है। लेकिन ये अटकलें ही होंगी क्योंकि आदमी अपनी सोच में स्वतंत्र है। उसकी सोच कब क्या मोड़ लेगी और फिर इससे घटनाएँ कौन सी दिशा लेंगी यह कोई भी विश्वास के साथ नहीं बतला सकता। अटकलों की विश्वसनीयता के साथ एक और समस्या जुड़ी है। मानव संबंधों में भविष्यवाणियाँ घटनाओं को या तो स्वयं को सिद्ध करने की दिशा में या झुठलाने की दिशा में प्रभावित करती हैं। उन्नीसवीं शताब्दी के आखिर में यूरोप के राजनेताओं ने सत्ता संतुलन से जिस शांति की स्थापना की खुशफहमी कायम की थी, उसमें बीसवीं सदी के दो विश्वयुद्धों, राष्ट्रीय आजादी के संघर्षों और अंतहीन लगने वाले स्थानीय युद्धों की कल्पना किसे थी। 1917 की रूसी क्रांति की सफलता और सोवियत राज्य की स्थापना के बाद 1987 के आते-आते इसके संपूर्ण बिखराव की कल्पना भला कौन कर सकता था। अंततोगत्वा आदमी ही इतिहास का निर्माण करता है और उसकी मानसिकता बदलती है। इसलिए वर्तमान समय में दिखने वाली उसकी मानसिकता के संदर्भ में प्रकृति द्वारा प्रस्तुत सीमाओं के भीतर कुछ इशारा करने से ज्यादा कुछ भी नहीं कहा जा सकता।

बीसवीं शताब्दी को आम तौर से विज्ञान का युग कहा जाता है। इससे उम्मीद की जाती है कि नई सदी में लोग वैज्ञानिक दृष्टि से अपनी समस्याओं का समाधान

करेंगे। थोड़ा विचार करने पर यह भी जन-मानस में गहराई से बैठा एक भ्रम ही लगता है। दरअसल वैज्ञानिक उपलब्धियों के हिसाब से कुछ अपवादों को छोड़कर बीसवीं सदी लगभग पूरी तरह सपाट रही है। विज्ञान से हमारा मतलब वैसे ज्ञान से है जो हमारी चेतना को ब्रह्माण्ड की बाहरी सीमाओं और पदार्थों तथा जीवन की भीतरी सीमाओं तक पहुँचाकर इसके रहस्यों को हमारी अवधारणाओं के भीतर ला सके। बीसवीं सदी को विज्ञान की दृष्टि से सपाट कहना कुछ चौंकाने वाला लगेगा। लेकिन नजर डालने पर हम पाएँगे कि हमारे समय की लगभग सभी मौलिक वैज्ञानिक खोज या तो उन्नीसवीं शताब्दी की है। या बीसवीं शताब्दी के प्रारंभिक वर्षों की जिनकी आभा से बीसवीं सदी का वैज्ञानिक जीवन आलोकित रहा है। इन्हें एक-एक कर गिनाया जा सकता है। ऊर्जा के क्षेत्र में जेम्स क्लर्क मैक्सवेल की इलेक्ट्रोमैग्नेटिक थ्योरी 1873 की है। इसी से जुड़े हर्ट्स के प्रयोगों के आधार पर मारकोनी ने 1895 में वायरलेस टेलीग्राफी यानी रेडियो का आविष्कार किया। 1895 में ही रोयंटजन ने एक्स-रे की खोज की। पियरे एवं मैरी क्यूरी ने 1898 में रेडियम शोधित किया और नाभिकीय भौतिकी से संबद्ध रसायनशास्त्र की नींव डाली। मैक्स प्लैंक ने 1890 में ब्लैक बॉडी रेडियेशन के अपने प्रयोगों से क्वांटम भौतिकी की शुरुआत की। आइंसटाइन ने स्पेशल थ्योरी ऑफ रिलेटिविटी तथा फोटो-इलेक्ट्रिक इफेक्ट के सिद्धांतों को 1905 और 1909 के बीच प्रतिपादित किया। जनरल थ्योरी ऑफ रिलेटिविटी 1916 तक विकसित की जा चुकी थी। यही सब आधार बने नोयल बोर, श्रोडिंगर, डिराक और हाइजेनबर्ग के सिद्धांतों के, जो सब बीसवीं सदी के तीन प्रारंभिक दशकों में विकसित हुए। ऊर्जा और समय के संबंध में हमारी अवधारणा को बुनियादी तौर से बदलने वाली 'इन्ट्रोपी' का सिद्धांत तो कारनोट ने ताप इंजन के अपने प्रयोगों से 1824 में ही विकसित कर लिया था। हमारे समय की सबसे बड़ी तकनीकी उपलब्धि कंप्यूटर मानी जाती है। लेकिन इसके भी बुनियादी सिद्धांत चार्ल्स बैबाज (1792-1871) द्वारा विकसित किए गए और इसके लिए आवश्यक तार्किक प्रणाली जॉर्ज बूल (1815-1864) ने अपने बीजगणित में विकसित की थी। जीवविज्ञान में हमारे समय की सबसे महत्त्वपूर्ण खोज जेनेटिक्स के क्षेत्र में हो रही है। लेकिन आनुवंशिकी संबंधी इसकी बुनियादी खोज ग्रेगोर जोहान्न मेण्डेल ने 1866 में की थी। फिर थॉमस हण्ट मौर्गन ने इसी आधार पर शोध कर क्रोमोसोम पर जीन की शृंखला का नक्शा तैयार करने में 1919-23 में सफलता प्राप्त की। वर्तमान ह्यूमन जेनोम प्रोजेक्ट इसी प्रयोग का विस्तार कहा जा सकता है, जिसे आज कहीं अधिक विकसित प्रौद्योगिकी का आधार प्राप्त है।

जो चमत्कार हमें बीसवीं सदी में दिखाई दिया और जिससे हम बीसवीं सदी को विज्ञान की सदी मानने लगे थे, वह दरअसल तकनीक के क्षेत्र में महत्त्वपूर्ण प्रगति का नतीजा था। टी.वी. लेजर, माइक्रोचिप्स, ऑप्टिकल फाइबर, इंटरनेट, जेनेटिकली

मोडिफायड फुड, भू-उपग्रहों का प्रक्षेपण आदि, आदमी का पदार्थों के गुणों का ज्यादा से ज्यादा अध्ययन और फिर इंनसे प्राप्त जानकारी का अपनी स्फीत आवश्यकताओं की पूर्ति के लिए प्रयोग करने की इच्छा का परिणाम है, यह किसी बुनियादी वैज्ञानिक खोज का परिणाम नहीं। प्रचलित कहावत है भी कि आवश्यकता आविष्कार की जननी है, और अगर आदमी की आवश्यकताओं का विस्फोट हो जाए तो आविष्कृत वस्तुओं का अम्बार लगना भी स्वाभाविक हो जाएगा। इसलिए बीसवीं सदी जिसे हम विज्ञान की सदी कहते हैं दरअसल उपभोक्तावादी विक्षिप्तता की सदी है। इसी से चमत्कृत करने वाली इसकी चकाचौंध दिखाई देती है जो वर्तमान समाज के अस्तित्व के लिए संकट का भी कारण है।

विज्ञान की दिशा में जो परिवर्तन आया है उसके दो कारण लगते हैं। पहला तो यह कि प्रारंभ में विज्ञान दर्शन के क्षेत्र का विस्तार था जिसमें अपने आपको, संसार को और इनके बीच के रिश्तों को समझने की गहरी अभिलाषा थी—यानी द्रष्टा और दृश्य के संबंधों की समझने को अभिलाषा। आधुनिक औद्योगिक विकास की आवश्यकताओं के दबाव में अमेरिका में प्रैग्मेटिज़्म के उस प्रयोगवादी रूप का विकास हुआ जिसके जनक जॉन डिवी थे। इसके अनुसार वस्तुओं को समझना, उनके साथ छेड़छाड़ करना एवं उन्हें तोड़-मरोड़ कर उनके विविध गुणों का आकलन करना है। ज्ञातव्य है कि दर्शन के संबंध में यही दृष्टि कार्ल मार्क्स की भी थी जो उसने डेढ़ सौ साल पहले फायरबाख पर अपनी थीसिस में व्यक्त की थी। उसने अंत में निष्कर्ष के रूप में लिखा था : 'दार्शनिकों ने अभी तक संसार की विविध व्याख्याएँ देने की कोशिश की है लेकिन समस्या इसे बदलने की है।' इस तरह हमारे समय के विज्ञान का ध्यान विश्व दृष्टि के निर्माण की जगह विखंडन पर केंद्रित है। आज वैज्ञानिकों का ध्यान अणुओं, परमाणुओं, कोशिकाओं, डी.एन.ए. आदि को खंडित कर इनके सूक्ष्म से सूक्ष्म खंडों के गुणों के अध्ययन पर केंद्रित है। स्वाभाविक है कि इस प्रक्रिया में पदार्थों के ऐसे पहलू हर रोज सामने आने लगे हैं जिनकी कभी कल्पना भी नहीं की जा सकी थी। जब हम वस्तुओं के विविध गुणों को जानते हैं तो उनकी क्या उपयोगिता हो सकती है यह भी जान लेते हैं। इससे नित्य नए आविष्कार के मार्ग खुलते हैं। इस तरह वर्तमान समाज के उपभोक्तावादी मूल्य का विज्ञान के प्रयोगवादी रुझान के साथ स्वाभाविक रिश्ता बन गया है। ज्यादातर वैज्ञानिक इसी दिशा में मुखातिब हैं। वैज्ञानिक शोध प्रायः औद्योगिक या सुरक्षा प्रतिष्ठानों द्वारा प्रायोजित होते हैं जिनका लक्ष्य सीमित होता है। इस स्थिति का एक और भी कारण दिखाई देता है। संभवतः आदमी, जिसकी ज्ञानेन्द्रियाँ प्रकृति का ही अंग हैं, अवलोकन की उस सीमा पर पहुँच गया है जिसमें आगे विश्व की वैसी अवधारणा की गुंजाइश नहीं जिसे प्रयोग से सही या गलत साबित किया जा सके—जो अब तक किसी भी वैज्ञानिक सिद्धांत की कसौटी मानी जाती थी। इस तरह विज्ञान का इस दिशा में

बढ़ना इसे दार्शनिक अनुमान की कोटि में डाल देगा जहाँ से विज्ञान ने प्रयोगात्मक कसौटी अपनाने की दिशा में छलाँग लगाई थी। आज बहुत थोड़े से वैज्ञानिक ऐसे अनुभवों की तरफ आकर्षित होते हैं—क्योंकि प्रतिष्ठानों को दार्शनिक कल्पनाशीलता की जरूरत नहीं व्यावहारिक लाभ की जरूरत है। और किसी भी शोध के लिए आवश्यक थैली उन्हीं के पास है।

किसी भी काल में ज्ञान का विस्तार तरंग की परिधि के फैलाव की तरह होता है—यानी हर क्षेत्र में ज्ञान कमोबेश पाँव से पाँव मिलाकर चलता है। इससे समाजशास्त्र, अर्थशास्त्र आदि क्षेत्रों में भी उन व्यापक समस्याओं से जूझने का रुझान नहीं है जिनके परिप्रेक्ष्य में इन शाखाओं का जन्म हुआ था। अर्थशास्त्र तो अब सिमट कर बाजार की रोजाना की स्थिति में हानि-लाभ की संभावना को मुहैया कराने भर का माध्यम रह गया है—जिसके लिए वह जटिल गणितीय समीकरणों की ईजाद में लगा है। समाजशास्त्री भी आज के समाज और प्रतिष्ठानों में रोजाना होने वाले छोटे संघर्षों के अध्ययन और उनके निराकरण के उपाय ढूँढ़ने में लगे हैं। दरअसल बृहत् समाज की समस्याओं के सार्विक हल की चिंता अब इन क्षेत्रों में उपहास का विषय है। वे कहेंगे कि बृहत् समाज में परिवर्तियों की इतनी बहुलता है कि इन्हें किसी अर्थपूर्ण समीकरण में नहीं बाँधा जा सकता। विचारधारा का अंत, इतिहास का अंत आदि की बातें पूरे समाज की समस्याओं से जूझने की इच्छा शक्ति के अभाव एवं भविष्य के प्रति निराशा की अभिव्यक्ति ही लगती है। संपूर्ण समाज का इसकी विविधता में अध्ययन औद्योगिक प्रतिष्ठानों के मुनाफे का स्रोत नहीं हो सकता, फिर इसका प्रायोजक कौन बनेगा?

इस तरह हम देखते हैं कि बीसवीं शताब्दी के प्रारंभिक दिनों में ब्रह्मांड और समाज की सारी गुत्थियों को समझने और इस ज्ञान से समाज की समस्याओं का निराकरण ढूँढ़ने का जो आत्म-विश्वास और संकल्प था वह इक्कीसवीं शताब्दी के शुरू में नहीं दिखाई देता। इसी आत्म-विश्वास का परिणाम था कि सौ-डेढ़ सौ साल पहले समाजवाद, विश्वबंधुत्व, संसार भर के गरीबों की एकता आदि का सपना सारे संसार में लोगों को अनुप्राणित करने लगा था। इसके विपरीत आज बौद्धिक संसार में अवधारणात्मक संकीर्णता आई है जिससे लोग स्वयं की या अपने छोटे समूह की तात्कालिक जरूरतों से आगे नहीं सोचते।

दूसरा महत्त्वपूर्ण संकोच मनुष्य के भौतिक संसार और जीवन के लिए आवश्यक संसाधनों की संभावित उपलब्धि के क्षेत्र में आया है। बीसवीं शताब्दी के प्रारंभ की दुनिया मानव चेतना में खुली सीमा की दुनिया थी। उसे यह विश्वास था कि वह अपनी जरूरतों को चाहे जितना बढ़ाए, चाहे कितनी भी वस्तुओं का उत्पादन करे, प्रकृति उस पर आपूर्ति की कोई सीमा नहीं लगाती। हवा और पानी ही नहीं कृषि के लिए भूमि, ऊर्जा के स्रोत और आवश्यक औद्योगिक वस्तुओं की उपलब्धि सीमाहीन

लगती थी। वैसे तो यह कभी भी देखा जा सकता था कि सीमित ग्रह धरती पर असीमित संसाधनों की कल्पना करना मूर्खतापूर्ण था, लेकिन चूँकि कहीं कोई कमी नहीं दिखाई देती थी, किसी ने इस हकीकत पर विचार करना जरूरी नहीं समझा। आज हम इस हकीकत से रू-ब-रू हैं जहाँ हमारी उत्पादन क्षमता पर अलंघ्य सीमा लगी दिखाई देती है। आज जमीन और खनिजों पर ही नहीं, जल और वायु तक की उपलब्धि पर प्रश्नचिह्न लग गया है। यह बात दीगर है कि औद्योगिक उत्सर्जन से तेजाबी वर्षा, ओजोन परत में छेद, धरती के बढ़ते ताप आदि के निश्चित प्रमाण के बावजूद दुनिया के विशालतम औद्योगिक प्रतिष्ठानों के ज्ञानी व्यवस्थापक, जिनमें बड़ी संख्या में कम्प्यूटरों और सूचना क्रांति के देश अमेरिका में हैं, जीवन के अस्तित्व पर पैदा हुए खतरे की सूचना को ग्रहण करने से इनकार करते हैं। मुनाफे की निरंतरता को बनाए रखने के लिए उन्होंने बुरा नहीं देखने, बुरा नहीं सुनने और बुरा नहीं बोलने के आदर्श को पूरी तरह आत्मसात कर लिया है। इसलिए पर्यावरण विशेषज्ञों की चेतावनियाँ उनकी चेतना तक नहीं पहुँचतीं। यह विलक्षण स्थिति है कि अमेरिका के राष्ट्रपति बुश ने क्योटो प्रोटोकॉल को जिसमें औद्योगिक उत्सर्जन पर निश्चित सीमा लगाने की बाध्यता थी और जिस निर्णय में स्वयं अमेरिका शामिल था, लागू करने से साफ इनकार कर दिया है। इस तरह विनाश की ओर अंधी दौड़ में दुनिया निश्चिंतता से आगे बढ़ रही है। अशुभ का संकेत देती घटनाएँ सब तरफ घटित हो रही हैं—तूफान, जल प्लावन, बर्फ के विशाल भंडार का क्षय आदि।

नई शताब्दी के पहले ही महीने में एक तेल वाहक जहाज गालापागोस द्वीप समूह के पास दुर्घटनाग्रस्त हो गया और उसके तेल से वहाँ के अनेक दुर्लभ जीवों के अस्तित्व पर खतरा पैदा हो गया है। अनेक प्रयासों के बावजूद उन्हें बचा पाने की संभावना क्षीण है। गालापागोस द्वीप समूह का विशेष प्रतीकात्मक महत्त्व है। यहाँ की अनेक प्रजातियाँ बाहरी संपर्क से बचकर लाखों वर्ष से स्वतंत्र रूप से विकसित होती रही थीं। डार्विन ने अपनी प्रसिद्ध पुस्तक 'द ओरिजिन ऑफ स्पेशिज' में इस द्वीप समूह का विशेष रूप से उल्लेख किया है क्योंकि इसने उसके शोधों के लिए प्रकृति द्वारा संरक्षित जैविक प्रयोगशाला की भूमिका निभाई थी। अब संभवतः यह प्रयोगशाला सदा के लिए नष्ट हो जाएगी। यह दुर्घटना व्यापार केंद्रित वैश्विक व्यवस्था से नई सदी में संभावित विनाश का प्रतीक मानी जा सकती है। वर्तमान विकास से संसार के अनेक भागों में किसी तरह अपना स्वायत्त अस्तित्व बचाकर चलने वाली मानव संस्कृतियों पर आसन्न संकट का भी यह दुर्घटना पूर्वाभास है। अपने स्वार्थवश मनुष्य जीन बैंकों में जैविक संपदा के संरक्षण की कोशिश तो कर रहा है लेकिन संस्कृतियों की विशिष्टताओं को बचाए रखने के लिए उसने अभी तक कोई भी वैज्ञानिक विधि नहीं ईजाद की है। यह ध्यान में रखने की बात है कि भौतिक जगत् में मनुष्य द्वारा निर्मित संस्कृतियाँ ही हैं जिनका अस्तित्व अनिवार्य रूप से मानव समूहों के

अस्तित्व पर निर्भर है। मानव समूहों के बाहर निसर्ग में उसे कहीं भी नहीं पाया जा सकता। संस्कृतियों के वैसे स्मृति-चिह्न तो देखे जा सकते हैं जिन्हें पत्थर, कागज आदि पर उकेरा जा सके। लेकिन अपनी समग्रता में वे संस्कृतियाँ जो इन स्मृति-चिह्नों को छोड़ गईं चेतना से सदा बाहर रहेंगी। नई सदी एक विचारधारा के रूप में संस्कृतियों के वैविध्य को मिटाने और सांस्कृतिक एकरूपता लाने के संकल्प के साथ उपस्थित हुई है। यह कहा जा सकता है कि संस्कृतियों का विकास और फिर उनका नष्ट हो जाना तो एक स्वाभाविक प्रक्रिया है। यह बात ठीक है। ठीक वैसा ही जैसा कि मनुष्य का जन्म लेना और मर जाना। क्या इससे यह निष्कर्ष निकाला जा सकता है कि हिटलर का 'हॉलोकास्ट' जिसमें लगभग साठ लाख यहूदियों की हत्या कर दी गई, स्वीकार्य है? वैश्वीकरण जिसका पैगाम लेकर नई सदी आई है एक अर्थ में संस्कृतियों का हॉलोकास्ट है। इस प्रक्रिया से पोषित एकमात्र संस्कृति 'वैश्विक' संस्कृति, नाभिकीय शस्त्रास्त्रों से लैस और प्रतिस्पर्धा के मानकों से निर्मित मानव संबंधों पर आधारित होगी। फिर इसे आत्महत्या करने से कौन रोक पाएगा। इसकी आत्महत्या के बाद कोई भी क्षेत्र नहीं बच पाएगा जहाँ बचा-खुचा जीवित मनुष्य पुनः एक संस्कृति का निर्माण करे।

हमारी चर्चा का विषय है इक्कीसवीं सदी और अब तक हम चर्चा करते आए हैं विदाई लेती सदी के मूल्यों, संस्थाओं और प्रवृत्तियों की। जैसा कि प्रारंभ में ही कहा गया है सदियों जैसे कालखंड तो आदमी द्वारा आरोपित होते हैं, घटनाओं की निरंतरता तो बनती है, हम जो सोचते हैं, जो हासिल करना चाहते हैं और जो करते हैं उनसे। और सबसे अधिक यह निर्धारित होता है हमारे समाज में व्याप्त मूल्य-बोध से। बीसवीं सदी की तरह इक्कीसवीं सदी में दुनिया का सबसे बड़ा अनिष्ट जिस शास्त्र से होने की संभावना है वह है अर्थशास्त्र जो दरअसल शास्त्रों की बुनियादी मान्यता के हिसाब से कोई शास्त्र है ही नहीं। इस बात को थोड़ा स्पष्ट करना जरूरी है। विज्ञान का आधार होता है संसार का वस्तुपरक अवलोकन, अध्ययन के विषय का विवरण और उसके विविध परिवर्तियों के संबंधों को नियमबद्ध करना। विषय-वस्तु के गुणों की विशिष्टता को आधार बना प्रस्तावित नियम के तहत होने वाले संभावित परिणामों की भविष्यवाणी की जाती है। ये गुण विषय-वस्तु के होते हैं—उदाहरण के लिए पदार्थ में जड़ता (inertia) का गुण—बाहर से आरोपित नहीं किया जाता। इसके विपरीत अर्थशास्त्र बिना इसकी सत्यता की परीक्षा किए यह आधार अपनाता है कि आदमी के कार्यकलाप लोभ एवं ईर्ष्या से परिचालित होते हैं। इतना ही नहीं, आदमी को आर्थिक आदमी मान लिया जाता है जिसके ये आदर्श गुण माने जाते हैं। यह अपेक्षा की जाती है कि हर व्यक्ति इन्हीं आदर्श गुणों—यानी लोभ एवं ईर्ष्या—के अनुरूप व्यवहार करेगा। इसके विपरीत हकीकत यह है कि आदमी दया, प्रेम, परोपकार आदि के भाव से भी परिचालित होता है। अनेक कबायली समाजों में प्रतिष्ठा; शौर्य

एवं बलिदान में या संपत्ति को लोगों को खिलाने-पिलाने में खर्च करने या बाँटने में होती है। अर्थशास्त्री यहाँ एक खास समाज, यानी पूँजीवादी समाज द्वारा अपनाए गए या आरोपित आदर्श को मनुष्य का स्वभाव मान लेते हैं। और उसी आधार पर समाज का ढाँचा खड़ा करना चाहते हैं। वैसे जनजातीय समाजों में, जहाँ लोभ और ईर्ष्या आपसी संबंधों के आधार नहीं हैं, यह प्रयास किया जाता है कि वहाँ के लोग भी अपने आचरण को इन्हीं आदर्शों के अनुरूप ढालें। फिलहाल समाजशास्त्री समाज को (समुदाय भाव आधारित) गेमाइनशाफ्ट और (व्यक्तिनिष्ठ, सामाजिक) गेजेलशाफ्ट की श्रेणियों में विभाजित करते हैं और यह मानते हैं कि विकास के लिए दूसरी श्रेणी में संक्रमण जरूरी है—यानी वैसे समाज की तरफ जहाँ सगे-संबंधी समुदाय आदि की भावना से मुक्त आदमी शुद्ध रूप से अपना हित साधता है। इस तरह अर्थशास्त्र विवरणात्मक (Descriptive) की जगह आदेशात्मक (Prescriptive) अनुशासन बन जाता है। इन्हीं औद्योगिक पूँजीवादी मान्यताओं को मानव स्वभाव का आधारभूत गुण मान कर अर्थशास्त्र के पूरे ढाँचे का निर्माण होता है। इस संदर्भ में ई. एफ. शुमाखर द्वारा अपनी प्रसिद्ध पुस्तक 'स्मॉल इज ब्यूटीफुल' में वर्णित मेनार्ड कीन्स के विचार गौरतलब हैं। मेनार्ड कीन्स ने यह तो माना कि लोभ और ईर्ष्या को खतम होना चाहिए लेकिन यह भी कहा कि कम से कम अगले सौ वर्ष तक मानव विकास के लिए इसका बना रहना जरूरी है। इसके बाद फिर जीवन में ऊँचे आदर्शों की वापसी होगी। जब ये बातें कही गई थीं तब से दो तिहाई शती निकल चुकी है पर लोभ और ईर्ष्या की पकड़ लोगों के जीवन पर बढ़ती ही जा रही है। इसी बीच लोभ और प्रतिस्पर्धा के कारण एक भीषण विश्वयुद्ध हो चुका है और छोटे-मोटे स्थानीय युद्धों से पूरी दुनिया झुलसती रही है। चाहे ये युद्ध कांगो के हीरे के लिए हों, खाड़ी देशों के तेल के लिए या फिर कोलम्बिया के मादक पदार्थों की लुभावनी तस्करी के लिए। इनसे पैदा विषमता से ईर्ष्या और लोभ उत्तरोत्तर बढ़ते ही जाएँगे, घटने का तो सवाल ही नहीं उठता।

फिलहाल इसी स्वार्थ को केंद्र में रखकर वस्तुओं का उत्पादन और विनिमय होता है। वस्तुओं की खपत को बढ़ाने के लिए तरह-तरह के लुभावने विज्ञापन रेडियो, टेलीविजन और पत्र-पत्रिकाओं द्वारा प्रसारित होते हैं। अँग्रेजी में शैतान के लिए एक शब्द 'टेम्प्टर' है जिसका अर्थ होता है लुभानेवाला। क्या विज्ञापनों के पीछे इस 'लुभाने वाले' (शैतान) का हाथ स्पष्ट रूप से दिखाई नहीं देता? ध्यान में रखने की बात है कि विज्ञापन में शराब, सिगरेट और अनेक दूसरी आदत डाल आदमी की स्वायत्तता और विवेक को नष्ट करने वाली वस्तुओं का बाहुल्य है—ज्यादातर विज्ञापन झूठ पर आधारित होते हैं। अगर हम अपनी चारों ओर निगाह डालें तो ये ही लुभावने विज्ञापन पूरी सभ्यता का आधार दिखाई देते हैं। संसार के सारे संचार माध्यम विज्ञापनों को हमारे दरवाजे और बिस्तर तक पहुँचाने का काम करते हैं : ई-कॉमर्स आखिर यही

तो करता है। महात्मा गाँधी ने अगर आधुनिक पश्चिमी सभ्यता को शैतानी सभ्यता कहा तो निश्चित रूप से इस सभ्यता का यही स्वरूप उनके सामने रहा होगा। गाँधी जी ने कहा था कि संसार में सभी लोगों की जरूरतों को पूरा करने के लिए तो काफी वस्तुएँ हैं लेकिन एक आदमी की लिप्सा के लिए भी यथेष्ट नहीं। इस बात की सच्चाई वैश्वीकरण के युग में साफ-साफ दिखाई देती है। औद्योगिक जगत में जो बात हर रोज सुर्खियों में रहती है वह है बहुराष्ट्रीय कंपनियों द्वारा एक-दूसरे के अधिग्रहण की कोशिश। इनमें अनेक कंपनियों की हैसियत अरबों खरबों डालर की है—अनेक देशों की राष्ट्रीय आय से ज्यादा फिर भी वे संतुष्ट नहीं हैं और दूसरी कंपनियों को निगलने की लिप्सा छोड़ नहीं सकतीं। अगर इनमें कोई एक बाकी सारी कंपनियों को निगल ले तो भी और अधिक फैलने का इनका लोभ खत्म नहीं होगा। यह सहज ही देखा जा सकता है कि नई सदी आने वाले दिनों में ऊपर वर्णित आकांक्षाओं की पृष्ठभूमि में ही आकार ग्रहण करेगी। नई सदी की चुनौती होगी ऊपर वर्णित शक्तियों के विरोध में उस जनगण को जाग्रत करना जो संपत्ति के इस अकल्पित केंद्रीकरण से निर्धन हो न्यूनतम मानवीय जीवन से भी वंचित हो रहा है। उस आधार पर नए मूल्यों की स्थापना का प्रयास करना जिससे समाज पुनः एक सम्यक् धरातल ग्रहण करे।

आर्थिक केंद्रीकरण की जो प्रक्रिया चल रही है उसके परिणाम संपन्न औद्योगिक देशों और दुनिया के बाकी देशों में अलग-अलग होंगे जिसकी कुछ झलक हम आज पाते हैं। विशाल कंपनियों की प्रतिस्पर्धा उत्तरोत्तर तेज होती जाएगी क्योंकि पूँजीवादी प्रसार का यह अंतर्निहित नियम है। इसके फलस्वरूप सभी प्रतिष्ठान श्रमिकों पर खर्च घटाने के लिए स्वचालित यंत्रों एवं कंप्यूटरीकरण के जरिए मजदूरों की संख्या में कटौती करेंगे। ऊपर वर्णित औद्योगिक अधिग्रहणों का एक उद्देश्य श्रम-शक्ति में कटौती भी है। जो उद्योग प्रतिस्पर्धा में नहीं टिक पाने से बंद हो रहे हैं उनके मजदूर तो बेरोजगार होते ही हैं। यूरोप के लगभग सभी देशों में श्रम-शक्ति का एक हिस्सा लगातार बेरोजगार रहता है। जापान जिसमें पहले बेरोजगारी नहीं थी, अब मंदी और बेरोजगारी की चपेट में है। इस समस्या की ओर इशारा किया गया कि इससे समय के साथ यह संकट और गहराएगा। इस तरह उत्तरोत्तर बेरोजगार लोगों की फौज का बोझ उठाने का दबाव वहाँ की अर्थव्यवस्थाओं पर बढ़ेगा। औद्योगिक विकास का एक आयाम आबादी कम होते जाना भी है। इससे संपन्न औद्योगिक देशों में पूरी आबादी में वृद्धों की संख्या बढ़ती जाएगी और काम करने लायक युवा श्रमिकों का अभाव होगा। अतः बाहर से श्रमिकों को लाया जाएगा, जो मूलतः रंगीन और गैर-यूरोपीय समाजों से ही आ सकते हैं। इससे बाहरी लोगों के खिलाफ रंगभेद पर आधारित फासीवादी हिंसा बढ़ेगी। यह स्थिति प्रत्यक्ष या प्रच्छन्न रूप से पश्चिमी यूरोप के अधिकांश देशों में मौजूद है। फिर भी चूँकि ये देश एक अत्यंत ही ऊँचे

स्तर की संपन्नता हासिल कर चुके हैं इन दबावों को तब तक झेलते जाएँगे जब तक दुनिया के गैर-औद्योगिक देशों से उनका व्यापारिक रिश्ता कायम है और उन्हें अपने कच्चे माल का क्षेत्र और एक हद तक वहाँ का बाजार उपलब्ध है। लेकिन यह तभी संभव होगा जब इस व्यापारिक संबंध से पिछड़ी अर्थव्यवस्थाओं को भी मानवीय जीवन उपलब्ध हो सके। लेकिन पिछड़ी और संपन्न व्यवस्थाओं का व्यापारिक रिश्ता ऐसा होता है कि यह होना असंभव है। ऐसे रिश्ते में यह अंतर्निहित है कि धनी देश और अधिक धनी होगा और गरीब देश अधिक गरीब, दिवालियापन की सीमा तक। इससे टकराहट की संभावना बढ़ेगी और पश्चिमी देशों की सामरिक शक्ति जिसे लगातार अधिक प्रभावी बनाया जा रहा है हरकत में आ जाएगी—अमेरिका ने 'मिसाइल डिफेंस शील्ड' को विकसित करने का फैसला कर लिया है। इससे 'बैलेंस ऑफ टेरर'—यानी पारस्परिक आतंक से नाभिकीय युद्ध की जो संभावना टली थी अब फिर सामने है जिसमें एकल योद्धा अमेरिका होगा। यह सामरिक शक्ति कितने त्वरित रूप से कार्यरत हो जाती है यह इराक के कुवैत पर हमला से तेल की आपूर्ति पर खतरा आते ही दिखाई दिया था। अब ऐसा हस्तक्षेप वियतनाम में अमेरिकी हस्तक्षेप जैसा नहीं होगा जिसमें जमीनी फौज को उलझाया जाए। यह कैसा होगा इसका कुछ अनुमान युगोस्लाविया में नाटो शक्तियों के हस्तक्षेप से किया जा सकता है। इसमें आसमान से ही जीवन के सभी साधनों को नष्ट कर किसी देश को घुटने टेकने के लिए मजबूर किया जा सकता है। लेकिन चूँकि प्राकृतिक संसाधन सीमित होते हैं, अतः बल प्रयोग से प्राप्त आपूर्ति भी अंततः समाप्त हो जाएगी।

लेकिन औद्योगिक देशों के सामने एक दूसरी राह पकड़ने की संभावना भी हो सकती है। यह जीवन की सीमांत स्थितियों के साक्षात्कार से पैदा होगी। एक ऊँची वैज्ञानिक एवं तकनीकी दक्षता विकसित करने की प्रक्रिया में पश्चिमी देशों ने एक बौद्धिक लोच भी हासिल कर ली है जो इसे अपने व्यापारिक अंधेपन से उबार कर अस्तित्व रक्षा के कर्तव्य भाव से अनुप्राणित कर सकती है। समय के साथ जैसे-जैसे औद्योगिक विकास होगा पर्यावरण का क्षय होगा और प्राकृतिक संसाधनों की सीमा स्पष्ट रूप से दिखाई देने लगेगी। अभी पश्चिम के पर्यावरणविद अंदाज कर रहे हैं कि इक्कीसवीं शताब्दी के अंत तक दुनिया का ताप 2 से 6 सेल्सियस तक बढ़ जाएगा। इससे अनेक तरह की प्राकृतिक आपदाएँ आएँगी जो पश्चिमी देशों पर भी कहर ढाएँगी। प्रदूषण का स्तर बढ़ने से जीवन कठिन होने लगेगा। आधी शताब्दी पार करते-करते संसाधनों के अभाव से ऊँचा जीवन कायम रखना असंभव हो जाएगा। इससे ग्रीन पीस जैसे आंदोलनों की अपील बढ़ेगी। इसके अलावा वर्तमान औद्योगिक-व्यापारिक व्यवस्था में बढ़ती प्रतिस्पर्धा के कारण जीवन का तनाव बढ़ेगा, क्योंकि यह प्रतिस्पर्धा सिर्फ व्यापार में ही नहीं प्रत्येक प्रतिष्ठान में काम के दाखिले और फिर प्रोन्नति को लेकर श्रमिकों और व्यवस्थापकों में भी होती है। जीवन की

स्थितियों से पारिवारिक जीवन नष्ट हो जाएगा। यूरोप के कई देशों में अब नर-नारी संबंध अस्थायी करार बनते जा रहे हैं। एक सर्वेक्षण के अनुसार अमेरिका के एक तिहाई बच्चे वैवाहिक संबंध से बाहर पैदा होते हैं। इसका एक परिणाम यह होगा कि धन-संपत्ति और स्वयं जीवन अर्थहीन दीखने लगेगा। उन्नीसवीं शताब्दी के अंत एवं बीसवीं शताब्दी के पूर्वार्ध में पश्चिम में अस्तित्ववादी दर्शन का उदय औद्योगिक समाज के कुछ ऐसे ही दबाव में हुआ था जिसमें जीवन और मूल्यों की अर्थहीनता से 'आंग्स्ट' यानी स्थायी दुश्चिंता जीवन की अनिवार्य स्थिति की तरह दिखाई देने लगी थी। उस समय यह भाव अति संवेदनशील दार्शनिक और कलाकारों तक सीमित था। अब वर्तमान स्थिति से पैदा 'निहिलिज्म' (सभी मूल्यों की अस्वीकृति) ज्यादा व्यापक होगा। इसकी अभिव्यक्ति फासीवादी हिंसा और युद्ध में भी हो सकती है। लेकिन फासीवाद के पिछले अनुभवों के संदर्भ में यह मार्ग अधिकांश लोगों को रास नहीं आएगा। इससे निकलने का दूसरा रास्ता, जैसा कभी एक अस्तित्ववादी चिंतक कार्ल यास्पर्स ने बतलाया था, समुदाय, मित्रता, विवाह जैसे बंधनों के द्वारा अन्य व्यक्तियों से जुड़े 'ट्रासेन्डेस' यानी स्थिति से परागमन हो सकता है। कुल मिलाकर यह समुदाय की तरफ लौटने का रास्ता है जिससे पिछली सदियों में आदमी दूर होता गया है। यह एक तरह से वर्तमान जीवन के संदर्भ में समाजवाद के किसी रूप की तरफ लौटना हो सकता है। लेकिन यह सब बाकी दुनिया से संबंधों के नव-नियमन के बिना नहीं हो सकता। उन्हें अपने को बाकी दुनिया से व्यापारिक की बजाय मानवीय बंधनों से जोड़ना होगा, वही उनके अपने और संसार के हित में होगा।

गैर-औद्योगिक दुनिया में पश्चिमी विकास प्रक्रिया का परिणाम अब तक विघटनकारी रहा है और आने वाले दिनों में उत्तरोत्तर अधिक विघटनकारी होने की संभावना है। पश्चिमी देशों के संपर्क से इन देशों का पारंपरिक उत्पादन और विनिमय का ढाँचा तथा पारस्परिकता पर आधारित जीवन पद्धतियाँ एवं संस्कृतियाँ नष्ट हो गई हैं। उनका जीवन पूरी तरह पश्चिमी देशों पर आश्रित हो गया है। पश्चिम से आयातित उद्योगों के केंद्र इन देशों में भी खुले हैं जो वैसी अनेक वस्तुओं का उत्पादन करते हैं जो पहले घरेलू उद्योगों में उत्पादित होती थीं। नए उद्योगों की विशाल विज्ञापन क्षमता के कारण घरेलू उद्योगों का अस्तित्व खतरे में पड़ गया है जो गुणवत्ता के हिसाब से कहीं अच्छे हैं। इस प्रक्रिया से पारंपरिक उद्योग और छोटी खेती नष्ट हो रही है। काम की तलाश में लोग नगरों की ओर पलायन कर रहे हैं। इससे कस्बे नगरों में और नगर महानगरों में तब्दील हो रहे हैं। मेक्सिको नगर, शंघाई, दिल्ली, मुम्बई आदि दुनिया के सबसे बड़े नगरों की श्रेणी में थोड़ी ही अवधि में आ गए हैं। इन नगरों में उद्योगों और व्यवस्था का छोटा-सा नाभिक क्षेत्र होता है जिसमें संरचनात्मक संयोजन होता है। इसकी परिधि पर एक विशाल क्षेत्र होता है जिसमें रहने वाले लोग आजीविका के किसी स्थायी स्रोत से वंचित होते हैं या नाभिक क्षेत्र की अस्थायी आवश्यकताओं

की पूर्ति के लिए अकुशल कार्यों में यदाकदा लगाए जाते हैं। इन कार्यों में लगे लोगों की बुनियादी मानवीय आवश्यकताओं की पूर्ति करना व्यवस्था की कार्य सूची में नहीं होता। जिंदा रहने की अपनी व्यवस्था इन्हें स्वयं किसी तरह करनी होती है। इसलिए ये लोग जहाँ जगह मिली झुग्गियाँ खड़ी कर लेते हैं या गंदी बस्तियों में उपलब्ध स्थानों एवं फुटपाथों पर गुजारा करते हैं। नगर के संपन्न लोग इनकी अनिवार्य सेवाओं के आग्रही हैं लेकिन इनकी उपस्थिति से आहत और आतंकित। क्योंकि गरीबों की जिंदगी के साथ गंदगी अनिवार्य रूप से जुड़ी होती है, खास कर तब जब नगरों के अभिभावक इनके लिए न्यूनतम जल, शौचालय आदि की व्यवस्था भी करना जरूरी नहीं समझते। इसी से नगरों की व्यवस्था का एक विशेष अंग बुलडोजर युक्त विस्थापन वाहिनी होती है जिसका काम झुग्गियों को तोड़ उच्छिष्ट वस्तुओं की तरह लोगों को शहर से बाहर निकालते रहना होता है।

यह विसंगति दिनोंदिन बढ़ेगी। इसी कारण क्षेत्रीय विषमता और अलगाववाद भी बढ़ता रहा है। ऐसी शक्तियों का विस्तार आज दुनिया की सभी पिछड़ी अर्थव्यवस्थाओं में दिखाई दे रहा है। इससे जो विघटन की स्थिति पैदा हो रही है उसे प्रचलित मूल्यबोध से खत्म नहीं किया जा सकता। दुनिया अपने संकटों से सदा नए मूल्यों के उन्मेष से राहत पाती रही है—चाहे वह बौद्ध धर्म, ईसाई, चाहे इस्लाम जैसे धर्मों से हुआ हो। लेकिन आदमी का मूल्य-बोध कभी भी अपने आंतरिक द्वंद्व से मुक्त नहीं होता। यह उन जीव वैज्ञानिकों द्वारा जो जीवों के व्यवहारों का अध्ययन करते हैं लगभग सिद्ध किया जा चुका है कि आदमी के भीतर परमार्थ और आक्रामकता की दो विपरीत प्रवृत्तियाँ सदा कार्यरत रहती हैं, जिनमें आक्रामकता ज्यादा स्वतःस्फूर्त और त्वरित रूप से कार्यशील होती है। यही अंतर्विरोध धार्मिक चिंतकों द्वारा भगवान और शैतान, दैविक एवं पाशविक शक्तियों के रूप में प्रस्तुत किया जाता रहा है। महात्मा गाँधी ने इसी अर्थ में गीता के कृष्ण-अर्जुन संवाद को ऐतिहासिक घटना की बजाय मानव मन में उपस्थित विपरीत रुझानों के द्वंद्व के रूप में प्रस्तुत करने की कोशिश की थी। आदमी के स्वभाव का यह गुण सदियों और सहस्राब्दियों में नहीं बदला है। संस्कृतियाँ अपने मूल्यों के अनुसार इससे एक दूसरे को प्रोत्साहित करती रही हैं। लेकिन यह द्वंद्व सदा बना रहा है।

अँग्रेजी के एक महान् कवि टी.एस. इलियट ने इस सच्चाई को इन शब्दों में व्यक्त किया है :

> The world turns and world changes,
> But one thing does not change
> In all my years, one thing does not change
> However you, disguise it this thing does not change
> The perpetual struggle of Good and Evil.

(दुनिया घूमती है और दुनिया बदलती है
लेकिन एक चीज नहीं बदलती।
जीवन के अनुभवों के अनेक
वर्षों में एक चीज नहीं बदलती।
चाहे इसे कितना ही छिपाओ यह चीज नहीं बदलती
अच्छाई और बुराई का अंतहीन संघर्ष।)

कल का समाज क्या होगा इसकी अटकलबाजी का कोई अर्थ नहीं। यह जो अच्छाई और बुराई का संघर्ष है इसमें अपना पक्ष चुन कर पूरी इच्छा शक्ति से जुट कर ही विनाश के कगार पर खड़ी दुनिया को बचाया जा सकता है। इसमें शैतान का पक्ष कौन है यह समझना कठिन नहीं। वह पूरी आर्थिक व्यवस्था जो लोभ और ईर्ष्या में विकास का मर्म देखती है, शैतान का करिश्मा है। विडंबना यह है कि इतिहास के पिछले काल-खंडों की तरह हमारे समय में भी इसके विरोध में द्वेष और हिंसा को ही हथियार बनाया गया है और स्वाभाविक नतीजा होता रहा है शैतान की अंतिम विजय। 'बीसवीं सदी' में महात्मा गाँधी ने इसके खिलाफ एक हथियार अहिंसा और विरोधी से भी प्रेम का दिया। यह हथियार अंततः शैतान की शक्ति को निरस्त कर सकता है। लोभी पूँजीपतियों या सामंतों के विरोध में दलित एवं मजदूर वर्ग की लिप्सा को बढ़ाकर बेहतर समाज नहीं बनाया जा सकता। बर्ट्रेण्ड रसेल ने 1918 में रूस की यात्रा के बाद अपनी पुस्तक 'प्रेक्टिस एंड थ्योरी ऑफ बॉल्शेवनिज़्म' में लेनिन से अपने साक्षात्कार के विवरण में लिखा है कि लेनिन ने उससे कहा था कि उसके लिए किसानों को सिर्फ जमीन प्राप्त करने का लोभ पैदा करना जरूरी था। इसके बाद किसान स्वयं पास के पेड़ से लटकाकर भू-स्वामियों को मार देते थे। यही नफरत और लोभ अंततः सोवियत राज्य की कठोर तानाशाही में व्यक्त हुआ। आज के शोषित वर्गों को समता और बंधुत्व की भावना में पुनः प्रशिक्षित करना होगा, नहीं तो शोषण के नए केंद्र विकसित होंगे। नई सदी का समाज क्या होगा यह हम इस चुनौती को कितनी संजीदगी से ग्रहण करते हैं इसी से निर्धारित होगा।

यूटोपिया की व्यावहारिकता

उन्नीसवीं शताब्दी के मध्य से, जब से मार्क्सवादी चिंतन समाजवादी आंदोलन पर हावी हुआ 'यूटोपिया'[1] एक उपहास का विषय बन गया और यह माना जाने लगा कि ऐसी आदर्श दुनिया की तलाश महज स्वप्निल है जिसे सामाजिक जीवन में कभी उतारा नहीं जा सकता। लेकिन डेढ़ सौ साल के अनुभव चाहे समाजवादी आंदोलन के हों चाहे तकनीकी उपलब्धियों के मानव अस्तित्व के लिए यूटोपिया के महत्त्व को फिर रेखांकित कर रहे हैं। यह प्रश्न विचारणीय है कि समाजवादी आंदोलन कहीं इसलिए तो विफल नहीं हुआ क्योंकि यह व्यावहारिकता के नाम पर इसको प्रेरित करने वाली कल्पनाओं से कट गया–उन कल्पनाओं से जो हकीकत के दबावों के विपरीत समाजवादियों को भावनात्मक डोरी से बाँध उस नैतिक तनाव की स्थिति में रखती थी जो उन्हें यथास्थिति के दबाव में बहने से बचाता था। इससे भी आगे यह साफ दिखाई दे रहा है कि यूटोपियायी चिंतन का लोप एक हद तक मानव अस्तित्व के संकट के लिए भी जिम्मेदार है। वर्तमान विकास की अंधी दौड़ किसी आदर्श या समग्र समाज के बारे में चिंतन के अभाव में मानव अस्तित्व के प्राकृतिक आधार को ही नष्ट कर रही है।

तकनीकी के क्षेत्र में तो यह साफ दिखाई दे जाता है कि मनुष्य की बहुत सारी उपलब्धियाँ उसकी कमी की कल्पना के परिणाम हैं। उड़ने की कल्पना, चाहे वह हमारे मिथकों के पुष्पक विमान की हो, चाहे यूनानियों के मिथक में इकारस की सूरज की ओर पंख बना उड़ान भरने की हो, चाहे धर्म ग्रन्थों में पंख युक्त देवदूतों की हो, अवश्य ही वायुयान के निर्माण के प्रयासों के पीछे रही है। सहज ही अनुमान किया जा सकता है कि आदर्श समाज की कल्पना का जीवित रहना भी एक सुंदर समाज के निर्माण के लिए इसी तरह जरूरी है। आज भी नियोजन और नगर निर्माण के ब्लूप्रिंट बनते हैं। लेकिन उनके पीछे समष्ठि की कोई मंगलकारी कल्पना नहीं बाजार की आवश्यकता के मानक होते हैं। इसके पीछे कोई सर्जनात्मक दृष्टि नहीं होती। सभी अर्थपूर्ण निर्माण के लिए एक सूचनातंत्र (इन्फार्मेशन सिस्टम) जरूरी होता है। जीव जगत और वनस्पति जगत में यह सूचनातंत्र उनकी आनुवंशिकी से प्राप्त

होता है। मानव द्वारा निर्मित वस्तुओं और प्रतिष्ठानों में उसकी सर्जनात्मक अवधारणा से। इस अवधारणा के पीछे उसके सपनों का बड़ा हाथ होता है। हमारी अपनी शताब्दी के साहित्य में प्रति-यूटोपिया, यानी यूटोपिया के विद्रूप की भरमार शायद इस बात का संकेत है कि हम अपने भविष्य के प्रति निराश हो विनाश की ओर ले जाने वाली धारा में अपने को छोड़ रहे हैं। जब किसी अच्छे भविष्य की कल्पना मर चुकी हो तो साहित्य खीझ और हताशा को ही अभिव्यक्त कर सकता है। कभी-कभी ऐसे साहित्य हमें झटका देकर अपनी स्थिति का एहसास जरूर करा देते हैं और हम सँहलने की कोशिश करते हैं। लेकिन इससे दिशा बदलकर चलने की पर्याप्त ऊर्जा नहीं मिल पाती। आदमी में सर्वाधिक ऊर्जा और साहस का संचार भी तब होता है जब वह अपने दैनंदिन की समस्याओं से आगे जा किसी बड़े सपने को ले आगे बढ़ता है। आदमी रोटी दाल की समस्या के हल के लिए भी बड़ी कुर्बानियों के लिए तभी तैयार होता है जब 'रोटी' की लड़ाई एक प्रतीक बन जाती है किसी बेहतर समाज के निर्माण के संघर्ष की। ठेठ अर्थ में भूख मिटाने वाली 'रोटी' के लिए आदमी मेहनत कर सकता है, चोरी कर सकता है, छीनाझपटी कर सकता है, लेकिन समाज को बदलने की शिरकत नहीं कर सकता।

अचरज की बात है कि आज के मूलतः तर्क आधारित दुनिया में यह कुतर्क समाज पर हावी है कि हर आदमी को अपनी स्वार्थ सिद्धि की अंधी दौड़ में शामिल हो जाना चाहिए और इसी से समाज की सारी समस्याओं का समाधान हो जाएगा। जब सब कुछ धराशायी होता दिखाई देता है तो कहा जाता है कि इस दौड़ को और तेज करने की जरूरत है। इस दृष्टि का इसके उत्कर्ष काल में ही अट्ठारहवीं शताब्दी के विचारक वर्नार्ड मैन्डेविले ने अपनी कविता फेवुल ऑफ बीज (मधुमक्खी गाथा) में मखौल उड़ाया था मधुमक्खियों के एक ऐसे समाज के रूप को चित्रित करके जिसका हर हिस्सा तो पाप से भरा हो लेकिन संपूर्ण पूरा स्वर्ग हो।

विडंबना यह है कि पश्चिमी देशों की एक समय की यूटोपिया की तलाश ने भी संसार में प्रकृति के साथ मनुष्य के सरल स्वाभाविक सह-अस्तित्व को समाप्त करने की भूमिका निभाई थी। पंद्रहवीं शताब्दी से ही, जो यूरोप में पुनर्जागरण का काल था, यूरोप में अदन के बाग की तलाश शुरू हुई। यह रोम के साम्राज्य के अंत के बाद से वहाँ नगरीय सभ्यता के नवोदय का काल था। इसी समय इटली के नगर राज्य अपनी सांस्कृतिक विकास के चरम बिंदु पर पहुँच रहे थे। पेरिस और लंदन जैसे नगर विकसित हो रहे थे। मूर शासन से मुक्त स्पेन में समृद्धि की तलाश जोरों पर थी। शायद इस उत्कर्ष ने शहरी संस्कृति से मोहभंग की भी स्थिति पैदा कर दी थी और संवेदनशील लोग यूरोप के सभ्य शहरी जीवन से अलग प्राकृतिक परिवेश में सहज सरल जीवन की कामना करने लगे थे। आदमी अपने विकास काल में प्राकृतिक परिवेश में छोटे समुदायों में विकसित हुआ था और ऐसे समुदाय और

उस प्राकृतिक परिवेश की कामना को संभवतः उसको आनुवंशिकी ने या परंपरा द्वारा पोषित अनुश्रुतियों और लोक कथाओं ने जीवित रखी है। इसलिए अक्सर जब आदमी सभ्यता की जटिलता और दबाव से त्रस्त होता है तब सहज सरल जीवन की तलाश में व्यग्र हो जाता है। तथ्यों से भरी अपनी महत्त्वपूर्ण पुस्तक 'ग्रीन इम्पेरियलिज्म' में रिचर्ड एच ग्रुव ने अनेक उदाहरण से बतलाया है कि पुनर्जागरण के बाद के काल में अदन और आरकेडिया[2] को पाने की आकांक्षा यूरोप के पढ़े-लिखे लोगों में काफी प्रबल थी। उसने लिखा है कि इस बात के सबूत हैं कि यात्रा के संकटों से घबड़ाए अपने सहयोगियों के विरोध के बावजूद कोलंबस सिर्फ इसीलिए अदम्य उत्साह से अपनी यात्रा को जारी रख सका क्योंकि उसको दृढ़ विश्वास था कि आगे बढ़कर वह 'भारतीय अदन' में पहुँच जाएगा। यह बात अलग है कि वह भारतीय अदन की बजाय 1492 में अमेरिका के तट पर पहुँचा। इस तट के पीछे भारत से अनेक गुना बड़ा एक विशाल क्षेत्र था जिसमें वहाँ के निवासी अनेक अदनों में फैले हुए शांतिपूर्ण जीवन व्यतीत कर रहे थे। कोलंबस को शायद ही इसकी कल्पना रही हो कि उसकी यात्रा का परिणाम इन अदनों और अमेरिका की कई प्राचीन सभ्यताओं को नष्ट करने वाली उपनिवेशवादी अभियान की शुरुआत होगी। लेकिन हुआ यही। इस यात्रा से यूरोपीय विस्तार का एक सिलसिला शुरू हुआ और यूरोप की नवोदित सर्वग्रासी संस्कृति ने संसार भर की संस्कृतियों की विविधता को नष्ट कर वहाँ के जीवन और संसाधन को एक व्यापारी उपभोक्तावादी सभ्यता का ग्रास बना दिया। अट्ठारहवीं शताब्दी का अंत होते-होते संसार के अधिकांश भाग पर यूरोपीय आक्रमणकारियों के पाँव पहुँच चुके थे। सिर्फ सुदूर दक्षिणी प्रशांत के ताहिती द्वीप समूह में प्राकृतिक लोक जीवन अब भी बचा था। अब अदन की तलाश बाहर संभव नहीं थी। गोगाँ जैसे इक्के-दुक्के कलाकारों के लिए ताहितियों के बीच जाकर बस जाना और अपनी कृतियों में उनके जीवन को अमरत्व प्रदान करना संभव था। लेकिन बहुसंख्य लोगों के लिए वैसे जीवन की तलाश अपने ही भीतर संभव थी। अब वे रूसो जैसे सामाजिक चिंतकों के आदर्श 'नोबुल सैवेज़' के रूप में जीवित रह सामाजिक परिवर्तन के प्रेरणा स्रोत बन सकते थे। इसके बाद प्रारंभिक समाजवादी चिंतन में समता और सादगी के ऐसे ही आदर्शों की ध्वनि सुनाई देती है। इस चिंतनधारा के ह्रास के साथ ही उपभोक्तावादी संस्कृति के विकल्प की तलाश भी तिरोहित हो चली।

इस पश्चिमी विकास की धारा को किसी संभव मानवीय समाज की स्थापना के लिए उलटना क्यों जरूरी है यह हम इस सभ्यता के फैलाव और इससे ढाये गए बरबादी पर विचार करने से तुरंत समझ जाएँगे। हमारे आधुनिक जीवन से जो अपूरणीय क्षति प्रकृति प्रदत्त संसाधनों की होती है उसका अंदाज एक विशाल क्षेत्र के भीतर नहीं हो पाता। हमें सदा एहसास होता है कि क्षितिज के पार धरती और इस पर

उपलब्ध संसाधनों का सीमाहीन विस्तार है लेकिन एक छोटे द्वीप पर प्रकृति के साथ की गई ज्यादती का असर तुरंत दिखाई दे जाता है। कुछ ऐसे ही द्वीपों के इतिहास में आधुनिक मनुष्य की विनाशकारी यात्रा के स्मृति चिह्न अंकित हैं।

पश्चिमी यूरोप के देशों में अदन की तलाश और समुद्री राह से दूरदराज देशों के साथ व्यापार से दौलत बटोरने की भूख साथ-साथ जगी। इस क्रम में दो स्थितियों का योग संसाधनों की माँग पूरा करने की प्रकृति की सीमाओं को रेखांकित करने लगा। अपनी लंबी समुद्री यात्राओं में जहाजियों ने विश्राम और रास्ते के लिए आवश्यक वस्तुओं की आपूर्ति के लिए कुछ द्वीपों और तटीय प्रदेशों का चुनाव किया था–जैसे सेंट हेलेना, मॉरिसस, सेंट विंसेंट द्वीप और उत्तमाशा अंतरीप। अदन की तलाश करने वाले लोगों को ऐसे ही कुछ द्वीपों में–उनकी हरियाली एवं फल फूलों की प्रचुरता में अदन की छवि दिखाई देने लगी थी। दूसरी ओर जहाजरानी के तेज विस्तार के कारण जहाज बनाने के लिए लकड़ियों की माँग अचानक बहुत बढ़ गई। यह पाया गया कि इससे यूरोप के जंगल इतनी तेजी से कट रहे हैं कि उनसे लकड़ियों की आपूर्ति नहीं हो सकती थी। इसके अलावा नगरों के तेज विस्तार के कारण ईंधन के लिए भी लकड़ी का अभाव होने लगा और प्रारंभ में ब्रिटेन में कोयला जलाना भी इसी दबाव में शुरू हुआ। लेकिन उन दिनों कोयला जलाना हेय दृष्टि से देखा जाता था क्योंकि यह गंदगी और विषाक्त धुआँ फैलाता था। इसलिए अब लकड़ी की आपूर्ति के लिए इन जंगलों की कटाई शुरू हुई। चूँकि द्वीपों के क्षेत्र सीमित थे, जंगलों की कटाई का असर थोड़े ही वर्षों में स्पष्ट रूप से दिखाई देने लगा। इसके कारण एक तरफ तो वर्षा कम होने लगी और दूसरी तरफ जंगलों के कटने से भूमि का क्षरण तेजी से होने लगा जिससे उपजाऊ भूमि रेत में बदलने लगी। द्वीपों के पर्यावरण के इस क्षय से उन लोगों में जिन्हें इन द्वीपों में अदन का एक रूप दिखाई देता था घोर चिंता पैदा हुई और कुछ वनस्पति शास्त्रियों ने जिन्हें उनके देश की सरकारों ने इन द्वीपों में विशेष तौर से भौगोलिक एवं वानस्पतिक स्थितियों पर निगरानी के लिए भेजा था, इस पर अपनी गहरी चिंता इन द्वीपों के व्यवस्थापकों को जतायी थी। दुनिया के पर्यावरण की चिंता इसी समय शुरू हुई थी हालाँकि यह चिंता इतने थोड़े लोगों तक सीमित थी और पर्यावरण पर प्रभाव का क्षेत्र इसका लाभ उठाने वाले लोगों के अपने घर से इतना दूर था कि इसे अनदेखा कर दिया गया। प्रारंभ में तो कटते जंगलों का स्थान लेने के लिए कुछ जंगल लगाए गए। लेकिन कटाई की गति के हिसाब से ये काफी कम पड़ते थे। लेकिन एक बड़ी आपदा थी औपनिवेशिक शासकों द्वारा इन नए भूभागों में जंगल की जगह गन्ना एवं तंबाकू जैसी फसलों को बढ़ाने का फैसला।

मॉरिशस में तो यूरोपियनों के आने के पहले कोई मूल निवासी नहीं थे। लेकिन कैरिबियन के द्वीपों यथा सेंट विंसेंट में पहले से लोग बसे हुए थे। वे लोग बिलकुल

प्राकृतिक अवस्था में रहते थे और जंगलों को काटे बगैर बनोपजों एवं शिकार से जीवन बसर करते थे। उन लोगों ने यूरोपियों द्वारा जंगल काटे जाने और जंगल काट कर गन्ना आदि का फार्म बनाने का डट कर विरोध किया। यहाँ यूरोपीय लोगों की दो दृष्टियों का अंतर्विरोध स्पष्ट रूप से सामने उभर कर आया : मंगलकारी जीवन की कल्पना और हर कीमत पर मुनाफा और संपदा बढ़ाने की अमिट भूख का अंतर्विरोध। कहाँ तो ये लोग प्राकृतिक जीवन में अदन या यूटोपिया की तलाश में नए द्वीपों और महाद्वीपों की ओर निकले थे और कहाँ वहाँ पहुँच वहाँ के प्राकृतिक जीवन और जंगल को नष्ट करने में लग गए जो वहाँ के मूल निवासियों को उपलब्ध था। यूरोपीय लोग अपनी आवश्यकता के अनुसार तर्क गढ़ने में माहिर थे। उन्होंने जबर्दस्ती विभिन्न स्थानों के मूल निवासियों की भूमि को दखल करने के पक्ष में यह सिद्धांत निकाला कि जमीन पर प्रभुसत्ता का आधार जंगलों को काट खेती के लायक बनाना है। एमरिस द बाट्टेल नामक एक सज्जन ने 'राष्ट्रों का कानून' नामक एक पुस्तक लिखकर इसे वाजाप्ता एक अंतर्राष्ट्रीय कानून के रूप में पेश किया। आज हमारे अपने देश में भी मूल निवासियों के जंगल पर सरकारें इसी तरह के बहाने बना अधिकार करती रही हैं—इनके अनुरूप जंगलों और जमीन के नीचे गड़े खजानों पर 'राष्ट्र हित' में काटने या खोदने वालों को अधिकार सरकारें दे सकती हैं। चूँकि गोरे ही इस सिद्धांत के प्रणेता और लागू करने वाले दोनों ही थे, उनकी मनमानी पर कोई नियंत्रण नहीं था। सेंट विंसेंट के कारिब लोगों ने प्रारंभ के दिनों में अपने भूभाग पर अतिक्रमण का विरोध किया। लेकिन यूरोपीय बर्बरता के बढ़ते सैलाव के सामने यूरोप के मुट्ठी भर पर्यावरणवादी और आग्नेयास्त्रों ने अनभिज्ञ मूल निवासी टिक नहीं पाए।

यहाँ विशेष महत्त्व की बात यह है कि प्राकृतिक परिवेश की सरल जीवन-प्रणालियों को नष्ट कर पश्चिमी सभ्यता उस प्रतिमान को भी नष्ट करने में जुटी थी जो प्रतिमान ही इसे आगे चलकर अपने अस्तित्व के संकट से उबरने में सक्षम बना सकता था।

जीवन के प्राकृतिक आधार जंगल को नष्ट करने का यह पहला दौर था। लेकिन प्राकृतिक संपदा को निगलने की जो भूख जगी थी यहीं समाप्त होने वाली नहीं थी। सत्तरहवीं शताब्दी आते-आते जहाजों तथा दूसरे निर्माण कार्यों के लिए लोहा और इस्पात की माँग तेजी से बढ़ने लगी। प्रारंभ में इस काम में लकड़ी के कोयले का इस्तेमाल होता था। लेकिन लकड़ी की खपत जहाज बनाने से लेकर ईंधन तथा लोहा तैयार करने में इतनी ज्यादा होने लगी कि इसकी आपूर्ति एक समस्या बन गई। नए भूभागों के जंगलों की कटाई भी सभी माँगों की पूर्ति के लिए अपर्याप्त सिद्ध होने लगी। अगर यह स्थिति रहती तो पश्चिमी सभ्यता पर एक विराम लग जाता। लेकिन इसी समय इस सभ्यता को कुछ समय के लिए मोहलत मिल गई।

अँग्रेजों ने कोयले का इस्तेमाल ईंधन के रूप में और इस्पात बनाने में करना शुरू किया क्योंकि कम गहराई पर ही ब्रिटेन में यह प्रचुरता से उपलब्ध था। इस तरह एक गड़ा खजाना मिल गया जिसने इस सभ्यता को दो शताब्दी का जीवनदान दे दिया। अब इसके बाद से रसोई बनाने तथा घर गर्म रखने से लेकर इस्पात बनाने और जहाज रेल एवं कल कारखाने सभी को चलाने के लिए कोयले का इस्तेमाल होने लगा। लोगों ने इस पर कोई ध्यान नहीं दिया कि जंगलों की तरह ही इस गड़े खजाने की भी एक सीमा है, जो उतनी ही तेजी से समाप्त होगी जितनी तेजी से इसका उपयोग किया जाएगा। जंगल तो फिर उगाए भी जा सकते थे लेकिन कोयले का खजाना तो बिलकुल खाली हो जाने वाला था। लेकिन इस बीच गड़े खजाने के रूप में एक और वस्तु पेट्रोलियम और प्राकृतिक गैस पश्चिमी दुनिया को हाथ लग गई। यह कोयले से भी अधिक जलनशील और ऊर्जा देने वाला साबित हुआ। इसलिए बीसवीं शताब्दी के प्रारंभ से अब सारा ध्यान पेट्रोलियम और इससे उपलब्ध विविध पदार्थों की खपत की ओर गया। उन क्षेत्रों को छोड़ जहाँ कोयले का प्रयोग अनिवार्य था बाकी जगह तेल की ही खपत होने लगी। पश्चिमी देशों की देखादेखी सारे संसार ने और उन लोगों ने भी जिनके पूर्वज तीन शताब्दी पहले तक प्राकृतिक जीवन जीते थे पेट्रोलियम आधारित जीवन अपना लिया। यह दौड़ इस कदर चली कि अब अनुमान किया जाता है कि इक्कीसवीं शताब्दी के द्वितीय चतुर्थ आते-आते हम पेट्रोलियम के भंडार को समाप्त कर चुके होंगे। इतना ही नहीं इस दौड़ में ईंधन के साथ-साथ हमने धरती के दूसरे जैविक तथा रासायनिक तत्त्वों का अति दोहन किया है जिसमें अधिकांश इक्कीसवीं शताब्दी के मध्य भाग तक समाप्त होने की स्थिति में होंगे या इतनी कम मात्रा में उपलब्ध होंगे कि उन्हें पाने की प्रक्रिया मनुष्य की आर्थिक क्षमता के परे होगी।

सोवियत यूनियन के 1989 के एक प्रकाशन[3] में आने वाले निकट भविष्य में कुछ महत्त्वपूर्ण खनिजों के खर्च और आपूर्ति की स्थितियों पर कुछ प्रकाश डाला गया है। तत्कालीन सोवियत यूनियन के आशाबादी रुझानों के अनुरूप ही इस सवाल को प्रस्तुत किया गया है। फिर भी स्थितियाँ इतनी गंभीर हैं कि प्रस्तुति में चिंता का स्वर उभरकर आ ही जाता है। नीचे दिए गए आँकड़े खुद बोलते हैं।

खनिज	**1985 तक कच्चे माल के अन्वेषित भंडारों और उसके खनन का अनुपात**	**1976 तक कच्चे माल के अन्वेषित भंडारों और 1976 से 2010 तक की अवधि में उसकी मांग का अनुपात**
लौह अयस्क	200	5.1
तांबा	61	1.4

एल्युमिनियम	300	6.2
टिन	46	1.5
जिंक	31	0.9
मैंगनीज	250	4.6
सीसा	34	1.2
टाइटेनियम	320	1.3
कोवाल्ट	18	1.3
मालिब्देनम	125	2.2
टैटेलम	72	1.8
बुलफैम	64	1.4
बैनेडियथ	315	8.2
विस्मय	38	0.8
पारा	34	0.9
चाँदी	18	0.6
प्लैटिनम	116	3.1
ऐस्बेस्टस	2.8	0.5

स्रोत : इंटर फ्युचर्स, फाइनल रिपोर्ट ओ.ई.सी.डी. पेरिस, 1980

लेखकों का कहना है कि उपरोक्त तालिकाओं से यह देखा जा सकता है कि कुछ सामग्रियों के मामले में स्थिति चिंताजनक है। उनके भंडारों का कुल उपयोगों की प्राप्ति का अनुपात 2 से कम है, अर्थात् उनके उपभोग में किंचित वृद्धि को ध्यान में रखते हुए वे पचास साल से भी कम अवधि के लिए पर्याप्त होंगे। ये हैं ताँबा, सोना, सीसा, चाँदी, गंधक, टिन, बुलफैम, जिंक तथा इन तालिकाओं में नहीं आया तेल भी, जिसके प्रामाणिक भंडार 1985 के उपभोग के स्तर पर 37 वर्ष के लिए पर्याप्त होंगे।

लेखकों ने यह आशा व्यक्त की है कि इनमें के कई के विशाल भंडार लौह मैंगनीज संग्रथनों में निहित हैं। इसी तरह हाइड्रोकार्बनों का भंडार बिटुमन शैलों और तैलीय बालू में निहित है। लेकिन इन स्रोतों से इन्हें पाने में ऊर्जा की खपत क्या होगी यह नहीं बतलाया गया है, हालाँकि यह इनकी वास्तविक प्राप्ति पर एक सीमा लगा सकती है। लेकिन जीवन के लिए महत्त्वपूर्ण कुछ तत्त्वों के संबंध में लेखकों ने अपनी चिंता इन शब्दों में व्यक्त की है—"उल्लेखनीय है कि आज जिन खनिजों को लेकर संकट की आशंका है उनमें एक भी जीवंत महत्त्व का तत्त्व नहीं है।..." फासफोरस, पोटैशियम, नाइट्रोजन, सोडियम तथा कुछ अन्य तत्त्व जीवंत महत्त्व के हैं। जिस कच्चे माल में वे पाए जाते हैं वह बहुमूल्य नहीं माना जाता और पहली

नजर में उनकी प्राप्यता चिंता का कारण नहीं मानी जाती। परंतु इस प्रकार के खनिजों के उपलब्ध नहीं होने पर उनका मूल्य बड़ी तेजी से बढ़ सकता है। यही नहीं मानव जाति को इनके लिए ऊँची से ऊँची कीमत अदा करनी होगी, क्योंकि इनके बिना उनका अस्तित्व बना नहीं रह सकता। इस दृष्टि से पृथ्वी पर विद्यमान फॉस्फोरस ऐसा ही तत्त्व है और उसकी प्राप्यता इतनी अधिक नहीं है। (अनुपात 2.6 है) इसका अर्थ यह हुआ कि इक्कीसवीं शताब्दी के अंत तक इसके सभी स्रोत समाप्त हो जाएँगे। यहाँ ज्ञातव्य है कि छः हजार वर्ष की मानव सभ्यता के अस्तित्व की संभावना को हम एक सदी के भीतर ही आँक रहे हैं।

पेट्रोलियम के खत्म होने पर ऊर्जा के लिए ज्यादा बोझ कोयले पर पड़ेगा और इक्कीसवीं शताब्दी के अंत तक हम ऊर्जा का यह स्रोत भी समाप्त कर देंगे। परमाणु ऊर्जा जैसा विकल्प जो वर्तमान पैमाने पर ऊर्जा की खपत को जारी रख सकता है अत्यधिक खतरनाक साबित हो रहा है क्योंकि इसके कूड़े के विकिरण से निसर्ग को बचाने की कोई तरकीब अभी निकलती नहीं दिखाई देती और दरअसल परमाणु भट्ठियाँ तो टिकटिक करते परमाणु बम ही हैं जिनकी भारी संख्या होने पर शुद्ध सांख्यकी के हिसाब से कहीं न कहीं विस्फोट होगा और इससे शुरू हुए विस्फोट की शृंखला सारे संसार का विध्वंस कर सकती है। इतना ही नहीं जंगल की कटाई से मौसम पर प्रतिकूल प्रभाव का जो खतरा प्रारंभिक दिनों में पश्चिमी के पर्यावरणवादियों को दिखाई देता था वह तो नगण्य है, उस खतरे के सामने जो आज दिखाई दे रहा है। कोयला, पेट्रोलियम आदि ईंधनों की भारी मात्रा में जलाने से तथा उद्योगों में अनेकों तरह के रसायनों के प्रयोग से उत्सर्जित जिस तरह के जहरीले गैसों से हमारा वातावरण भर रहा है उसके खतरे से आज सारा संसार अवगत है। उससे बचने के लिए ब्राजील के रायो-डिजेनेरो तथा जापान के क्योटो में दो पृथ्वी शिखर सम्मेलन हो चुके हैं लेकिन स्पर्धा आधारित जिस विकास प्रक्रिया को अस्तित्व में ला दिया गया है उस पर नियंत्रण पाने में सभी अपने को असमर्थ पा रहे हैं। अंततः मामला सामाजिक व्यवस्था का है। अब वह व्यवस्था जिसे मनुष्य ने बनाया है उसके बूते के बाहर हो गई है और वह यह निर्धारित करती है कि मनुष्य अपने जीवन को किस दिशा में ले जाएगा। इस तरह यह जानते हुए भी कि यह दिशा विनाश की ओर ले जा रही है आदमी भँवर में पड़े नाविक की तरह विवश हो लगातार मृत्यु की दिशा में बहता जा रहा है।

इस तरह हम एक ऐसी दीवार से रूबरू हो गए हैं जो हमारे जीवन के विकास पर पूरी तरह रोक लगा देगी और जीवन को नष्ट कर देगी। ऊर्जा की मितव्ययिता से हम निरापद एवं नवीकृत होने वाले ऊर्जा स्रोतों जैसे—पवन ऊर्जा, सौर ऊर्जा, जल ऊर्जा आदि से जीवन को चला सकते हैं लेकिन इसके लिए हमें वर्तमान काल में हम पर हावी जीवन के तामझाम और तौर-तरीकों से फुर्सत लेनी होगी। एक खास तरह के जीवन के आदी लोगों के लिए यह काफी कठिन चुनाव होगा। लेकिन इसको

छोड़ मानव अस्तित्व को कायम रखने का कोई उपाय भी नहीं है।

यहीं यूटोपियाई चिंतन के नवोन्मेष की जरूरत दिखाई देती है। क्योंकि आज के विषमता मूलक समाज के मूलभूत दबावों में जहाँ सभी ज्यादा से ज्यादा उपभोग की वस्तुओं को उपलब्ध कर दूसरों से बड़ा दिखने की कोशिश करते हैं आवश्यक परिवर्तन हो नहीं सकता। सादगी का जीवन वहीं संभव है जहाँ समता का मूल्य हावी हो। विषमता में प्रतिस्पर्धा और फिर वस्तुओं का अम्बार लगाने का दबाव जो विशिष्टता का प्रतीक बन गया है सदा बना रहेगा।

इसलिए मानव अस्तित्व की रक्षा के लिए आज हमें पुनः यूटोपियाई चिंतन को जगा कर लोगों को वैसे सरल और भाईचारा के आधार पर गठित जीवन की ओर आने का आह्वान करना होगा जो पूर्व के यूटोपियाई या आर्केडियन चिंता का आधार था। लेकिन जब दिशा बदलने की बात होती है तब एक बड़ी समस्या सामने आती है। वह समस्या जो आमतौर से इस रूप में प्रस्तुत की जाती है कि हम अतीत की तरफ लौट कर नहीं जा सकते। भारत के संदर्भ में अक्सर कहा जाता है कि हम फिर कर्घा या आखेट के युग में वापस नहीं जा सकते। इस बात के पीछे एक अकाट्य वैज्ञानिक तथ्य भी है जिसे भौतिक शास्त्री समय का तीर (ऐरो ऑफ टाइम) कहते हैं जो सदा एक ही दिशा यानी भविष्य की ओर ही बढ़ता होता है। यह जीव जगत अस्तित्व में है और हम अस्तित्व में हैं उसके पीछे भी समय के तीर की दिशा की अपरिवर्तनशीलता है। यह संभव नहीं कि मनुष्य या दूसरे जीव या वृक्ष का विकास उलटी दिशा में हो और वे क्रमशः अपनी पूर्व स्थितियों को पार करते हुए पुनः शुक्र, क्रोमोसोम और डी.एन.ए. होते हुए भौतिक तत्त्वों में विलीन हो जाय। भूतों में विलीन होने की प्रक्रिया भी समय के तीर के साथ ही मौत के बाद आती है। लेकिन यह विघटन और बिखराव है; उल्टी या सीधी सहज विकास की प्रक्रिया नहीं। लेकिन विकास की एक दूसरी संभावना भी हो सकती है। भौतिक वैज्ञानिक इस प्रश्न पर इक्युलिब्रियम (संतुलन) और होमियोस्टैटिस (जिसे हम समत्व भाव की स्थिति कह सकते हैं जिसमें बाहरी विषमताओं को आत्मसात करते हुए एक आंतरिक संतुलन कायम रहता है जैसे बाहरी ताप के परिवर्तनों या रासायनिक परिवेश के परिवर्तनों के बीच या रासायनिक भिन्नता के बीच शरीर का ताप या रासायनिक बनावट का अपना संतुलन कायम रहता है।) का फर्क करते हैं। पूर्ण संतुलन मृत्यु है, भौतिक समत्व भाव जीवन का आधार।

नोबुल पुरस्कार से सम्मानित दार्शनिक भौतिक शास्त्री इलिया प्रिगोजिन ने इसाबेल स्टेंगर्स की साझीदारी में लिखी गई अपनी पुस्तक 'ऑर्डर आउट ऑफ कैओस' में कीड़ों, दीमकों और स्वयं मनुष्यों के सामाजिक निर्माण के उदाहरण से बतलाया है कि संतुलन से काफी दूर एक बिंदु पर पहुँचकर जिसे वे बाइफर्केशन पोआयंट कहते हैं बिखराव की स्थिति से अनायास एक तरह की संरचना शुरू होती जाती

है जिसे वे डिसीपेटिव स्ट्रक्चर का नाम देते हैं और जो अधिक जटिल और सघन होती चली जाती है। आधुनिक नगरों का विकास भी एक उदाहरण की तरह पेश किया गया है जो छोटे केंद्रों के जमघट से शुरू होकर लगातार विस्तृत होता जाता है और फिर यह प्रक्रिया अनियंत्रित हो लगातार विस्तार और बृहतता की ओर ले जाती है। इस पुस्तक की प्रस्तावना में चर्चित पुस्तक 'द थर्ड वेप' के लेखक अल्विन टॉफलर वर्तमान औद्योगिक समाज को ऐसी ही बिखराव की स्थिति मानते हैं और एक नए बाइफर्केशन पोआयंट (विभाजन बिंदु) से नई सभ्यता की शुरुआत की संभावना देखते हैं।[4] मनुष्य के आधुनिक नगरों, राष्ट्रों एवं साम्राज्यों का विस्तार कुछ ऐसी ही प्रक्रियाओं से हुआ होगा।

यह प्रक्रिया संभवतः सभी विकासशील संरचनाओं के साथ जुड़ी है। इसलिए हम जीव ज़गत के ऐसे विकास के इतिहास से भी कुछ सबक सीख सकते हैं। जीव जगत के विकास में एक से अधिक बार ऐसा हुआ है कि एक खास परिवार के जीवों के शरीर या कुछ विशेष अंगों के आकार का अचानक अत्यधिक विस्तार हुआ और वे धरती पर छा गए और इसके बाद वे जीव अचानक जीवाश्मों में अपनी उपस्थिति चिह्न छोड़ सदा के लिए विलुप्त हो गए। जीव जगत की ऐसी घटनाएँ प्राणीशास्त्र के विद्वानों के लिए विस्मय की बात रही है। अल्फ्रेड रसेल वैलेस ने, जिनका नाम डार्विन के विकासवाद के सिद्धांत के साथ जुड़ा है और जिन्होंने स्वतंत्र रूप से इस सिद्धांत के अनेक पहुलओं पर प्रकाश डाला था, अपनी पुस्तक 'द वर्ल्ड ऑफ लाइफ' में ऐसी जैविक घटनाओं का विस्तृत और रोचक वर्णन दिया है। इसमें एक नलीनुमा जीव एमोनाइट का भी वर्णन है। प्रारंभ में इसका आकार सीधी नली का होता है। लेकिन बाद के काल में विस्तार के साथ यह कुंडलीकार बन जाता है। आगे चलकर इसकी कुछ प्रजातियाँ इतनी बड़ी होने लगती हैं कि इनकी कुंडली का व्यास छः फीट आठ इंच तक हो जाता है। इस तरह विविध और विशाल आकार धारण करते-करते ये क्रेटेटस काल (लगभग 13 करोड़ से 6 करोड़ वर्ष पूर्व) में विलुप्त हो जाते हैं लेकिन सबसे विलक्षण जीवों का विकास कारबोनी फेरस युग (34 करोड़ से 28 करोड़ वर्ष पहले) के बाद हुआ। ये जीव रेप्टाइल (छिपकली एवं सांप आदि) के परिवार के थे। कार्बोनीफेरस युग में सारा संसार विशाल फर्नो शैवालों तथा इनसे मिलते-जुलते फल-फूल रहित वृक्षों से भरा था। इस समय उनके अनुकूल दलदली जमीन थी। एवं हवा आज से लगभग 8 डिग्री सेल्सियस अधिक उष्ण थी और कार्बन डायऑक्साइड तथा अन्य कार्बन युक्त रसायनों से भरपूर जलवायु उपलब्ध थी। इस वातावरण में उनका अत्यधिक विकास हुआ। फिर इस हरियाली के आधार पर हरियाली पर आधारित विशाल आकार के जीवों का विकास हुआ जो रेप्टाइल परिवार के थे। ये जीव उस समय जल, थल और नभ तीनों में छाए हुए थे। हरियाली पर आधारित जीवों को खाने वाले फिर इसी परिवार के विशाल मांसभक्षी जीवों का विकास हुआ।

इसमें एक प्रजाति के डिनौसोर की अस्थि से पता चलता है कि वह 80 फीट लम्बा था। इनमें 50-60 फीट की लम्बाई और 16-17 फीट की ऊँचाई आम बात थी। उड़ने वाली छिपकलियों के अवशेषों से पता चलता है कि इनके डैने फैलाने पर 20 से 25 फीट तक लम्बे हो जाते थे। उस समय स्तनपायी जीव भी थे लेकिन इनके अवशेषों से पता चलता है कि इनका आकार चूहे से बड़ा नहीं था। इसी काल में कीट पतिंगे जैसे छोटे जीव भी अस्तित्व में आए। लेकिन क्रेटेसस काल में जल, थल और आसमान में फैले ये रेप्टाइल टर्सियरी काल (आज से 6.5 करोड़ वर्ष पूर्व) आते-आते विलुप्त हो गए और उस काल के बाद के पत्थरों में उनका कोई अवशेष नहीं मिलता। वैलेस ने बाद में स्तनपायियों में विशाल आकार के जीवों के विलुप्त होने की चर्चा की है जिनमें विशाल शरीर और दाँतों वाला सैवर टूथ्ड टाइगर (विशाल बाघ), विशाल डीलडौल वाले हाथी मैमथ आदि का उल्लेख है।

इन शक्तिशाली छिपकलियों और विशाल एमोनाइटों का अचानक विलुप्त हो जाना जीव वैज्ञानिकों के लिए एक पहेली बनी रही है। लेकिन सहज ही समझ में आने वाली बात यह है कि इनके लुप्त हो जाने का कारण इनके आकार की विशालता ही थी। विशाल शरीर के पोषण के लिए विशाल मात्रा में पोषक तत्त्व एवं खाद्य पदार्थ का होना जरूरी है और वे धरती पर कभी भी एक सीमा से अधिक उपलब्ध नहीं हो सकते थे। विशालता के साथ बेतरतीव शारीरिक विकास भी अक्सर जुड़ जाता था जैसा ऊपर बतलायी गई कुछ स्तनपायियों की प्रजातियों में। वे कैसे विलुप्त हुईं यह तो आसानी से दिख जाता है। इन विशाल जीवों की प्रजातियों के पीछे उस हरियाली की विपुलता थी जो कार्बोनीफेरस काल से उपलब्ध हो गई थी। जैसा बतलाया गया है यह विपुलता हवा में कार्बन के गैसों की बहुलता, गर्म वातावरण और दलदली जमीन की उपज थी। लेकिन बढ़ती हरियाली स्वयं अपनी बाढ़ के आधार को नियंत्रित कर रही थी। हरियाली से कार्बन डायऑक्साइड सूरज के प्रकाश के प्रभाव में ऑक्सिजन उत्सर्जित कर पेड़ पत्ते को बढ़ाता है। इस प्रक्रिया से हवा से कार्बन डायऑक्साइड गैस की मात्रा कम होने लगी और ऑक्सिजन की मात्रा बढ़ने लगी। इसी काल में फूल-फल वाले वृक्षों का विकास हुआ जो कार्बन डायऑक्साइड की कम मात्रा में भी जीवित रह सकते थे। कीट-पतिंगों और तितलियों ने इनकी प्रजनन प्रक्रिया को काफी तेज कर दिया। इस तरह फर्न के जंगल अचानक लुप्त हो गए और चारों ओर फल-फूल के जंगल अस्तित्व में आ गए जो कार्बोनीफेरस काल के जंगलों की तुलना में अत्यधिक विरल थे और कार्बन डायऑक्साइड की सीमित मात्रा से अपना विकास कर सकते थे।

फर्नो के विशाल जंगलों के लोप से उन पर भोजन के लिए निर्भर विशाल छिपकलियों का लोप भी अपरिहार्य बन गया। रेप्टाइल समूह में अब सिर्फ घर की छिपकलियाँ, साँप, कछुए और घड़ियाल जैसे कुछ जीव जो आकार में काफी छोटे

थे जीवन संघर्ष में बचकर अभी तक धरती पर उपलब्ध हैं। ऐसे विकास से एक महत्त्वपूर्ण बात यह भी हुई कि इन विशाल रेप्टाइलों के लोप से अनुकूल परिस्थितियों में स्तनपायी जीवों का विकास हुआ और उसके ताज के रूप में मनुष्यों का विकास हुआ : या मानें तो अभिशाप के रूप में।

यह उदाहरण हमारे लिए विशेष तरह से विचारणीय है। शायद कार्बोनीफेरस युग के जंगलों के बाद अब एक ऐसी प्रजाति (मनुष्यों की) धरती पर आई है जो अल्पकाल में ही धरती के वायुमंडल को बहुत बड़े पैमाने पर प्रभावित कर रही है। एक तरह से इसने उस प्रक्रिया को जिसे कार्बोनीफेरस जंगलों ने चलाई थी बिल्कुल उलट दिया है। अब उस काल के जंगलों और जीवों के दबने से बने जीवाश्मित ईंधनों को बड़ी मात्रा में जलाने से फिर कार्बन डायऑक्साइड की मात्रा तेजी से बढ़ रही है और धरती का ताप बढ़ रहा है। इस तरह लोग नए जल प्लावन तथा वायुमंडल का विषाक्त वन जीवन के लिए अनुपयुक्त होने की आशंका से त्रस्त है। यह सब संसार में मनुष्यों की एक विशेष तरह की संस्कृति और उससे उपजी सभ्यता के विकास का परिणाम है जो, जैसा कि शुरू में बतलाया गया है सोलहवीं शताब्दी से प्रारंभ हो दुनिया भर में फैल गई है और संसार के सभी उपलब्ध संसाधनों का तेजी से दोहन कर रही है। इस सभ्यता का मूल मंत्र बृहत्तता है। इससे पर्यावरण का संकट इस हद तक गहराया है कि इस संस्कृति के साधक स्वयं भी चिंतित हैं और बार-बार पृथ्वी शिखर सम्मेलन बुलाने और इससे बचने का उपाय ढूँढ़ने में लगे हैं। लेकिन संस्कृतियों की अपनी अंतर प्रेरणा होती है जो इसे अपनाने वाले लोगों पर इस कदर हावी होती है कि या तो वे इससे निकलना नहीं चाहते या अगर निकलना चाहते हैं तो निकलने में अपने को असमर्थ पाते हैं। आज ऐसी ही उलझन में पश्चिमी संस्कृति और सभ्यता फँसी है जिससे अपने अस्तित्व पर खतरा देखते हुए भी कुछ कर सकने में असमर्थ हैं।

तो क्या मानव प्रजाति के अंत का समय आ गया है? इस सवाल का जवाब इस पर निर्भर करता है कि मानव प्रजाति में एक वैकल्पिक संस्कृति विकसित करने की क्षमता है कि नहीं। डिनोसौरों के लुप्त होने के बाद छोटे स्तनपायियों ने एक नई प्रजाति के विकास का विकल्प खोल दिया था। आज मानव प्रजाति के अस्तित्व का मामला इसी तरह वैकल्पिक मानव संस्कृति और सभ्यता के भविष्य के साथ जुड़ गया है क्योंकि इस पर खतरा भी इसकी वर्तमान संस्कृति से ही पैदा हुआ है। जब हम इस नजरिए से इस समस्या पर विचार करेंगे तो पाएँगे कि यह पहला मौका नहीं है कि कोई संस्कृति या सभ्यता मौत के कगार पर आ गई है। अतीत में संसार में अनेक सभ्यताएँ विकसित हुईं और विनष्ट हो गईं जैसे मिस्र, सुमेर, रोम और यूनान की सभ्यताएँ या फिर भारत की सिंधुघाटी की सभ्यता। संस्कृतियाँ जब-जब साम्राज्य के विस्तार या नगरों के विकास के साथ बाहरी तत्त्वों को समाहित कर

उनसे प्राप्त संसाधनों के आधार पर तेजी से विस्तार पाती हैं तब-तब बृहद् क्षेत्र में सभ्यता का विकास होता है। इनमें भी सदा स्वाभाविक विकास के क्षेत्र के अतिक्रमण से तथा अतिरिक्त ऊर्जा दोहन से अचानक अतिशय विस्तार दिखाई पड़ता है। लेकिन पोषण या ऊर्जा के आधार—जैसे मिस्र में साम्राज्य गँवाने से, रोम में गुलामों के विद्रोह से या आंतरिक अर्थव्यवस्था के नष्ट होने से फिर ये सभ्यताएँ नष्ट भी हो गईं। लेकिन संसार के विभिन्न क्षेत्रों में इनके विनाश काल में भी अनेक संस्कृतियाँ जीवंत थीं। इसलिए किसी एक सभ्यता का नाश मानव जाति के अस्तित्व के लिए खतरा नहीं बन पाया। रोम नष्ट हो रहा था तो इसी के साम्राज्य के एक एशियायी भाग से ईसाई धर्म एक नई संस्कृति के विकास की प्रेरणा दे रहा था। जब ईसाई धर्म धर्मांध कलहों में यूरोप की ऊर्जा को नष्ट कर रहा था तब पश्चिम एशिया में इस्लाम नई प्रेरणा का स्रोत बना जिसके प्रभाव से फिर यूरोप में पुनर्जागरण हुआ और विकास की एक नई परंपरा प्रारंभ हुई। इस तरह अतीत में जब एक स्थान पर किसी सभ्यता या संस्कृति पर विराम लग जाता था तो किसी दूसरे बिंदु पर किसी दूसरी संस्कृति से नव जीवन का संचार हो जाता था। भारत में मूलतः संस्कृति का उत्सबिंदु और विस्तार क्षेत्र ग्रामीण समाज रहा इस कारण सिंधुघाटी सभ्यता के नष्ट होने के बाद इसमें एक तरह की निरंतरता रही है। भले ही चकाचौंध करने वाली घटनाएँ कम रही हों। इसकी मर्यादा ही इसे दीर्घायु बनाए रही—दीर्घायु के अपने दोष होते हैं, वह अलग बात है।

वर्तमान स्थिति का चिंतनीय पहलू यह है कि भूमंडलीकरण की दौड़ ने इस औद्योगिक उपभोक्तावादी संस्कृति ने अपनी गिरफ्त में सारे संसार को ले लिया है और जो स्वतंत्र संस्कृतियाँ अब तक जीवित हैं, तेजी से इसके प्रभाव में इसके मूल्यों को कबूल कर रही हैं, या मरणासन्न हैं इसलिए यह संभावना दिखाई नहीं देती कि इस सभ्यता की मौत से फिर कहीं से अचानक एक नई सभ्यता का विकास स्वतः हो जाएगा। हकीकत तो यह है कि प्रदूषण और संसाधनों के लोप से अपनी मौत के साथ यह सभी जीवन को मौत के मुँह में ढकेल देगी। इसलिए एकमात्र उपाय विकास की इस दिशा को बदलना ही हो सकता है। इसकी प्रेरणा एक वैकल्पिक जीवन के प्रतिमान से ही प्राप्त हो सकती है। इसी प्रतिमान के लिए हमें व्यंग्य और उपेक्षाओं की परवाह किये बगैर यूटोपियाई आदर्शों की ओर लौटना होगा। एक ऐसे मंगलकारी समाज का प्रतिमान उपस्थित करना होगा जो मात्र आदर्श की अभिव्यक्ति नहीं हो बल्कि आधुनिक ज्ञान और विज्ञान के आलोक में सर्वाधिक व्यावहारिक भी, जो यह होगा ही। भारत की अपनी ग्रामीण संस्कृतियों की परंपरा और महात्मा गाँधी की प्रेरणा से संभव है, हम इस प्रयास में अग्रणी हों।

संदर्भ

1. सोलहवीं सदी के पूर्वार्ध में ब्रिटेन के विद्वान एवं धार्मिक चिंतक थॉमस मूर द्वारा रचित ग्रंथ जिसमें एक ऐसे आदर्श समाज की कल्पना थी जो पूरी तरह न्याय और विवेक पर आधारित हो। इसके बाद से ही सभी आदर्श समाज की कल्पना को यूटोपिया का नाम दिया जाने लगा।
2. प्राचीन यूनान का एक अंचल जहाँ के लोग शहरी तामझाम से दूर सरल ग्रामीण जीवन शांतिपूर्ण ढंग से बिताते थे। उनका संघर्ष-मुक्त शांतिमय जीवन यूनान की शहरी संस्कृति के लोगों में चर्चा का विषय बन गया था।
3. भविष्य पर वाद विवाद ए. आर्वातोव, आई. आमीरोव एवं ए शकाई, अनुवाद : योगेन्द्र नागपाल, प्रगति प्रकाशन, 1989, पृ. 58
4. यहाँ यह उल्लेख करना रोचक होगा कि भू-उपग्रहों से आज के महानगरों के विस्तार के चित्रों के अध्ययन से कुछ समाजशास्त्री इस नतीजे पर पहुँच रहे हैं कि असल में ये नगर धरती के कैंसर हैं। इस विचार के प्रणेता वैरेन हर्न एक डाक्टर हैं, जिन्होंने कैंसर और नगरों में साम्य पाया।